第一辑

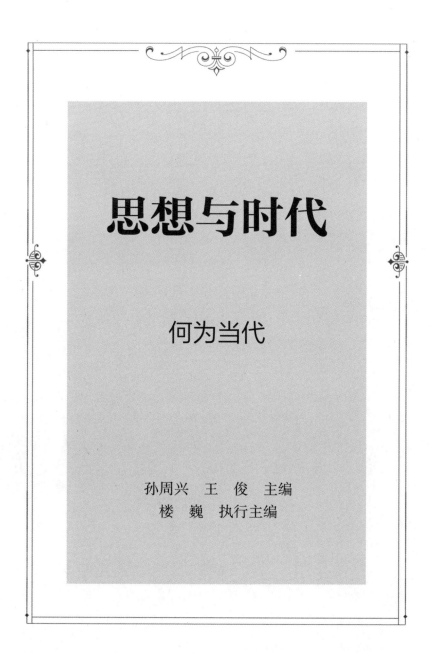

思想与时代

何为当代

孙周兴　王　俊　主编
楼　巍　执行主编

商务印书馆
SINCE 1897
The Commercial Press

商务印书馆（上海）有限公司　出品
The Commercial Press (Shanghai) Co. Ltd.

序 言

20世纪60年代，约瑟夫·博伊斯（Joseph Beuys）在哲学之国发起了影响深远的"当代艺术"运动。虽然随着博伊斯的离世，狭义的和作为"运动"的"当代艺术"已经在80年代落幕，但就它半个多世纪以来在全球范围内的广泛传播和不断更新的效应来说，它应该是第二次世界大战以后最伟大的世界文化现象——似乎没有"之一"。

与之比较，欧洲—西方哲学的形势则呈现另一番景象。20世纪上半叶（特别是前30年）可谓"哲学时代"，现象学、阐释学、实存哲学/存在主义、社会批判理论以及语言分析哲学等形成了伽达默尔所区分的欧洲哲学史上继古希腊哲学和德国古典哲学之后的第三个高峰；如今被公认为20世纪两大哲的海德格尔和维特根斯坦，都在此间成了气候。而战后哲学总体趋弱，虽然上述诸哲学思潮都还有程度不等的推进和衍变，但原创意义和影响力已大不如从前，难以形成可与"当代艺术"完全匹配和对等的"当代哲学"——可资举荐者，也许只有今天仍有不小势力的"法国当代理论"。

"二战"以后的中国哲学被政治运动耽搁了几十年，至80年代才有可能渐渐接通外部世界，主要引进欧洲—西方哲学，同时开始以严肃的学术姿态重审中国哲学传统。之后40余年，中国哲学工作者——此名称听起来令人莫名其妙，不无尴尬，但对这个时期的中国哲学家来说可能是相当合适的——不可谓不用力，完成了中国当代哲学的"原始积累"，包括外国哲学的译介和研究，也包括中国传统哲学的重接和重释。这种"原始积累"是必然的，而且意义重大，但恐怕也还不是充分意义上的"当代哲学"。

如此看来，无论中外，类似于"当代艺术"的特指的"当代哲学"，都还是一个令人起疑的名称。这不免让人泄气。当然，我们也完全可以在非专名的意义上来使用"当代哲学"。当代就是当下。"当代哲学"是关切于当下的哲思。

不过，历来哲学的特性却不是"当下的"。不光哲学，一般人文科学都有历史性的基本定向和调性，此即狄尔泰所讲的"历史学的人文科学"。"哲学就是哲学史。"我们有读不完的书，我们推崇经典，我们膜拜古学。这向来是人文学科的骄人之处，但实在也是它的累人之处。一方面，人文学者自我感觉良好，似乎我们从事的是永恒不朽的伟业；而另一方面，我们更多地困囿于传统和历史，经常成了书虫，经常丧失了活的当下关注。

历史学的人文科学是自然人类的精神表达。可世代变了，如今是"人类世"。所谓"人类世"既是地球新世代，也是技术人类的新时代。尼采的"上帝死了"已经判定了以哲学和宗教为主体的传统人文科学的颓败，即它们不再能有效地表达技术时代的新人类经验，也不再能有效地组织新人类的生活了。于是乎，人文科学/艺术人文学需要有一个重新定位和定向，需要关注自然人类生活世界向技术人类生活世界的断裂性变局，并且从久已成习惯的历史性定向转向未来。或者更应该说，作为正在被加速技术化的半自然人类，我们今天需要一种新的姿态：既要回顾，更要前瞻。

当代就是活的当下。眼下这本《思想与时代》辑刊是2021年下半年成立的浙江大学哲学学院主办的，它期待以全新的哲思目光朝向新生活世界，无论古今，不分中西，唯以活的当下为起点和目标。兹事体大。唯愿本刊成为一个自由开放的当代哲学商讨平台，我们也殷切期望学界同仁的介入和襄助。

孙周兴

2022年1月1日于余杭良渚

《思想与时代》复刊说明

《思想与时代》是抗战时期张其昀、张荫麟、谢幼伟、钱穆等一批人文学者在浙江大学创办的学术辑刊。从1941年8月发行第一期开始，到1948年发行最后一期即第五十三期之后停止。辑刊的主要作者除了当时的学衡派学人外，还有早期新儒家学者如贺麟、冯友兰、熊十力，以及科学家如竺可桢、卢于道、张文佑等。在那个山河巨变的时代，刊物致力于融贯新故、沟通中西，习道术、明人伦，探讨"科学时代的人文主义"，同时关注中华民族的国族认同，全面反映了当时知识群体深切的时代关怀。

我们经常说，哲学问题是永恒的：世界的本原是什么？人的本质是什么？何为良好生活？何为真理？何为自由？……但是，不同的时代对于永恒的问题却有着不同的回答，这些回答构成了人类思想和观念演进的历史。每个时代都有其独特的思想和观念，或者说，正是独特的思想和观念形塑了不同的时代。从这个意义上说，"思想与时代"体现的是人类思想史上最深邃、最核心的论题框架。

今天，当我们面对永恒的哲学问题时，我们身处的时代与20世纪40年代已然迥异：在元宇宙的时代探究世界的本原，在人工智能的时代描述人的本质，在全球化的多元主义时代争论何为良好生活，在新媒体信息泛滥的时代回答何为真理，在大数据时代探讨群己权界……唯一不变的，是"思想与时代"这一问题框架。因此，浙江大学哲学学院诸君倡议复刊《思想与时代》，秉承先贤学统，探讨时代论题，以强烈的时代感和责任感重塑当今哲学和人文学科学术共同体的思想面貌。

2022年《思想与时代》复刊，本期为第五十四期。是为记。

王　俊

2022年7月

目 录

本刊约稿

儒家理论专题

纪念《逻辑哲学论》发表 100 周年专题

翻　译

书　评

本刊约稿

当代哲学与当代

杨大春*

　　我们探讨当代哲学（contemporary philosophy）的时候，当然要考虑"时代"因素，但尤其应该聚焦于"时代精神"，这意味着关注与现代性（modernity，分早期现代性和后期现代性）有别的当代性（contemporaneity）。西方哲学大体上经历了古代哲学（ancient philosophy）、现代哲学（modern philosophy）和当代哲学三大阶段，它们分别代表的是古代性、现代性（早期现代性和后期现代性）和当代性，其中的演进线索在欧陆哲学，尤其是在法国哲学中最为明显。西方社会自20世纪60年代以来进入了所谓的后现代社会/后工业社会/消费社会/信息社会，其时代精神通过精神的丧失体现出来：当代社会呈现出各种后哲学文化形态，其主导倾向是以告别精神，尤其是以告别现代精神为特征的当代主义（contemporaneism）。

一

　　依循黑格尔和马克思，哲学是时代精神的精华，而每一时代都有其特定的哲

---

* 杨大春：浙江大学哲学学院教授。

学形态。与此同时，作为人类的精神遗产，任何哲学也都是无时代的或超时代的。"哲学就是哲学史"这一论题无疑把上述两重含义都包纳在内了。尽管古代哲学已经成为久远的叙事，但它依然不会被忘记。事实上，整个西方哲学都是由柏拉图主义及其变种构成的，任何哲学都有哲学的历史记忆。问题是，在当代哲学中，"记忆"本身成了一个要被忘记的概念。柏拉图式的灵魂转向求助于回忆，柏格森式的精神其实就是记忆，但福柯因为否定精神而关注反记忆。福柯表示："无论如何，要对历史进行一种摆脱了既是形而上学的又是人道主义的记忆模式的使用。问题在于使历史成为一种反记忆——因此在历史中展开时间的一种完全不同的形式。"[1]反记忆取代回忆和记忆，代表了当代哲学对古代哲学和现代哲学的超越。

尽管会不时求助于古代哲学，但我打算主要以现代哲学和现代性为背景，在对比中展示当代哲学的当代性。从早期现代哲学到后期现代哲学再到当代哲学，其主导形式分别是意识哲学（philosophy of consciousness）、身体哲学（philosophy of body）和物质哲学（philosophy of material），它们分别代表了由观念主义/唯心主义（idealism）、精神主义/唯灵主义（spiritualism）和物质主义/唯物主义（materialism）体现的时代精神。基于福柯在《词与物》中关于西方知识型从文艺复兴时期（我所说的古代时期与现代时期的过渡期）到古典时期（我所说的早期现代时期）再到现代时期（我所说的后期现代时期）的非连续演变的描述和分析之启示，我认为，从现代哲学向当代哲学的转换包含了两次重大的断裂。这两次断裂的性质各有不同，前一次可以说意味着一种渐进的改良，后一次则是一场激进的革命。

身体哲学与意识哲学当然有别，但身体哲学依然是一种意识哲学，只不过它是一种不纯粹的意识哲学，它涉及的不是撇开身体的纯粹意识而是身体意识；但是，意识哲学与物质哲学则是完全不同的，物质哲学根本就不理会任何意识。观念主义和精神主义既有共同之处，也有差别。其原因在于，它们都可以被说成是精神主义，尽管前者强调的是纯粹精神（理智），后者关注的则是不纯精神（情

1　Michel Foucault, *Dits et écrits I (1954–1975)*, Paris: Gallimard, 2001, pp. 1020–1021.

感）——因为前者排斥身体，后者把身体考虑在内；但是，精神主义与物质主义显然是不能相提并论的，物质主义否定任何意义上的精神。从现代哲学到当代哲学的演变的实质就是：最先是强调观念性（ideality），并排斥物质性；后来是让物质性渐进出场，让观念性逐步退场，从而形成了在观念性与物质性之间充满张力的统一；最终出现的则是物质性对观念性的完全取代。

以笛卡尔等人为代表的17、18世纪的唯理论哲学是典型的早期现代哲学，形成了与此前的以苏格拉底、柏拉图、亚里士多德和奥古斯丁为代表的古代哲学的断裂；康德哲学在18世纪末19世纪初进行的理性批判和启蒙反思是早期现代哲学的完成，同时也引发了后期现代哲学；20世纪哲学60年代初，以梅洛-庞蒂的逝世和列维-斯特劳斯对萨特哲学的清算为双重标记，出现的是后期现代哲学向当代哲学——也可以说是整个现代哲学向当代哲学——的彻底转换。当然，一如早期现代哲学中包含古代哲学的残余一样，后期现代哲学也在一定程度上延续了早期现代哲学的某些倾向。正因如此，在作为20世纪德法哲学主流传统的现象学中，也存在着从意识现象学（phenomenology of consciousness）经由身体现象学（phenomenology of body）向物质现象学（phenomenology of material）的演进，几乎重演了现当代哲学从意识哲学经由身体哲学向物质哲学的变迁。

如果单从现代哲学和当代哲学的总体对比来看，存在的则是心性哲学（philosophy of spirituality）向物性哲学（philosophy of materiality）、心性现象学（phenomenology of spirituality）向物性现象学（phenomenology of materiality）的演变。这实际上表明，心性（spirituality）也有纯粹和不纯的区分，但它与物性（materiality）是根本不同的。上述哲学都可以归属于人学，或者说是以人为导向的哲学。哲学旨在为人的存在寻找根据，它关心的是人性。现代哲学之父笛卡尔并没有彻底告别古代哲学，因为他的认识论哲学有其本体论基础，而这一本体论以源自古代哲学的"实体"概念为支撑。笛卡尔哲学确立了神、心、物（身）三个实体。任何哲学在试图为人的存在奠基时，其实都是围绕这三个实体中的某一个或其功能来运作的。神有其神性（divinity），心有其心性，物有其物性。然而，我们不妨把它们都纳入人的范畴。也就是说，我们应该承认，人性实际上是由人的物性、心性和神性构成的。我们无法克服人类中心论（anthropocentrism），我们在神和自然面前的谦卑并没有改变这种情况。

在早期现代哲学中，笛卡尔提出了神的预设，斯宾诺莎把一切都归结为神，马勒伯朗士让我们在神那里看世界，莱布尼茨则强调所谓的前定和谐。这些谦卑地预设神的哲学家，始终关心的是人，尽管是抽象的人。只是在后期现代哲学中，人才具体化或处境化了。在当代哲学中，结构主义—后结构主义和后现代主义主张"人死了"，思辨实在论提出了非人中心论（noocentrism）。[1]然而，这些谦卑的当代哲学家也没有真正摆脱人，没有克服梅亚苏所说的关联主义（correlationism）。他们只不过更多地承认了人的物性，并且在关于人、关于物、关于人与物的关系、关于物与物的关系中持一种"齐物论"。总之，不管是以神为导向的哲学还是以物为导向的哲学，其实都摆脱不了人的视域，也因此都是以人为导向的。然而，神和物分别向上和向下撕扯着人。人一半是天使，一半是野兽，他始终处于其神性、心性和物性之间的复杂张力中。

二

问题的实质就在于，我们究竟以绝对超越的、回归自身的还是沉沦于世的姿态看待自己。其实，自然也有其神性、心性和物性，这相应于从神的视角、人的视角还是物的视角来看待自然。神似乎只有其神性，因为他是绝对超越者，是有限（理）性无法通达的无限（理）性。古代本体论哲学依循神及其神性展开，为人的存在寻找外在的或超越的根据。以身为起点，人可以把水、气、火、种子、原子之类物质实体作为自己的存在之根据；以心为起点，他可以把数、存在、理念等精神实体作为自己的存在之根据。这些根据都是在人之外的，也因此是超越的。但它们都是相对的超越者，不能真正为人的存在奠基。唯有把物质实体和精

1　参见 Graham Harman, *Speculative Realism: An Introduction*, Cambridge: Polity, 2018, p. 27。

神实体统一起来，推出作为绝对超越者的神，才能为人的存在寻找到最后的根据。正因如此，柏格森把希腊哲学意义上的终极实在说成是"理念的理念"或"形式的形式"，也就是神[1]；而海德格尔则把古代存在论或形而上学解读为"存在-神-逻辑学"[2]。

现代认识论哲学围绕心和心性展开，为人的存在寻找内在的或内心的根据。现代哲学家关心的不是实体，而是实体的属性或功能，这当然与现代哲学的认识论指向有关：早期现代哲学突出的是逻辑认识和数理之思；后期现代欧陆哲学关注的是情感认识或诗意之思，实存论转向并没有放弃认识论，尽管突出了艺术直观相对于概念建构的优先性；对于后期现代英美哲学来说，则形成了与诗意之思对立的科学之思，它把哲学等同于逻辑分析，与欧陆哲学把哲学和人文艺术关联在一起形成巨大的反差。严格说来，后期现代哲学以欧陆哲学的诗意之思（非理性主义）和英美哲学的科学之思（小理性主义）的对立取代了整个早期现代哲学的数理之思（大理性主义）。早期现代哲学注意到人的本性是有限理性，但还强调无限理性；后期现代哲学确认人的本性是有限理性，同时面临着是否把非理性纳入人的本性的问题。

早期现代哲学围绕纯粹心性来为人的存在寻找内在根据。它摆脱了对外在相对超越者的依赖，但仍然预设了绝对超越者作为人的存在的最后根据。正因如此，笛卡尔哲学延续了古代哲学对"实体"概念的强调，但特别关注与心和物这两个实体相应的本质属性（功能）。它更突出的是心灵的思维属性，因为物的广延属性是相对于心的思维属性而言的，代表的是物的观念化。后期现代哲学同样在为人的存在寻找内在根据，但它围绕不纯心性而展开。它主张内在的外在化，或者主张内向性与外向性的统一，并因此在一定程度上关注人的存在的超越的根据。但它抛弃了绝对的超越者，只关注相对的超越者。这涉及人与世界（周围世界、文化世界）的复杂关系。早期现代人以超然旁观的方式、后期现代人以物我

1　参见 Henri Bergson, *L'évolution créatrice*, Paris: PUF, 1959, p. 790。

2　参见海德格尔：《海德格尔选集》，孙周兴选编，上海：上海三联书店，1996年，第832页。

交融的方式与自然打交道，纯粹心性与不纯心性之间的差异由此产生。

认识包含认识的主体和认识的客体，完整的认识论应该既分别研究二者，也研究二者的关系。然而，值得注意的是，不管是早期现代哲学，还是后期现代哲学，都主要围绕人或主体展开。正因如此，海德格尔认为，自笛卡尔以来的西方哲学是主体形而上学，而尼采是最后一位形而上学家。早期现代哲学表现出明显的人类中心论，在心物二分中突出了前者对后者的优势地位。然而，心显然不能绕过神而直接面对物，这在唯理论哲学中是非常显而易见的。在康德关于"人是目的"的论题中，这种情况发生了明显的变化：尽管他在人与人的关系中还不得不预设作为善良意志的神，来确保人为自己立法的普遍有效性，在人与物的关系中却以知性为自然立法，确立了心的主宰地位。福柯把康德的理性批判确立为我们所说的早期现代时期和后期现代时期的分界线，认为人是在这个时候才开始出现的。他甚至极端地表示，在17、18世纪的知识型确立的普遍秩序或大写秩序中，根本就没有人的位置。

福柯在这里显然指的是，当时还不存在真正回到自身的人，因为此时的人追求的是神性。换言之，人还没有真正摆脱神的主宰。斯宾诺莎认为，神即自然（既包括原生自然，也包括顺生自然）；而笛卡尔则认为，自然包括了大写的自然（神性）、自然之光（心性）和自然倾向（物性）。真正说来，在早期现代哲学中，人的神性只是预设，人的物性没有任何地位，人就是人的心性。但此时的心性显然被理想化、观念化了，以至于人仍然被提出了成为神的要求，而且完全阻断了人堕落为物的可能。"高大上""伟光正"的人其实就是神。总之，这一时期的心性就是理想性和观念性，完全排斥了现实性和物质性。对人如此，对物亦然。笛卡尔和洛克都突出物的第一性质，贬低其第二性质，这无疑是对物的理想化和观念化。于是，世界以及万物都丧失了它们的自身性和神秘性，完全被纳入了机械的因果链条中，只能借助于数理规定性而为人所认识。总之，自然丧失了其神性和物性，完全受制于心性。

笛卡尔不得不预设心灵实体，但它在康德那里被其功能取代了。在笛卡尔哲学中，"我思"代表了实体和功能的复合体，它看似一个概念，实为一个判断；而在康德那里，作为先验统觉的"我思"只保留了"思"，排除了"我"。后期现代哲学依然维护人类中心论，但不再强调抽象的人，而是关注具体的个体，也因此表现为自我中心论。尼采宣布"神死了"，于是人独立地面对着万物和自然，人与人之间的差异关系也不再需要作为善良意志的神来调节。总之，在后期现代哲学中，人和物都摆脱了神性，并因此体现出心性。但这种心性是不纯的，因为它夹杂着物性。这种情况源自早期现代哲学的心身二分逐步让位于后期现代哲学的心身统一。心身地位在现代性进程中的此消彼长决定了物性的分量，而物性的出场是与早期现代哲学的普遍理性主体逐步让位于后期现代哲学的个体实存主体联系在一起的。

早期现代哲学的普遍理性主体只涉及理性和意识，排斥非理性和无意识；后期现代哲学的个体实存主体结合了理性和非理性、意识和无意识。与此同时，早期现代的心灵还迷恋神性，后期现代的心灵完全抛弃了神性，而且部分地接受了物性。当代哲学不再为人的存在寻找任何根据，因为人是无心的，他和任何事物一样都表现出物性。有学者表示："福柯的世界是平的，这里既没有在之内，也没有超越于外。"[1] 很显然，不管是人还是物都是在己的，都是其所是，不需要内在的或外在的根据来支撑。这意味着不仅神死了，而且人也死了，不再有一个维护秩序、关系、整体和连续的精神性力量，当代社会的碎片化也就不言而喻了。人之为人在于其思维/思想/思考，不管是逻辑之思还是诗意之思，但当代哲学接受人的非思。从逻辑之思到诗意之思再到非思乃是一个自然的进程。人逐步远离了精神：从古代哲学的神圣精神，经由早期现代哲学的大写精神和后期现代哲学的小写精神，到当代哲学的向精神告别。

三

早期现代哲学强调纯粹意识（向往无限理性），后期现代哲学突出不纯意识

1　Hervé Oulc'hen et al., *Usages de Foucault*, Paris: PUF, 2014, p. 218.

（关注小理性与非理性的张力），当代哲学承认无意识（告别理性）。人的神性代表的是无限理性，人的心性代表的是有限理性，人的物性则是完全非理性的。从身体的地位来说，早期现代哲学主张心身二分，但扬心抑身。其主要的命题是：我是一个心灵，我有一个身体。这里显然没有给予身体以任何地位，它和任何其他事物一样是纯粹的广延，其本性是纯粹的心性，因为广延性出于观念化，而不是其自身性。后期现代哲学主张心身统一，明显提升了身体的地位。其基本命题是：我就是我的身体。但是，身体并没有摆脱心性，可以说它的本性是不纯的心性，或者说是心性与物性的统一。只是在当代哲学中，身体才完全摆脱了心性，它就是身体本身，就像任何物体就是该物体本身一样。

身体完全摆脱内在的幽灵表明，就像海德格尔的"天、地、神、人四方游戏"告诉我们的，这个世界既不再以神为中心，也不再以人为中心，一切都体现出物性，并因此遵循物的规律。"主体的终结"或"人死了"其实意味着，人既不在神那里看世界，也不再在心中看世界，而是在物中看世界。不仅如此，物也可以在物中看世界。它当然可以利用人，但并非一定要以人为中介。海德格尔早期关于"石头没有世界""动物缺少世界""人就是人的世界"的说法也因此不再成立。桌子和椅子之间可以发生不借助于人的关系，人可以是它们的关系的见证者，但这一关系没有见证者依然可以发生。当代哲学放弃所有心理化和观念化，就算非理性和无意识也被认为带有心理学和观念论的色彩。正因如此，人的物性（thingness）取代了人的不论是理性的还是非理性的、不论是有意识的还是无意识的无性（nothingness）。

海德格尔的《存在与时间》和萨特的《存在与虚无》都应当被任何一个无名作者的《存在》取而代之。人没有心性，于是他要么向上追求神性，要么向下坠入物性。然而，选择神性是不可能的，所谓的现象学神学转向是不成立的。[1]如果有神的话，他也不再是精神，更不是绝对精神；他也不再是理性，更不是无限理性；他仅仅是四方游戏中的一个要素，是游戏的一个参与者。拉图尔的行动者

1　参见杨大春：《从心性现象学到物性现象学》，载《学术月刊》2022年第1期。

网络理论把人和物都视为行动者，而神也只不过是游戏中的一个行动者。自然或世界被海德格尔用天和地来表达，已经否定了传统赋予自然的一切含义，这是要用赋魅的自然取代祛魅的自然。无论如何，天、地、神、人都展示的是物性，它们维护的是各自的自主性，但又处于相互作用中。所谓"天、地、神、人四方游戏"，其实就是语言游戏。这里的语言不是人通向神、通向自然、通向他人的桥梁，不是工具。很显然，在当代哲学中，语言以其物性克服了其心性，或者说以其物质性克服了其观念性。

在早期现代哲学中，语言是表象观念的透明工具。它仿佛不存在，因为它确立的是观念与观念之间的没有任何障碍的相通。语言表象思想，就像思想表象它自身一样，它不是思想的外部效果，而是思想本身。[1]在后期现代时期，语言依然保持着表象功能，比如许多现象学家依然坚持语言观念论，自然"被表象为仅仅在语言中并且为了语言而获得规定的"[2]。与此同时，语言开始有其自身性，因为它已经成为半透明的。胡塞尔基本上延续了表象论的语言观，语言具有纯粹心性或观念性；后来的现象学与解释学无法分开，而文化世界的理解和解释意味着语言不可能不夹带私货地表象思想或观念，这恰恰在一定程度上体现了语言的自身性，表明了语言的心性与物性的统一或张力。在当代哲学中，语言的自身性越来越明显，因其非表象性、非观念性、不透明性而展示出强劲的物质性。文学的本质就是文学性，而文学性实为语言性。语言的本质在于其不及物性，正是不及物的语言有了自身的物性。

只有存在，没了虚无。而语言是存在的家，神和人是家的看护者。如果说古代哲学实为"神话"，现代哲学乃是"心语"，那么当代哲学则是"物语"。[3]任何东西其实都在展示、显示，但这是绝对展示、绝对显示，既不局限于向人或向神显示，也不是展示自身之外的东西。意向性和意义丧失了，因为世界万物不是相对于人或神而言的。与此同时，既然没有了意义中心，绝对的展示也就是绝对的

1　参见 Michel Foucault, *Les mots et les choses*, Paris: Gallimard, 1997, pp. 92–93。

2　Graham Harman, *Speculative Realism: An Introduction*, p. 61.

3　参见杨大春：《从"神话"到"物语"：人性在话语演进中的命运》，载《南国学术》2017年第4期。

退隐。按照以物为导向的思辨实在论的分析："只存在关于事物的两种基本知识：我们可以说明它们是由什么构成的，或者说明它们做了什么。这样的知识的代价就是我们用关于事物的一种宽松的释义替代了事物本身。不管我们谈论的是一首诗、一个公司、一粒质子还是一个邮箱，当我们用一个物的组成部分或其效果来取代它的时候，某种东西就被改变了，就像文学批评家（布鲁克斯）早就知道的那样。用技术性的术语来说，对物进行释义的尝试总是相当于向下摧毁它们、向上摧毁它们或者双向摧毁它们。"[1] 现在的问题是回到事物本身。

现代哲学，尤其是后康德哲学都在人与自然的关联中，也就是在主客关系中对自然万物进行解释，从而没有维护事物的自身存在。当代哲学恰恰要回到任何东西的没有关联的自身性。任何事物都有其独立存在，而"事物"现在成了一个已经被泛化了的概念：不管是思想还是思想的对象，抑或表达思想的语言，都是物。"物在物着"（Das Ding dingt; The thing things）[2] 取代了"无在无着"（Das Nichts selbst nichtet; Le néant se néantise; Nothing nothings）[3]，甚或"无在无着"也是"物在物着"的一种形式。福柯的《词与物》唯一关注的是物，在其中词物不分，词物相通，词就是物，物也是词。哈曼的《非唯物主义》的主要篇幅，就是在分析作为物的荷兰东印度公司。[4] 依据否定双向摧毁的姿态，哈曼就荷兰东印度公司本身进行描述，既不把它分解为它的构成要素，也不把它与各种外在因素关联起来。

早期现代哲学不承认他人的他性，后期现代哲学只承认他人的相对他性，当代哲学承认他人的绝对他性。进而言之，不管是他人还是他物都有其自身性，他/

1　Graham Harman, *Immaterialism*, Cambridge: Polity, 2016, pp. 7–8. 关于"向下摧毁"（undermining）、"向上摧毁"（overmining）和"双向摧毁"（duomining）的详细描述，可参见 Graham Harman, *L'Objet quadruole: Une métaphysique des choses après Heidegger*, Paris: PUF, 2010, pp. 11–26。

2　Martin Heidegger, *Poetry, Language, Thought*, trans. A. Hofstadter, New York: Harper & Row Publishers, 1975, p. 177.

3　参见海德格尔：《路标》，孙周兴译，北京：商务印书馆，2000 年，第 132 页；Jean-Paul Sartre, *L'être et le néant*, Paris: Gallimard, 1996, p. 52; Jean-Paul Sartre, *Being and Nothingness*, trans. H. E. Barnes, New York: Philosophical Library, 1993, p. 17, note 11。

4　参见 Graham Harman, *Immaterialism*, pp. 35–126。

她/它不再以其自身之外的东西为标准，不再具有相对性或关联性。在早期现代哲学中，所有人都归属于我们，所有物都围绕人的意识而被定位。在后期现代哲学中，我要成为我自己，他要成为他自己，她要成为她自己，它要成为它自己。在当代哲学中，不管是我们还是我的中心地位都被否定了，我就是我自己，他人就是他人自己，他物就是他物自己。早期现代哲学明显强调同一性和整体性，否定差异性和独特性；后期现代哲学依然追求同一性和整体性，但承认差异性和独特性。在现代性的进程中，想象中的乌托邦代表的正是差异，代表的是突破同一和整体的努力。然而，乌托邦实际上是对早期现代哲学的理想追求的补充，看似承认差异，最后还是被同一俘获。后期现代哲学主张理想和现实的统一，作为差异性之表达的乌托邦也就逐渐式微了。在当代哲学中，人不再有想象中的或幻梦中的乌托邦。

当代人生活在当下，他尊重差异且被差异包围着。存在着各种各样的真实的异托邦，而不是虚假的乌托邦。不管你生活在哪里，你都被各种各样的亚文化或生活方式包围着，你不需要到远方或梦幻中去体验实质性的差异。乌托邦是一种时间思维，异托邦则是一种空间思维。时间中当然有差异，但最终会形成同一，因为时间之流实为意识流，始终有一个或纯粹或不纯粹的意识主体在维护着统一，让一切保持连续性。空间却是各种因素的杂然共存，意识无法让它们实现统一。乌托邦遵循心的逻辑，异托邦则遵循物的逻辑。早期现代哲学和后期现代哲学都强调内在性，尽管后者同时要求内在与外在的统一。内在性意味着一切都被纳入人的内心中来进行评判，要么像早期现代哲学主张的那样接受理性的评判，要么像后期现代哲学强调的那样接受情感的评判。而这一切都意味着意识之流、时间之流或空间的时间化，也可以说是"无在无着"（虚无的虚无化）。意义或价值不取决于有，而取决于无。但在当代，时间的空间化意味着一切都外在化、平面化、平庸化了，不存在内在的标准，不再有内心或隐私。任何东西都展现在空间中，距离消失了，崇高没有了。

通常认为，时间有过去、现在和未来三个维度。现代性围绕时间性展开，它启动了思维的时间模式；它在过去、现在和未来的三维关系中处置事物与事物、观念与观念、事物与观念、主体与客体的关系；它强调未来，一切都围绕主体的前瞻意识而获得意义；但时间的这一未来维度在早期现代性和后期现代性中有不同的体现。从根本上说，现代性意味着强调从过去经由现在到未来的线性时间。"当代"虽然也是一个时间（绵延）概念，但它尤其具有空间（广延）意味。当代的文化氛围意味着，时空关系依据空间的优先性而得以重组。换言之，当代性并没有抛弃时间，但它改变了时间的基本结构，它改变了时间三维之间的线性关系。或者说，回溯过去或前瞻未来的纵向时间被抛弃了，我们开始接受一种空间化的时间或者说在话语空间中展现的时间。早期现代哲学抑制空间思维，后期现代哲学缓慢地形成空间思维，当代哲学完全认可了空间思维。空间思维是一种非连续性的或断裂性的思维，它把各种异质的东西绑在一起，根本区别于以统一性和连续性为特征的时间思维。

四

很显然，当代哲学启动了梅洛-庞蒂意义上的"野性精神"，或者说列维-斯特劳斯意义上的"野性思维"。这当然与精英文化和平民文化之间的等级消失联系在一起，但不可避免地带有反智倾向。新冠疫情期间，美国出现了各种反智主义，而世界范围内的网络文化大体上都是碎片化的。文化其实就是物化，这个时代不断告别崇高和理想，或者说揭开了崇高和理想的面纱。一个摆脱了精神幽灵的时代出现了。在这种没有精神的文化氛围中，爱情消失了，剩下的只有赤裸裸的生理行为；艺术品和其他精神财富消失了，因为一切都被归入物质消费品之列。精神的碎片化和物质化表明，这个时代的所谓时代精神就是没有精神。换言之，精英们有意识地通过无意识来告别精神，大众则无意识地在精神生活中远离精神。这种精神处境体现在与辩证唯物主义（dialectic materialism）有别的一些新的唯物主义/物质主义形态中。

与英美分析哲学以其自然科学之思主要通向了各种自然唯物主义不同，法国当代哲学汲取具有德语传统的"3H"哲学家（黑格尔、胡塞尔和海德格尔三位以 H 为姓氏首字母的哲学家）和马克思、尼采和弗洛伊德三位怀疑大师的灵感，深受马克思主义的影响，以其文化诗意之思，在不断的创新中主要推出了各种形式的文化唯物主义。法国当代哲学中也有丰富的自然唯物主义思想，它最突出的表现形式不是以自然科学而是以数学本体论为基础的思辨唯物主义。在自然唯物主义和文化唯物主义背后，存在的是围绕一切实在进行伦理之思的生命唯物主义。生命唯物主义与上述两种形态中的每一种之间都没有严格的界限，而如果把科学视为一种文化形态的话，三者之间的相通就更明显了，尽管它们之间有着非常复杂的关系。这些唯物主义形态显然呼应和推进了当代主体终结论对现代主体中心论的取代。

法国结构主义—后结构主义和后现代主义典型地代表了文化唯物主义，代表人物包括福柯、德里达、拉康、阿尔都塞、利奥塔、德勒兹、鲍德里亚等。生命唯物主义主要涉及梅洛-庞蒂（后期）、亨利、福柯、德勒兹等人。关于自然唯物主义向思辨唯物主义的过渡，主要涉及的哲学家有拉图尔、巴迪欧和梅亚苏。语言和文化的自主自足性、文学的文学性、艺术的艺术性、语言的不及物性都是文化唯物主义的论题。生命唯物主义既关注个体生命，也关注宇宙生命，人和物的自身性或物性就是其生命之所在，梅洛-庞蒂关于世界之肉、亨利关于活的宇宙、福柯关于审美生存、德勒兹关于游牧生命的描述都是其体现。思辨唯物主义隶属于思辨实在论，后者由哈曼的以物为导向的哲学、布拉西耶的取消主义虚无论、格兰特的信息-生机论和梅亚苏的思辨唯物论构成。[1]思辨实在论以欧陆哲学为其主要思想资源，重点涉及胡塞尔、海德格尔、梅洛-庞蒂、福柯、拉图尔、德里达、德勒兹、巴迪欧等人。

四种思辨实在论在立场上相互矛盾，但它们都结合了实在论和思辨方法的元素。它们各自的代表人物都拒绝康德的"哥白尼革命"遗产，认为这一革命将哲

1　参见哈曼：《迈向思辨实在论》，花超荣译，武汉：长江文艺出版社，2020年，第4页。

学变成了对人类有限性的思考，而禁止了对实在本身的讨论。[1]这些哲学家主张的实在论有别于常识实在论，他们眼里的世界跟日常生活对世界的预设是完全不一样的。他们关心的实在不仅包括物质实在，而且还包括思维本身。问题的关键，不是主张人类中心论，而是主张非人中心论。[2]思辨唯物主义的代表人物梅亚苏对自康德以来的关联主义的批判，获得了思辨实在论的普遍认可。按照他的解读，自康德以来的现代哲学从来考虑的都是思维与存在的关联，从来没有单独地考虑过这两项中的一项，而所谓的关联主义就是任何主张"这样理解的关联是难以超越的特征"的思潮。[3]在关联主义看来，我们不可能摆脱客体与主体的关系去抓住一个"在己"的客体，也不能抓住一个并不总是已经与一个客体相关联的主体。[4]

后现代哲学家鲍德里亚认为，关于需要和使用价值的经验主义假说是错误的，因为对它来说，"物体首先是需要的功能，在人与环境的经济关系中获得它们的意义"[5]。整个思辨实在论对关联主义的批判其实与这种批判是一致的。梅亚苏接受巴迪欧依据一种数学主义展开的事件本体论的影响，主张以数学确定的第一性质来确立事物的自主存在。他最初用先祖性（ancestrality）、后来又用历-时性（dia-chronicity）来表达没有人的意识或理智的世界的实存。[6]在己之物对于梅亚苏最终仅仅是某种可以先于全部思维之实存而实存的东西（先祖性），或者是既先于又后于全部思维的实存而实存的东西（历-时性）。在康德看来，被称为"参宿四"的星星此时不可避免地不同于我们认为的参宿四之所是；而对于梅亚苏来说，这颗星并非不同于我们所认为的它之所是，关键在于我们如何正确地思

1　参见哈曼：《迈向思辨实在论》，第4页。

2　参见 Graham Harman, *Speculative Realism: An Introduction*, p. 27。

3　参见 Quentin Meillassoux, *Après la finitude: Essai sur la nécessité*, Paris: Seuil, 2006, p. 18。

4　参见 ibid., p. 19。

5　Jean Baudrillard, *Pour une critique de l'économie politique du signe*, Paris: Gallimard, 1972, pp. 7–8.

6　参见 Graham Harman, *Quentin Meillassoux: Philosophy in the Making*, Edinburgh: Edinburgh University Press, 2015, pp. 6–7。

考它，并且以适当的数学方式获得它的第一性质。[1]

上述唯物主义/物质主义都是空间思维的典型代表，但我们依然可以把它们纳入时间思维中，只不过这更多地涉及时间的空间化。古代哲学或前现代哲学关注时间的过去维度，代表的是人类精神的外在化（外在性和超越性）；现代哲学关注时间的未来维度，以不同方式体现了人类精神的内在化（内在性和内向性）；当代哲学关注时间的现在维度，展示了人类精神的表面化（平面性和平庸性）。古代哲学对过去的迷恋让人分有的是神性（永恒性，神圣性，循环性），现代哲学对未来的筹划揭示了人的心性（时间性，观念性，绵延性），当代哲学对现在的偏好则体现了人的物性（空间性，现时性，瞬间性）。当代性意味着现在本体论/今天本体论，一切围绕着现在，始终停留在现在，我们不再瞻前顾后。

那么什么是"当代主义"呢？我想到了新黑格尔主义者克罗齐的说法：任何真正的历史都是当代史。[2]"当代"的本义是"同时代"或"共时代"。当代主义要求我们就生活在这个时代，且只生活在这个时代，我们与眼前的一切同在。我们甘于沉沦，我们拒绝崇高。海德格尔关于沉沦的非本真状态的表述完全可以从正面被接受。当代主义是一种既不前瞻，也不回顾，而是生活在当下的姿态。这是一种既告别神圣的精神，也远离或宏大或精微的精神，并因此沉溺于物质中的物质主义或消费主义立场。在克罗齐那里，当代史习惯上被称为最近过去的一个时间段的历史，不管它是过去的五十年、十年、一年、一月、一天，还是过去的一小时或一分钟。很显然，这里不只有时间问题，而且还有态度问题。一切都源于精神的失落，不再有精神引领我们去回顾，引领我们去展望。我们生活在物质世界中，我们服从物质主义原则。

---

1 参见 Graham Harman, *Speculative Realism: An Introduction*, p. 138。

2 参见 Benedetto Croce, *Theory and History of Historiography*, trans. D. Ainslie, London: George G. Harrap & Co. Ltd., 1921, p. 12。

如何重建人类世的确信?[*]

孙周兴^{**}

今天我的报告题目是:"如何重建人类世的确信?""确信/确定性/确然性"问题是形而上学最基本的问题之一,因为"确信"本来就是自然人类的一个天然的要求、一个基于天性的要求。我们对于外部世界、对于生活都有一个"确信"的要求。在欧洲—西方文化史中,形而上学形成了两种基本的确信方式,一是哲学,二是神学,可称之为"存在确信"(Seinsgewißheit)和"救恩确信"(Heilsgewißheit)。作为古典存在学/本体论的延续,从笛卡尔开始的欧洲近代哲学把存在确信转换为"自我—存在确信"。后者构成启蒙理性的基点,但它并没有带来启蒙理性所允诺的福祉,反而招致深度自欺和理性幻觉。20世纪技术工业的加速进展,两次世界大战的普遍非人性化的暴力,摧毁了传统形而上学的两种确信模式,传统的"超越性确信方式"已经不再能发挥有效的作用了。今天,人们在地质学和哲学上讨论的"人类世"(anthropocene)概念还未有定论,还是一个不确定的概念,这也表明人类文明已经进入一种不确信或者不确定的状态。于是,我认为,未来哲学面临的一大问题就在于:如何重建人类世的确信?这是我今天报告的主题。我以为这是一个重大课题,自然也不是我能完全讲清楚的。

---

* 根据2021年10月24日在南昌大学哲学系主办的现代外国哲学年会上的报告《论人类世的确信》扩充和改写而成;扩充稿又于2021年11月26日在中山大学哲学系(珠海)重做一次报告。演讲风格仍予以保留。

** 孙周兴:浙江大学哲学学院教授。

我今天首先试图梳理一下欧洲—西方历史上的确信模式，然后来讨论人类世的确信的重建问题。

一、确信是自然人类的天性要求

什么是"确信"？"确信"的德语是Gewißheit，倪梁康译为"确然性"，似乎也有人把它译为"可靠性"。我自己给出了两种译法，即"确信"和"确定性"。而且我发现，在不同的语境里只好采用这两个不同的译名，上述这些译法好像也都可以成立。这是中西语言转译中经常碰到的问题，即我们还找不到一个完全对应的译词。在今天这个技术时代，尤其是进入互联网虚拟时代以后，我们人类的生活失去了某种稳靠性或可靠性。我上个月给小孩两张百元纸币。他不要，他说谁还用这个呀？纸币这个东西曾经很重要，以前我们经常要数钱，数钱应该是有快感的，现在连这种快感都没了。说我手机里有一百万，谁知道它在哪里呢？所以，由虚拟化导致的不可靠性，在今天的人类生活中已成一大难题了。

在现代哲学中，胡塞尔对"确信/确定性"的讨论最为细致和复杂。胡塞尔把自然观点中的"确信"（"确定性"）分为广义的与狭义的，广义的确信＝"存在信仰"，狭义的确信＝"信仰确信"。与自然观点中的"确信"相对，胡塞尔又区分了纯粹的确信与不纯粹的确信、绝然的确信与经验的确信、内在的确信与超越的确信等。自然观点中的"确信"被认为是"不纯粹的、经验的、超越的确信"。[1]与胡塞尔对自然的思想态度的拒斥一样，他显然也要贬低自然观点中的"确信"。但这一点我们能同意吗？好比说，我刚才出来的时候把电脑放在宾馆里了，我这样做其实是有一个假定的，即假定珠海市以及中山大学珠海校区有良好的治安，是安全的。但这个假定当然是经不起反思的，或者按胡塞尔的说法，是未经反思的。这样的确信其实是有问题的，是不能成立的，至少对哲学来说是不

1　参见倪梁康：《胡塞尔现象学概念通释》，北京：生活·读书·新知三联书店，1999年，第199—200页。

够的。但要是没有这样的假定式确信，我们多半是要累死的。你离开宿舍，就得把书、电脑甚至日常用具都带出来。这可能吗？

何谓"确信"？我理解的"确信"多半还落在胡塞尔所谓自然观点的意义，即广义的存在信仰和狭义的信仰确信上。下面我们会看到，自然观点意义上的确信本来就是形而上学提供的。我们的大部分经验和观念都属于自然观点。比如说时间观念，我拿起手机一看，现在是15点19分。这是自然状态的时间观念。这种"时钟时间"或"计量时间"是物理学提供给我们的，而从根源上讲是哲学提供给我们的，现在成了我们的日常自然经验。

确信是自然人类的天性要求，就是人把手伸出去就想抓住什么、把握住什么的要求。尼采有言："人是尚未被确定的动物。"[1]这话没错。但人又是寻求确信的动物，因为人们确信：具有确信的生活才是有把握的，才是稳靠的，否则我们就麻烦了。尼采说过："痛苦的原因乃这样一种迷信，即相信幸福与真理是联系在一起的。"[2]你必须要有确信的生活，对周边的事物，对周边的人。我们必须假定周边事物是相对稳定的、他人是可以亲近的。但这次新冠病毒一来，这事情不太好办了。现在我们对外部的人和物充满着怀疑，我们尽量减少与人的交往，我们连电梯里的按钮都不敢按了，进了电梯最好等着别人来按。有的宾馆电梯口放了纸巾，你抽一张纸再按电梯，真是好心；但也有的宾馆的电梯非得用手指按，隔了一张纸或者打火机就按不动了，完全莫名其妙了。所以，新冠病毒破坏了我们日常建立起来的确信，对事物和对他人的确信。尼采说，痛苦的原因在于这样一种迷信，即相信幸福与真理是联系在一起的。这是一种混淆，把幸福、真理和确信混淆起来了。

真相恐怕是：没有确信或者确定性，但人总是——只是——在寻求确信。这大概是我们今天——尤其是在后尼采状态下——看到的一个真相。这个真相就是：没有确信。尼采是最早看到这个真相的。尼采写道："一些人依然需要形而

---

1 尼采：《善恶的彼岸》，载尼采：《尼采著作全集》第5卷，赵千帆译，孙周兴校，北京：商务印书馆，2015年，第95页。
2 尼采：《尼采著作全集》第12卷，孙周兴译，北京：商务印书馆，2010年，第373页。

上学；但也需要那种狂热的对于确信/确定性的要求，这种要求如今以科学实证主义的方式在广大群众身上爆发出来，就是想要彻底地牢牢掌握某个东西的要求……这也还是对依靠、支撑的要求，简而言之，就是那种虚弱本能……"[1]

尼采这里的说法太妙了：民众对于"确信"的狂热要求"以科学实证主义的方式"爆发出来。尼采说的"科学实证主义"在今天表现为科学乐观主义。记得2020年3月底，在新冠疫情暴发后不久，我写了一篇题为《除了技术，我们还能指望什么？》的长文[2]，讨论新冠病毒及其后果，反思今天的人类被技术左右和绑架的实情。新冠病毒到底是怎么来的？怎么传播的？又是如何变异的？各种各样的疫苗是不是真的有效？我们在技术上多半还处于一知半解的状态。但我们又只能相信那些同样没有真正对策和手段的技术专家，听从他们的建议。与历史上的大流行（比如西班牙流感、艾滋病等）相比，新冠疫情其实不算狠毒，但为什么全人类都会如此恐慌呢？原因主要在于新冠病毒的神秘性和变异性，也即它的不确定性。人类对于不确定和不可知的东西才会有恐惧感。始于1980年的艾滋病已经让3 000万人丧命，但现在人们已经不怎么惧怕这种流行病了，因为它的病理已为人类所认知，也就不可怕了。所以，这里涉及我们今天讨论的确信问题。尼采认为，求确信的意志是基于虚弱本能的。他的这个说法是有道理的。我们今天已经无可奈何，除了技术我们已经无可指望，但技术显然经常令人不安，经常让人无法指望。这是今天人类面临的一大困境。

二、两种确信方式：存在确信与救恩确信

下面我要讨论传统自然人类两种基本的确信方式。胡塞尔是一位脑子特别清楚的哲学家，他对作为存在信仰的广义确信与作为信仰确信的狭义确信的区分是

1　Friedrich Nietzsche, "Morgenröthe. Idyllen aus Messina. Die fröhliche Wissenschaft," in Giorgio Colli und Mazzino Montinari hrsg., *Friedrich Nietzsche: Sämtliche Werke*, Berlin/New York: De Gruyter, 1988, S. 581-582.

2　参见孙周兴：《除了技术，我们还能指望什么？》，载《上海文化》2020年第4期。

十分有意义的。但我认为这种区分还不够好。为什么不够好？因为还不够明晰。而且这不是广义与狭义的问题，而是两个传统的不同取向问题。就欧洲—西方文化史来说，实际上有两种基本的确信方式，即存在确信与救恩确信，前者是形式—论证性的，而后者是信仰—服从性的。二者分别对应于古希腊哲学的存在学/本体论传统与希伯来—犹太文化的信仰—神学传统。它们构成了自然人类的精神表达体系的基本要素。

形式—论证性的哲学传统提供了存在确信。哲学是干什么的？哲学无非是论证和辩护，要论证我们对外部世界的看法，要为我们自己的所作所为提供辩护。这就是哲学。就此而言，哲学是普遍的，因为每个人每天都在做论证和辩护，哪怕你不是专门学哲学或做哲学的。哲学是每个人的事情，只是我们哲学系的师生们可能会采纳良好的或较好的论证和辩护。论证和辩护对于我们的生活有重要的意义：没有论证，你的看法和观点就难以成立；没有辩护，你的行动就还没有充足理由。有时候你想做一件坏事，你为自己行动的辩护是关键，可以说是动力性的。辩护完成了，你就敢下手了；辩护没完成，你是难以下手的，或者说是不好意思下手的。所以在这个意义上，哲学也有可能是很坏的，因为它帮助我们做坏事。至少应该说，哲学本身不能直接被等同于德性。我相信，尼采正是由此来反对理论哲学的始作俑者苏格拉底的。

信仰—服从性的基督宗教提供了救恩确信。信仰是绝对的服从，是不需要论证的。基督教是怎么没落的？上帝为何死了？根本原因就在于信仰的论证化或者理论化。特别是到了中世纪后期，基督教神学家（经院哲学家）们不断地用哲学方式去论证上帝存在以及各种神迹，比如追问圣母马利亚为什么没有肚脐眼，天使有没有质量，等等。一开始做这些论证，基督信仰当然就岌岌可危了，上帝当然就濒临死亡了。信仰是不需要也经不起论证的。所以各位要想一下，你到底是适合于宗教还是适合于哲学，这是要分清楚的。我有个说法，心思强大的人适合于做哲学，心思虚弱的人则适合于信教。一个人的心思是有强弱的，就像每个人身上血液的流动是有快慢的。一个心思强大的人去信教，事情就不好办了。曾经有一个商界朋友来找我，说要信教了。我说：不好啊，你搞反了，你心力这么强的人去信教，对你信的或者你以为信的上帝不好，对你自己也不好，反正对大家都不太好。

前面说了，存在确信和救恩确信对应于古希腊哲学的存在学/本体论传统与希伯来—犹太文化的信仰—神学传统。作为两种确信模式，这两个传统构成了（欧洲）自然人类的精神表达体系的基本要素。我这里的表述是"自然人类的精神表达体系"，不过要注意的是，现在我们已经不再是纯然的"自然人类"了。表面看起来，今天的我们还是自然人类，但在起源于欧洲的现代技术工业的深度影响下，我们身上的自然性已经大幅下降，而且正在加速下降。种种迹象表明，今天我们人类的"自然性"大概只有前工业时代的一半了。你以为我们还是前工业时代的自然人吗？

上述两种基本的确信方式在康德那里被表达为"先验"与"超验"的双重超越性。现在，汉语学界有的学者主张把康德的"先验的"（transzendental）译为"超越论的"，比如倪梁康等。我是坚决反对的。[1] 为什么呢？因为你要说"超越论"的话，哲学与神学的两种确信方式都是"超越论"——无论是作为存在学/本体论的先验哲学还是基督教超验神学，二者都是"超越论"。这是因为，这里涉及的是两种"超越"（Transzendenz）方式的区分，"先验"的超越方式指向一个形式的、普遍的、观念的领域，而"超验"的超越方式指向一个无时间的、神性的世界。二者都是不变的、非时间性的，都是为了阻断和抵抗线性时间的无限流逝。一般而言，所有的哲学都是先验哲学，当然是一种"超越论"，这没问题。但怎么把它与神学区分开来呢？神学可是一种更强烈、更名副其实的"超越论"。

两种确信方式在历史上是交织在一起的，"真理+上帝"或"真理＝上帝"构成自然人类的至高希望。正如尼采所言："关于最高愿望、最高价值、最高完美性的可靠性程度是如此之大，以至于哲学家们以此为出发点，就如同以一种先

---

1 参见孙周兴：《先验・超验・超越》，载孙周兴：《后哲学的哲学问题》，北京：商务印书馆，2009年，第20页以下。

天的绝对确定性为出发点：处于最高峰的'上帝'乃是被给定的真理。'与上帝同在''献身于上帝'——此乃几千年之久最幼稚而最令人信服的愿望。"[1]

前面讲的两种确信方式，如果综合起来加以命名，我们可以称之为"超越性确信"。为什么有超越性确信？超越性确信的起源是什么？其起源在于：对线性时间的终极不确定性的恐惧。直线无限流逝的时间之流是让人极度不确信的。于是，自然人类创造了哲学和宗教这样两种超越性确信的方式。什么叫线性时间？自从亚里士多德开始，时间被理解为一条直线。亚里士多德说时间是运动的计量和测度，到奥古斯丁，然后到近代物理学之前还是这般认为。经典物理学对时间给出了两个假定：第一个假定，时间是一条直线；第二个假定，时间直线上的每个点都是一样的、同质的。

时间是直线的和同质的，这是传统线性时间观的基本点。真正推翻这种线性时间观的还是尼采。在《查拉图斯特拉如是说》一书中，尼采说了三句十分重要的话：第一句，"一切笔直者/所有直线都是骗人的"；第二句，"所有真理都是弯曲的"；第三句，"时间本身就是一个圆圈"。[2]我认为，理解了这三句话，大约可以进入现代哲学了。第一句，"所有直线都是骗人的"。直线是什么？直线是古希腊几何学的第一设定。所谓"两点之间直线最短"，这是第一公理。但世上哪里有一条最短的直线？尼采这句话摧毁了传统线性时间观。假如世上有直线的话，那么你往东走我往西走，我们就永远不会相见；如果没有直线的话，那我们走着走着总归会走到一起。后来的相对论证明了尼采的这个想法：时间不是直线，世上也没有直线。

我们说，超越性确信基于人类对线性时间的终极不确定性的恐惧，在直线的无限流逝这样一种时间之流中，我们每个人实际上都是等死的人。据说在技术工业的帮助下，我们现代人的寿命将越来越长，在座的朋友们多数是二十几岁的年轻人，你们估计能活到120到150岁。1900年，人类的平均寿命还只有三十几岁，

1　尼采：《尼采著作全集》第12卷，第618页。

2　尼采：《查拉图斯特拉如是说》，载尼采：《尼采著作全集》第4卷，孙周兴译，北京：商务印书馆，2010年，第248页。

现在已经接近80岁，随着生物和医疗技术的进展再翻一番也是可预期的。如果你们将活到120到150岁，那么现在不是还处于幼儿园和小学阶段吗？这个时候，各位要有更远大的理想，对生命要有新的规划。人类生活的许多制度性的安排都需要重新设计，比如职业、家庭、婚姻等等。你不可能100年或者120年只从事一个职业吧？也不可能说120年只跟同一个人生活吧？另外，在座的各位在这么小的年纪来学哲学了，是完全正确的选择，因为其他许多行业都会有崩溃和消失的危险，因为其他行业的人在未来的漫长岁月中会感觉无比无聊。但我们学哲学和做哲学的人不会，我们总有事可做。或者更准确地说，我们总能创造出可做的事。这事且不说。我要说的是，哪怕活到150岁，自然人类也总是要死的。所以从线性时间观的角度看，生命最后的时间性流逝就是死亡和虚无，那是自然人类的终极可能性。

为什么要有哲学？为什么要有宗教？西方意义上的哲学为人类消除线性时间提供了一个方向，就是要追求一个无时间的、不变的领域，即普遍的形式领域。所以，哲学的主体是普遍主义或者说本质主义的。尼采最早把欧洲哲学叫作"柏拉图主义"，因为柏拉图一上来就说，只有共相、本质、普遍性是不变的，个体、殊相都是会变化、要消失的，所以个体、殊相并不能成为知识/科学的目标。而宗教的教诲是：你要好好做人，做个好人，你死了以后就可以升到另一个无时间的、不变的世界里，就可以到彼岸极乐世界去了。尼采的凶猛之处在于，他直言这两种"超越性"方式都是骗人骗己的，都是自然人类的"自欺"。这时候他高呼："上帝死了！"

看清真相的当然不只有尼采。在尼采之前，马克思已经洞察到传统形而上学的超越性确信的丧失。在1848年的《共产党宣言》里，马克思有一句著名的话："一切等级的和固定的东西都烟消云散了，一切神圣的东西都被亵渎了。"[1]我最近在一个报告里提了个问题，我说我们读懂马克思了吗？什么叫"一切等级

1　马克思、恩格斯：《共产党宣言》，载马克思、恩格斯：《马克思恩格斯选集》第1卷，北京：人民出版社，2012年，第403—404页。

的和固定的东西都烟消云散了"？什么叫"一切神圣的东西都被亵渎了"？他在说什么呢？这是《共产党宣言》里的话。联系我们前面讲的两种超越性确信，我相信各位都能懂马克思的意思了。马克思这里说的正是传统哲学和宗教的崩溃，传统自然人类通过哲学和宗教确立了两种确信方式，建立了一个价值体系，但这个价值体系现在已经崩溃了。尼采后来把它表达为"上帝死了"或"虚无主义"。

价值体系为什么会崩溃呢？是因为始于18世纪下半叶的技术工业。在马克思写作《共产党宣言》时，技术工业已经开展了80年左右，还没到一个世纪。当时只是大机器生产，但马克思已经以"先知之眼"看到了自然人类文明的衰落和一个新文明的到来。马克思那时都还没有电灯呢，电灯是1879年才发明的。马克思哪里能知道我们在整个20世纪以及今天看到的技术进展。所以为时代所限，马克思的想象力也是有限的。他当时设想了无产阶级与资产阶级的"最后的斗争"，但他没能想到的是技术工业从电气化到信息化的加速推进。这种推进所引发的文明变局是如此巨大，以至于"无产阶级"成了一个近乎虚假的概念，以至于他所设想的"最后的斗争"迟迟没有到来。

马克思之后是尼采。尼采自称为"虚无主义者"。尼采认为，一旦我们摆脱了传统哲学和宗教的双重超越性确信，一旦我们否定了哲学和宗教加给我们的双重自欺，那么我们就必定成为虚无主义者。所以，尼采意义上的"虚无主义者"要给出双重否定，既要否定哲学的世界、本质的世界、观念的世界、普遍主义的世界，又要否定信仰的世界、理想的世界、道德的世界、神性的世界。简言之，存在世界（本质世界）不实存，理想世界（神性世界）不存在，这是尼采对存在学/本体论意义上的哲学和基督教神学的双重否定。我们这里干脆可以给出一个等式：虚无主义＝传统确信方式的失效＝自然人类的精神表达体系的崩溃。

尼采的虚无主义断言最终由20世纪的技术工业及其效应来确证，特别是20世纪上半叶的两次世界大战的血腥暴力对此给出了完全的证明。1945年8月6日，美国原子弹在日本爆炸，十几万人顷刻间死去，自然人类从未经历过的、根本无法想象和理解的绝对暴力让海德格尔的弟子、阿伦特的夫君安德尔斯高呼"绝对虚无主义"时代的到来。安德尔斯的说法是：终结第二次世界大战的核弹意味着一个绝对虚无主义时代到了，意味着历史的终结，意味着人类的终结。我们可以进一步说：一个技术统治的时代到了，传统哲学和宗教的超越性确信丧失了。

三、自我—存在确信招致深度自欺和理性幻觉

我们还必须回到近代哲学。如我们所知，从古典哲学向近代哲学的转变也意味着哲学的重心转移了，于是存在确信取得了一个新形态，我们可以称之为"自我—存在确信"。由近代哲学建立起来的自我—存在确信为人类做了一个许诺，即通过启蒙理性，通过自由、平等、博爱这些资产阶级的基本信条，人类将进入一个美好的理性世界、一个光明幸福的文明世界。

可以说，启蒙运动实际上在电气时代就完成了。1879年，电灯被发明出来，电气时代开启，人类从火光世界进入电光世界。这个转变的深远意义尚未得到充分评估。自然人类的文明是火光的世界，但现在电光出现，启蒙就完成了——"启蒙"的意思不就是"带来光明"吗？有了电灯之后，这世界充满了光明，人类终于消灭了黑暗。其基本后果是：黑夜变得越来越短，自然人类的睡眠越来越少，我们对黑暗事物的感知能力越来越差，我们成了"光明动物"，等等。所以，这里面有一个根本性的变化。

尼采看到了古典哲学向近代哲学的转型的实质意义。他有一段话说："在判断中包含着我们最古老的信仰，在一切判断中都有一种持以为真或者持以为不真，一种断定或者否定，一种对某物如此存在而非别样存在的确信，一种信仰，相信在这里真的已经'认识'了——在一切判断中什么被信以为真呢？"[1]尼采说的"最古老的信仰"首先是一个存在学/本体论的假定，即思维与存在是同一的，或者说思维形式与语言形式是同一的。没有同一性，哲学无法开始。哲学的开端

---

[1]　尼采：《尼采著作全集》第12卷，第121页。

性假设是思维与存在的同一性。早在亚里士多德那里就出现了一个问题，即我们如何可能去描述一个个体？我们脱口而出，说某某中等身材，于某年某月某日坐在教室里讲课。我们似乎不假思索就可以描述某个个体，或者周围世界的任何一个事物。但这样的描述是如何可能的？如果没有语言和思维形式，即亚里士多德讲的"范畴"，如果没有思维与存在的同一性假定，怎么可能有这样的描述？所以这个假定，即存在形式与思维或语言形式的同一性假定，很重要。这是尼采说的"最古老的信仰"。

这个"最古老的信仰"后来有了一个现代版本，也即一个知识学的或知识论的假定，就是笛卡尔说的"自我—存在确信"以及等式veritas［真理］= certitudo［确信］。从笛卡尔到康德，自我—主体与被表象性—对象性存在的主体形而上学结构被建构起来。如果说古典存在学/本体论中还有模仿论——艺术—神话——的遗留，从而把思维/语言与存在的同构关系的重心放在物—存在一方，那么在现代哲学中，重心变了。当康德把物的存在规定为被表象性即对象性时，重心已经落在自我—主体一边了。我这番话有一点拗口，但我们只需要明白一点：无论是古典哲学还是古代艺术理论都强调mimesis，即模仿，所以重心都在自然、在外部世界。古典哲学的一个基本假定在于物之自在，即物是不依赖于我们的。但到了近代，事情就不一样了。康德直接说，自在之物是不可知的，物是为我的，物永远是对我而言的。这是物之经验的一大变化。

我们知道，尼采第一个把形而上学规定为"柏拉图主义"，他同时也开启了对主体性形而上学的批判。在他看来，"主体：这是表示我们对一种统一性的信仰的术语，即在最高的实在感的所有不同要素中间的统一性：我们把这种信仰理解为一种原因的结果——我们相信我们的信仰到了这样的地步，以至于为了这种信仰的缘故，我们竟虚构了'真理''现实性''实体性'"[1]。可以看到，特别是在《查拉图斯特拉如是说》之后，在所谓"权力意志时期"，尼采实际上做了很多概念谱系学意义上的严格哲学批判。尼采并不像我们通常所了解的那样，是一个胡

1　尼采：《尼采著作全集》第12卷，第528—529页。

乱抒情、毫无章法的哲学家。

　　虽然正如尼采所说，笛卡尔对"一种不可动摇的确信"的寻求，即一种"求真理的意志"，是权力意志的一种形式，传达了"我不愿被欺骗""我愿确信自己并且成为坚定的"这样一种意愿，但现代的哲学批判和文明危机都已经表明：自我—存在确信并非妙招，它招致深度自欺和理性幻觉。

四、"人类世"概念表明文明进入不确定状态

　　现在我们讲讲"人类世"概念。按照我的表述，"人类世"概念表明技术统治的地球新世代到了。"人类世"首先是个地质学概念。人类出现在新生代的第四纪，故有人主张把第四纪叫作"人类纪"（Anthropogene）。人类纪等于第四纪。第四纪分为更新世和全新世，全新世始于11 700年前，是从最近的一个冰川期结束后开始的，故又称"冰后期"。有地质学家认为，以1945年为标志，现代人类的活动可以影响到地球的存在了，所以我们进入了一个新世代即"人类世"。

　　地质学是讲证据的科学，证据就是地层中留下的痕迹。人类世的地层证据主要有：1. 放射性元素；2. 二氧化碳排放；3. 混凝土、塑料、铝等；4. 地球的表面改造痕迹；5. 氮含量激增；6. 地球气温上升；7. 物种灭绝；等等。这些证据十分明显，我这里只挑着说几项。第一个证据是放射性元素。因为核弹和核电的缘故，地层沉积物中的放射性元素含量大幅增加。第二个证据是二氧化碳排放，其在地层中也有表达，在今天已经成为全球难题。第三个证据是混凝土、塑料、铝等人造制品。光说人类造的混凝土，已经可以在地球表面的每个平方米上放一吨了。当然，在这件事上，最近二三十年中国人民做了最大的贡献，我们在短时间内造了太多的房子。所以几年前，我建议可在建筑系里增设"解构系"，主要任务是研究怎么拆房子。现在，大家最关心的是地球气温上升。工业化开始以后，气温每10年上升0.17℃，听起来不算多，但可怕的是引发多米诺骨牌效应，也就是进入加速状态。最近报道，因气温上升，北极格陵兰岛冰原大面积融化。

如果北极和南极冰层加速融化，地球海平面上升，后果不堪设想。还有一个证据是物种灭绝。这是地球上第六次大规模物种灭绝，速度远远超过了前五次，可谓前所未有。[1]

"人类世"同时也是个哲学概念，至少有斯蒂格勒、拉图尔、斯洛特戴克等当代哲学家采纳和启用了"人类世"概念。其中，法国哲学家斯蒂格勒于2020年疫情当中自杀了，可能他已经对这个"熵增"的人类世绝望了。那么在哲学上，人类世到底意味着什么？我这里愿意提出几点来讨论。首先，人类世是一个技术统治的时代，意味着从自然生活世界到技术生活世界的转变。地球进入一个新的时期，人类文明进入新的状态。1945年是一个重要的标志性的转折。1945年是第二次世界大战结束之年，"二战"根本上是钢铁工业之战，美、德、日是当年的钢铁工业大国。但终结这场战争的却是物理工业即核工业，它是钢铁工业的升级版。所以，文明是有一个基本逻辑的。第二次世界大战可能是自然人类最后一次通过技术工业展开的大规模的自相残杀，以后的人类不会这样打仗了，也经不起这等规模的战争了。

其次，在人类世意义上，我们需要重解海德格尔的存在历史及其转向。我先直接给出两个等式：第一转向＝轴心时代；第二转向＝人类世，即自然人类文明向技术人类文明的转向。海德格尔说，存在历史或一般而言的文明史有两个转向。第一个转向就是轴心时代的建立，即从早期神话和文艺时代到哲学—科学时代的转变。这是一个巨大的转向。在古希腊，大概是在公元前5世纪至前4世纪之间完成了文学艺术向哲学的转变。海德格尔说的存在历史的"另一个转向"是什么呢？我一直没有把它说清楚。我现在可以把另一个转向即第二转向表达为人类世，就是自然人类文明向技术人类文明的转向。这一点我们现在已经可以确认了，今天的人类正在这样一个转向中。其实，海德格尔对我们今天的技术文明也是无感的，也不可能有感，但他却在想这些问题了。他那个时代只有电视，电脑和互联网还没有出现。他家里还不让有电视机，自己又喜欢看足球，只好到邻居

1 较详细的讨论可参见孙周兴：《人类世的哲学》，北京：商务印书馆，2020年，第97页以下。

家看。他哪里知道什么互联网、人工智能、基因工程之类。马克思、尼采、海德格尔这样的哲人确实都具有"先知之眼"。马克思还处于蒸汽机时代，但他却预言了人类文明的总体进程。他为什么同情无产阶级？因为当时的下层无产者实在太苦了。尼采关于"超人"和"末人"的表述也是令人惊奇，他说"末人"或者"最后的人"是被计算、被规划的人。他那时候哪有什么"计算""规划"之类的概念？今天，我们都是尼采意义上的"末人"或"最后的人"了。

第二转向或另一个转向是什么？我们要想想清楚。迄今为止，"人类世"还是一个不确定的命名，在地质学和哲学上尚未得到普遍的接受。地质学上提供的地层证据是充分的，但它为什么尚未被确认？这事复杂，但我认为至少有一个原因是：于心不忍，我们还不好意思，我们无法想象地球史的某个阶段是以万年计的。如果我们确认了人类世，那么之前的全新世将是地球史上最短的一个"世"，因为只有1万多年——要知道，地质学通常是以几千万年、上亿万年来计时的，1万多年是可以忽略不计的。这样，我们大概就承认，今天已经到了地球史的末端了。命名的不确定不是毫无意味的，不确定的"人类世"概念表明文明进入不确定状态了；或者说，文明的无确信状态本来就是人类世的基本标志。

五、如何重建人类世的确信？

最后一个问题最麻烦，其实是我今天报告的重点所在，就是：如何重建人类世的确信？前面说了，人类世是一个无确信时代，我们通常以"多元""相对""无意义""怀疑""虚无"等来表达这种无确信状态或不确定性。在两种基本确信方式即哲学和宗教失效后，无确信成为常态。这种常态好不好呢？尼采说得很清楚，上帝死了，我们每个人都自由了，我们光着屁股在沙滩上跑，但不知道往哪里跑。上帝死了就没有管制力了，每个人都是自由的。马克思也没有消极地评估他的时代状态。马克思说，技术工业为人类提供了最大的可交往性或者自由度，使人类进入"普遍交往"中，这是技术工业产生前的自然人类做不到的。

虽然现在来看，马克思那时候还没有真正实现普遍交往，但马克思的这个断言无疑是有先见之明的。原则上，今天我可以跟任何人交往。有一个说法是，你只需要通过七个人就可以达到世上任何一个人了。仅仅在这个意义上，可以认为今天的中国人已经处于中国历史上最自由的状态了。什么叫自由？自由首先意味着交往和表达的可能性。当然限制是免不了的，但现代技术为我们提供的交往和表达的可能性却是前所未有的。与其他许多宏大概念一样，"自由"和"民主"之类的概念也被用滥了，其后果是这些概念已经失去了生动的意义和原本的指引力。自由和民主是以技术工业为背景的，现代民主制度根本上是一种商讨的机制，它同样是马克思所说的由技术工业促成的普遍交往所要求的。不过这只是事情的一个方面。事情的另一个方面是，今天的新技术给人类带来了一个巨大的监控系统，我们每个人都被严密监控起来了，每个人都已经成为一个数据、一串数字。人类现在已经进入一个个"数字集中营"之中。可见技术是两面的，技术让人自由也把人监控起来，巨大的自由与巨大的监控并存。这就是我们今天文明的状态，一个无确信的状态。

然而，我们依然在寻求"确信"，我们依然需要"确信"，这犹如一种"宿命"。正如维特根斯坦所言："倘若你想怀疑一切，那么你也就不会达到怀疑。怀疑游戏本身已经预设了确信。"[1]维特根斯坦这里说的是怀疑论和相对主义的一般困境：我们不可能怀疑一切，怀疑游戏本身就是以确信为前提的，你逃脱不了的。换言之，我们现在的无确信状态无法否定确信的要求，就如同怀疑本身需要一种确信。于是我们还得追问：如何重建人类世的确信？

兹事体大，我不可能端出全盘的方案，而只能提出几个可关注的要点。它们与我们每个人的生活相关，因此是每个人都要关心的，而哲学更要关注这些问题。

第一，物性——技术物的降解和虚拟物的适应。物性问题很麻烦，因为在技

1　Ludwig Wittgenstein, "Über Gewißheit," in G. E. M. Anscombe und G. H. von Wright hrsg., *Ludwig Wittgenstein: Werkausgabe in 8 Bänden*, Frankfurt am Main: Suhrkamp, 1984, S. 144.

术工业的改造下，生活世界的物性已经彻底变了。在中国，大概在40年前，周围世界的物主要还是手工物和自然物。到今天，情况就不一样了。我们这个会议室里已经没有任何手工的东西了，我们看到和摸到的全都是技术物。手工物时代已经远去了。而且请放心，不会再回来了，技术物占据了生活世界的统治地位。物性变化是世界的根本性变化。对于我们面临的第一道难题，我想将其表达为：技术物如何降解？"降解"是一个化学概念，指有机化合物分子中的碳原子数目减少，分子量降低；但也有人认为，降解物最终要被分解成二氧化碳和水，才能叫降解。比如，塑料降解是指高分子聚合物达到生命周期的终结，历经几十年、上百年变成对环境无害的二氧化碳和水，回归自然循环。一般来说，塑料和尼龙袋埋到土里，要70年以后才成为泥土，完成降解。在此降解过程中，它不断排出环境激素。这是化学降解。但我也想一般地说技术物的降解，类似于海德格尔所说的"对于物的泰然任之"，即让技术对象回归生活世界。这是技术物给自然人类带来的一个问题。

还有一个相关的难题是：如何来对付这个普遍抽象的技术物的世界？自然人类对事物的感知是通过差异化区分来完成的，如果你面对的事物都是完全一样的，是同一同质的，你怎么来形成你的感知呢？当你无法把一个事物与其他事物区分开来时，你的经验就会空转。这就是说，你的经验也被抽象了。如今又进一步产生的一个极端情形，就是在技术物中增加了一个数字物（数据物），我也许可以称之为"虚拟物"。现在，我们的大部分时间被若有若无的虚拟物所占有了。我们怎么来适应虚拟物？所以不但有技术物的降解问题，还有对虚拟物的适应问题。有时候我们很难适应。比如虚拟货币，就一直让我看不懂。我五六年前第一次知道比特币时，它才五六千元人民币一个，现在是六七万美元一个。农民习惯于实物，对于虚拟的东西还是胆怯的，难以适应啊。

自然生活世界需要意义载体，把我们的意义给承载下来。自然生活世界的意义载体是词与物。文学和音乐都是承载意义的词，物（自然物和手工物）特别是广义的器物，是另一个意义的载体。没有词与物，自然人类的生活世界是组建不起来的。但在今天，词与物都溃败了。好多声音消失了，大部分地方性的语言湮没了，手工物退隐了，自然物萎缩了。今天的生活世界是技术统治的世界，其中占据主导地位的是抽象的技术物。词与物溃败以后，何以承载意义？技术物能承载意义吗？人类面临如何面对抽象和虚拟世界的难题，因为我们身上还留存着自然人类的习性，也许意义和意义载体问题的提出就是这种习性的表现。

第二，时空——从线性时间到圆性时间，从虚空空间到实性空间。[1]我们知道，时空问题一直是一个哲学和科学难题。时空经验是生活世界经验的主体，也是其他经验的基本尺度。所以在自然人类生活世界向技术人类生活世界的转换过程中，时空问题成了一个关键问题。在此转换过程中，马克思是第一个探讨新时空经验的。他说："时间实际上是人的积极存在，它不仅是人的生命的尺度，而且是人的发展的空间。"[2] "空间是一切生产和一切人类活动的要素。"[3]我认为，马克思关于时空的洞见是十分深刻的，他看到了一种与物理—技术的时空观完全异质的新时空经验的可能性。传统线性时间观和虚空空间观是自然人类精神表达和价值构成体系的基础，而今天在技术生活世界里，我们需要另一种时空经验，需要另一种时空观来支撑编织我们的生活世界的基本经验，来衡量我们的生活世界的基本经验。

我前面已经讲了现代哲学特别是尼采对传统线性时间观的批判。尼采的逻辑似乎很简单：世上本无直线，故不可能有线性时间的永恒流逝。星移斗转，昼夜交替，我们以各式时钟计时，此为线性时间，是"物的时间"。但后来的相对论物理学也已经证明，物的时间也不是牛顿式的绝对时间，更不消说"事的时间"了。空间亦然。什么叫空间？我刚刚进门后，马上会完成长、宽、高的三维空间测量。我们已经习惯于这种物理—技术的空间观了。但只有这样的技术空间概念和空间经验吗？今天各位跟我很友好，我觉得这个空间和场域十分温暖，我也讲得很愉快；万一在座有一位精神病患者或者不怀好意者虎视眈眈地盯着我，我今天的报告肯定讲不好了。这种空间关系十分具体，是不可测量的。亚里士多德

1 专题讨论可参见孙周兴：《人类世的哲学》，第三编第二章，第189页以下。
2 马克思、恩格斯：《马克思恩格斯全集》第47卷，北京：人民出版社，1979年，第532页。
3 马克思：《资本论》第3卷，北京：人民出版社，2004年，第875页。

说，空间是包围着每个物体的边界，每个物体都有自己的空间。可见在他那里，还没有形成后世那种抽象的空间观念。我以为，这种具体的位置空间，正是后期海德格尔所思的"艺术空间"。

技术工业的进展使人类突破了传统的线性时间观和虚空空间观，也即物理—技术的时空观念。可以想见，技术人类生活世界中将生成更为多样的非物理—技术的时空经验，包括艺术的、日常生活的以及其他的时空经验。唯如此，方有未来的艺术和哲学。否则的话，如果沉没于物理—技术的时空计算中，那就不会有艺术和哲学的地盘。

第三，思维——从超越性思维到关联性思维。这又是一个巨大的转变，其意义尚未得到完全确认。如前所述，传统的两种超越性确信方式即存在确信和救恩确信基于线性时间观以及相关的超越性思维。为什么在20世纪的哲学中，现象学具有真正的开创性的贡献？因为现象学启动了一种新的思维方式。现在我们已经清晰地看到，现象学的重要意义之一在于，它在西方传统中首先启动了"关联性思维"，呼应了技术工业带来的普遍可交往性和互联世界。以前的西方形而上学，无论是哲学还是宗教，都是"超越性思维"。但今天这个被技术工业改造和规定的世界是一个普遍交往的世界、一个关联世界。在这个互联世界实质性地开启之前，现象学已经实施了思想方式的转型。那么，我们可以设想一种与之相应的"关联性确信"吗？对此话题，我们今天只能存而不论了。

第四，信念——重建有关生活世界的基本信念。在后神学—后哲学的技术生活世界里，我们有必要区分"信仰"与"信念"，降低对"信"——确信——的期望。胡塞尔堪称"最后的哲学家"，他试图恢复一个从古希腊开始的哲学传统和知识理想，重振哲学的存在确信。这当然只可能是一个梦想了。胡塞尔有意思的地方不在这里。胡塞尔首先打通了感性世界与超感性世界的分隔，揭示了它们的关联性，认为感性世界就是一个生动的、富有意义的世界。但胡塞尔又心怀旧梦，试图回归先验哲学的绝对性。今天和未来的哲学恐怕要恢复日常生活的稳靠性（安全）假定，即被胡塞尔放弃的自然思想态度的"意见"和"信念"，诸如事物的相对恒定性、他人的可接近性、虚拟关系和虚拟实存的实在性，等等。

第五，方法——自然与技术的二重性。方法问题同样十分麻烦，既涉及思维，也关乎姿态。在可预计的未来时段中，所谓"人类世"将是自然与技术二重化的世代。海德格尔意义上的"二重性"（Zwiefalt）或可助力，为我们提供一种差异化的思想策略。所谓二重性不是二元思维，也不能简单地等同于对立统一的辩证法，而是多元差异化的运动。差异化运动意义上的二重性意味着，我们要承认这世界和这现实的碎片化和多元化，肯定多元性和相对性，容忍张力和冲突，而不是以同一性思维方式耖平一切异质性。

如何重建人类世的确信？此事应小心为妙。因为弄不好，我们就会重蹈覆辙。一方面，要警惕复古旧梦。传统人文科学的尚古习性看起来是无害的，其实会让人分裂，更失去了本有的未来责任。我们可以看到，传统的人文科学越来越被边缘化，也就是无法对现实做出有效的反应。其根本原因，当然是自然人类文明和自然人类精神表达体系的衰落。但我以为，其中也有人文学者们自身的原因，因为当今大部分人文学者依然偏于传统，越来越成为对这个社会来说多余的人物。我们总是在做梦，总是认为古代是好的、古代世界比今天好，认为我们现在的任务是恢复古代的美好。一些学者甚至主张要回归先秦的生活，恢复儒家的传统伦理，慢慢就变得不合时宜了。做着这样不着调的复古梦的遗老遗少，当然是与当代社会格格不入的，当然是不为社会所需要的。我以为，人文科学的当务之急是改弦易辙，接受挑战，直面这个技术生活世界，弄清楚这个世界到底发生了什么，弄清楚作为自然人类的我们如何在新世界里重组我们的生活和我们的经验。这才是正当的和积极的姿态。

另一方面，我们也要防止激进技术主义以及人文科学虚无论，重振人文科学的当代势力。我所谓激进技术主义包括技术乐观主义和技术悲观主义，二者都过于偏执和极端。人文科学虚无论显然与激进技术主义特别是技术乐观主义相关，可以说是后者的后果；这种虚无论完全置自然人类的价值和尊严于不顾，也是十分贫弱和有害的。在技术工业的宰治下，人文科学——或者如我所说的"艺术人文学"——虽然随着人类自然性的下降而势必不断没落，但并非毫无生机，更不可能无所作为。而毋宁说，它完全可能绝处逢生和绝地反弹，介入"最后的斗争"。今天的技术工业已经进展到了性命攸关的学科之争，即两门"人的科学"——我所谓的"人类技术工程"（人工智能和基因工程）与"艺术人文学"（人文科学）——的斗争。当今最热门的两门科学即人工智能和基因工程都是"关于人的科学"，人工智能是对人类精神和思维的数据化和数字化，而基因工程主要是对人类肉身的技术编辑和加工，故可以合称为"人类技术工程"；而传统意义上的人文科学，即我所谓"艺术人文学"，更是"人的科学"。艺术人文学将不得不担当重任，进入这场斗争的前沿。虽然很可能败局已定，但抵抗依然是必要的，必须摆出一个抵抗的姿态——这恐怕就是未来艺术和未来哲学的基本意义。

存在与真理

——海德格尔真理论探详

周建漳[*]

柏格森说，哲学家一生在哲学上实际只做一件事情，而西方哲学从古希腊开始就宣示了，它所做的事情最终落脚于真理。迄今为止，海德格尔无疑是讨论真理问题最多的哲学家之一。在他的作品中，"真理"二字直接出现在标题中[1]的即有不下三种。更何况，正如本文以下将论证的，海氏哲学的关键词"存在"与"真理"之间有着非同寻常的总体性关联。在这个意义上，其"存在哲学"也可以说是"真理哲学"。

作为20世纪哲学的显学之一，海氏真理理论的"大模样"人所共识，关于其哲学内涵的理解与解说已形成基本理论"定式"，但在深化细化方面尚有不少阐幽抉微的工作要做。本文的基本思路是，将海德格尔的真理观放在西方哲学近代以来的发展以及与英美主流真理观对照的宏观视野中加以思考，探究其独特真理概念"ἀλήθεια"的本质，细化对其真理观不同层次的辨析与把握。这在总体上仍然不脱"我注六经"的范围，只是希望摆脱单纯的"照板煮碗"，力求做到

---

* 周建漳：厦门大学哲学系教授。

1 海德格尔1925—1926年在马堡大学有一门关于"逻辑：关于真理的问题"的课程，但同名文本出版于1976年。以出版时间论，海氏第一次系统讨论真理问题的论著是《存在与时间》（第44节），"真理"恰恰没有出现在标题中。

阐释与研究的结合。

一、海氏真理论的哲学格局与理论抱负

尽管真理在标示性的意义上自古希腊哲学始已被悬为西方哲学的鹄的，但在近代之前，它主要是在例如"意见"与"知识"的对立中被"使用"（use），而非在理论上被专门"提及"（mention）的研究主题。在西方哲学认识论转向的背景下，真理才真正成为哲学研究的主题。今天我们所熟知的传统实质性真理理论（substantial theories）三大论即"符合论""融贯论"及"实用论"都是在19世纪末逐步在罗素、新黑格尔主义者布拉德利和实用主义者手中发展成形的。当代哲学语言的转向背景下，从肇端于塔斯基"形式化真理论"及其"真语架"（truth schema）的当代语言哲学真之理论中发展出在"真之紧缩论"（deflationary theory of truth）名目下的"冗余论""去引号论""极简论""语义论""同一论""代语句论""公理化真理论"等不下十种观点，以至于有人开始谈论具有学科意味的"真理哲学"。[1] 而在大西洋彼岸的欧洲大陆发展出的，是与英美哲学相比具有更浓厚人文主义色彩的真理言说。是为真理理论的英美与欧陆两大阵营即"实质性真理理论"和"语言哲学真之理论"，及以海德格尔为代表的欧陆"存在真理论"三大板块的理论版图。三大板块本质上分属两大阵营，后者构成理论上更具实质意义的分野。

哲学中所谓认识论转向的时代背景是近代科学革命，这是西方哲学自中世纪神学威权之后遇到的在学理上更深刻的挑战，其对哲学的影响堪比西方艺术史上摄影技术对写实绘画的冲击。其结果是，哲学将宇宙真理发布者的地位拱手让渡给了自然科学，由真理的言说者（自然哲学）退而为真理的二阶谈论者（认识论）。换言之，英美哲学不论是其传统的实质性真理理论还是当代的形式化真之理论本质上都

1　参见 Theodora Achourioti and Henri Galinon eds., *Unifying the Philosophy of Truth*, Dordrecht: Springer, 2015, p. 1。

是关于科学真理的二阶反思，从维也纳学派的"拒斥形而上学"到维特根斯坦关于哲学"不提供知识，只澄清语言"的说法都是对这一现实的肯认与背书。

但是，如果说在自然即非人文领域，科学成为唯一合法的认知提供者乃"天命"所归，那么，在人文领域却并不存在类似于自然科学的严格意义上的人文科学。并且，出于形而上困惑的永恒性、价值多元性等各种原因，科学化"终究绝非哲学的可能性"[1]。因此，在自然之外的人文历史领域，哲学在二阶认识论反思之外始终当仁不让地维持实质性一阶言说的地位。例如，在历史哲学中，关于历史学的认识论反思与关于历史本身的哲学思辨并行不悖。[2]当然，对于科学主义方法论一元论而言，人文领域中严格科学的不在场同时意味着哲学的不应在场或哲学在场的不正当性，它只能被留给文学艺术。但依照人文主义者如海德格尔的看法，"艺术……是哲学的姊妹，……科学……只是仆人"[3]。关键在于，他像伽达默尔一样承认"超出科学方法论控制范围的对真理的经验"[4]。这一理论事实的直接哲学意义是，哲学未必如一般所以为的只能是反思性与语言分析性的。落实到真理观上，在英美话语对面，欧陆的真理言说不但是关于真理的抽象理论规定，并且说的就是具有实质内容的真理。在海德格尔那里，我们不但看到他依"ἀλήθεια"对真理之为"解蔽"的种种理论言说，同时看到在时间性视域中作为有限此在（mortal being）的人对"为其故而存在"的真理的揭示。[5]在《存在与时间》中集中讨论真理问题的第44节，不但从文本安排上看几乎正好处于全书83节之半处[6]，关于真理的这一节在结构上也处于承前启后的地位。这一节的最后一句话是一个疑问句："至今的探索究竟可曾把此在作为一个整体收入

1　海德格尔：《形而上学的基本概念》，赵卫国译，北京：商务印书馆，2017年，第26页。

2　参见周建漳：《历史"思辨"》，载《江海学刊》1999年第1期；周建漳、赖勇龙：《试论历史存在的故事性》，载《史学理论研究》2010年第1期。事实上，在海德格尔的《存在与时间》及伽达默尔的《真理与方法》中，关于历史的哲学思辨所在多有。

3　海德格尔：《形而上学的基本概念》，第9页。

4　加达默尔：《真理与方法（上卷）》，洪汉鼎译，上海：上海译文出版社，1999年，第18页。

5　参见海德格尔：《存在与时间（修订译本）》，陈嘉映、王庆节合译，熊伟校，陈嘉映修订，北京：生活·读书·新知三联书店，2012年，第262页。

6　参见 Michael Gelven, *A Commentary on Heidegger's* Being and Time, Dekalb: Northern Illinois University Press, 1989.

眼帘?"[1]在紧接着的一节即第45节中,海德格尔立即引入了全书的关键概念"时间"。以时间为视域,在"先行到死"的投射下,此在的存在呈现出人生作为一个整体首尾完整的结构,令存在意义的呈现在此一时间性的完足结构中得以可能,是为此在存在的真理。海德格尔真理言说之为真理哲学与哲学真理相统一的最直接范例,是他关于艺术作品是"真理之生成和发生的一种方式"[2]的真理观与他对凡·高《鞋》的那段著名的阐释("从鞋具磨损的内部那黑洞洞的敞口中……"[3])。

海德格尔的真理言说与英美真理观在理论格局上的区别可以被概括为真理存在论与真理认识论(包括语言论)之别,真理与存在如比梅尔(Walter Biemel)所说构成海德格尔哲学的双重核心。[4]在此,真理对海德格尔来说不但是他所关注的某一具体问题,而且对其存在哲学来说具有全局意义。按海德格尔自己的说法,二者"源始地……联系着"、彼此"必然"地相互"为伍"。[5]在认识论的视野中,真理的要义为真,符合论等不过是对"真"进一步的哲学刻画与解释。在语言哲学中,关于真理的基本句式为塔斯基式的由系词(是)与表语(真)构成的谓述句,即"X是真的"。总之,真理的基本意思就是"是真的",内中蕴含逻辑上的真假二值性,其现实原型即科学真命题。与此不同,海德格尔称为"ἀλήθεια"的真理,其重心不在"真"上,而在"存在"上。正如某论者所指出的,"海德格尔将系词视为真的真正承载者"[6]。"Ἀλήθεια"的意思不是"是真的"(being true),倒是"真的是"(true being)之意义澄明。海德格尔在《柏拉图的真理学说》1974年第1版的一条边注中明文指出,"ἀλήθεια[无蔽状态]是

1 海德格尔:《存在与时间(修订译本)》,第265页。

2 海德格尔:《艺术作品的本源》,载海德格尔:《林中路》,孙周兴译,上海:上海译文出版社,1997年,第44页。

3 同上,第17页。

4 参见比梅尔:《海德格尔》,刘鑫、刘英译,北京:商务印书馆,1996年,第30页。

5 海德格尔:《存在与时间(修订译本)》,第246页。

6 我在领会此点之后,在以下两处获得印证:Daniel O. Dahlstrom, *Heidegger's Concept of Truth*, Cambridge: Cambridge University Press, 2001, p. 25; Richard Capobianco, *Heidegger's Way of Being*, Toronto: University of Toronto Press, 2014, pp. 9, 11。

一个表示 esse［存在］的名称，而不是表示 veritas［真理］的名称"[1]。与聚焦系词"是"与表语"真"构成的断真谓述句不同，跟海德格尔的"ἀλήθεια"相匹配的形容词"真"之语言形式不是其表语用法，而是其定语用法，如"真朋友"（true friend）之"真"。[2] 与"真"本然地属于认识与逻辑范畴不同，"是"在概念上如陈春文所说乃"'是'与'存在'的合式发生"[3]；而"海德格尔对 Sein 问题的重大推进"，如黄裕生所说，正是"通过引入 Existenz 把作为存在动词的 sein 和作为系词的 sein 明确区分开来"[4]实现的。美国学者哥文（Michael Gelven）说，"除非真理本质上最终与人类存在相关联，海德格尔［关于此在的基本存在论］的分析不可能是'真'的"[5]。他在此明确拈出"existence"一词，以其著作《真理与存在》（*Truth and Existence*）之名明示这一点。

在存在而非单纯认知的意义上考虑真理问题，海德格尔在哲学理论之上别有怀抱，即在由古希腊哲学所铸造的西方"文化之始源"外另启"全新思想之另一开端"。[6]远祧柏拉图的"哲人王"，近承德国古典哲学欲为"时代精神"见证与先知的精神传统，他的存在与真理之思最终关联着其对"形塑人类生存的存在样式问题"[7]的实践思考。这不但可以由海德格尔一生行谊得到印证，在其笔下亦不

1　海德格尔：《柏拉图的真理学说》，载海德格尔：《路标》，孙周兴译，北京：商务印书馆，2001年，第273页。

2　值得注意的是，黑格尔与海德格尔在关于真理的论述中均指出"真朋友"的用法；并且前者明确指出，"真"的这一用法显示出"真理更深层的哲学意义"（参见 Richard Campbell, *The Concept of Truth*, Basingstoke: Palgrave Macmillan, 2011, p. 101. 亦参见黑格尔：《小逻辑》，贺麟译，北京：商务印书馆，1981年，第86页；中译文与此略异）。事实上，在分析风格的哲学论文中，也有人发出这样的质疑：在"真朋友"这样的合法用法中的"真"为什么不被缩简论者纳入思考？参见 Predrag Cicovacki, "Rethink the Concept of Truth," in Jaroslav Peregrin ed., *Truth and Its Nature (If Any)*, Dordrecht: Springer, 1999, p. 208。

3　陈春文：《哲学的希腊性："是"与"存在"的合式发生》，载《云南大学学报（社会科学版）》2012年第5期。

4　黄裕生：《关于 Sein 问题的一个梦》，载黄裕生：《站在未来的立场上》，北京：生活·读书·新知三联书店，2014年，第38页。

5　Michael Gelven, *A Commentary on Heidegger's* Being and Time, p. 133.

6　黑尔德：《世界现象学》，孙周兴编，倪梁康等译，北京：生活·读书·新知三联书店，2003年，第168页。

7　James Dicenso, *Hermeneutics and the Disclosure of Truth: A Study in the Work of Heidegger, Gadamer, and Ricoeur*, Charlottesville: University Press of Virginia, 1990, p. 30.

难窥其消息。他在以柏拉图"洞喻"为阐释对象的《论真理的本质》一书的导论的结尾处指出了哲学阐释中超出"学识"之上的"历史感应"的根本性:"没有这些……一切哲学更是徒有其表。"[1]此外,海氏关于真理降临即本体意义上的历史"开始或者重又开始"[2]的时刻的论述,他将"建立国家"(政治)、"立法"(法律)与"思想者的追问"(哲学)一并列为真理设立的基本方式的做法[3],均明确表明了其哲学的实践取向与精神定位。[4]

存在意义之所"是"而非认识论与逻辑上的"真",是海德格尔的真理观与主流真理观在理论取向上的本质不同。它可以说是贯穿海氏真理言说的基本线索,其一系列论述借此都可以得到妥帖的理解。比如,为了实现认识与实在的符合,"事实本身却还必须显示出自身来"[5];又如他的"本质真理"的提法。而他著名的关于"存在的遗忘"的说法落实在真理论上,指的就是主流哲学的认知中心主义的真理观忘记了真理的存在论维度。海德格尔在真理问题上超越前此认识论视野,自有其哲学上的理由和高明处。他在达沃斯与卡西尔的对谈中,"谴责新康德主义将哲学局限于探究科学方法论是对哲学的羞辱"[6]。而作为"文化医生"[7],海氏哲学思想的实践含义是,认识以及作为"现代的根本现象"的科学只是生活的一部分,并且是并非究竟至极的那一部分。对海德格尔来说,人类所关注的生命的意义、道义、自由及死亡乃是哲学、人文思考的初衷。因此,其存在之思的最终落脚点是真实的存在。沿着这一理路,我们对海德格尔视野中的真理具体究系何指可以进一步一探究竟。

1　海德格尔:《论真理的本质——柏拉图的洞喻和〈泰阿泰德〉讲疏》,赵卫国译,北京:华夏出版社,2008年,第18页。

2　海德格尔:《艺术作品的本源》,第61页。

3　参见同上书,第45页。

4　至于其实际成败乃至善恶,则是另一个重要但这里无法展开的问题。

5　海德格尔:《艺术作品的本源》,第35页。

6　转引自 Michael Gelven, *A Commentary on Heidegger's* Being and Time, p. 16, note 5.

7　海德格尔:《面向存在问题》,载海德格尔:《路标》,第456页。

二、ἀλήθεια 之为意义真理

为表明其真理的特殊意谓，海德格尔独出心裁，强调希腊语中表示真理的"ἀλήθεια"一词应作"去蔽"解，并且，"作为那种正确性的真理，是以无蔽为先决条件的"[1]。泛泛而言，"去蔽"或"解蔽"都可以作"消除无知"解，从而可以被理解为"获取真理"的同义词。但是，在科学中，"我们向来已生活在一种存在之领悟中"[2]。科学奠基于解蔽而不是遮蔽，将（人文）解蔽理解为（科学）解释，将使海德格尔拈出此词的意义变得模糊不清。其实，解蔽所描述的恰恰不是一般意义上的认识，其要义不是新知，而是去障。格朗丹（Jean Grondin）明确指出，真理作为解蔽"可以从意义开启的概念来把握"[3]；具体地说，就是破除执着于"在手之物"的"存在者"层次而不见"存在"本身的迷障。

存在与存在者的本体论差别不是一般认识论意义上现象与本质的关系，因为现象与本质作为反映人的认识程度的概念归根结底仍然是围绕存在者即事实展开的。科学认识上的所谓本质，无非是对新的事实或事实之间深层因果机制的发现，而存在作为令存在者成为可能的东西不是事实，而是意义。无论是从上帝还是宇宙论的角度来看，存在者作为质料都属非人实在，但质料性实在并不成其为物或事实。令其在人存在于其中的世界中成为物或事实的，是其在与人之存在的关系中所呈现的意义。这一"此在为其故而存在的东西"，就是海德格尔要求我们"领会"的"真理"。[4]也是在这一意义上，海德格尔每每将存在的问题表述为存在的意义问题："追问存在的意义，就是追问存在本身"[5]，"'存在之意义'与'存在之真理'说的是一回事情"[6]。意义存在而非实体存在，是海德格尔哲学区别

---

1 海德格尔：《论真理的本质——柏拉图的洞喻和〈泰阿泰德〉讲疏》，第114—115页。

2 海德格尔：《存在与时间》，陈嘉映、王庆节合译，熊伟校，北京：生活·读书·新知三联书店，1987年，第6页（此处用旧译而非修订译本）。

3 格朗丹：《诠释学真理？——论伽达默尔的真理概念》，洪汉鼎译，北京：商务印书馆，2015年，第163页。

4 参见海德格尔：《存在与时间（修订译本）》，第262页。

5 同上书，第178页。

6 海德格尔：《〈形而上学是什么？〉导言》，载海德格尔：《路标》，第446页。

于亚里士多德实体形而上学的要害所在。基于这一理解，存在与存在者间的虚实（在场、不在场）、阴阳（明、晦）之别的实质，就是实体与意义的关系；并且，实体"实未必真"，意义"虚而不假"。[1]

与意义真理相对应的是事实真理。事实真理是关于"在手"经验对象的性质及其彼此间因果关联的事理解释，它或是基于经验观察、或是基于逻辑推理判定是非，满足二值性逻辑要求，具有真假分明的所谓"可较真"的特征。关于事理的知识之真严格说来属于"真知"；意义真理给出的不是实证知识，而是关于事情本身的意义澄明即义理。"解释学循环"包括"知识即回忆"其实都是在意义阐释的维度上成立的，在更广阔的背景下，这也是人文学说区别于科学的特质之所在。举例来说，关于"母亲"的真陈述为"女性家长"；而在义理上，"母亲"无唯一定义：她给了你生命，总是将你放在自己之上，乐于为你做出牺牲与奉献，对你的宽恕毋宁说纵容可以达到无底线的地步。母亲的本来意义不是"哺乳"[2]，而是"母爱"，而"盲目性"恰恰是爱的本质构成。

意义不但在逻辑上先于真假，并且首先先于事实，只不过"沉沦"于当下在场之物的人们往往因经验层面上意义的不在场而遗忘其真谛，"遮蔽了现实生存方式如科学技术背后蕴涵的源始意义通道"[3]。意义追问并不导致实际问题的解决，但何种事实进入实际考虑则是以意义理解为前提和导向的。其实，就连事实本身也是浸透意义理解乃至依义而立的。[4]世间诸事皆在其因缘中，"因缘整体性的揭示则奠基于意蕴的指引整体的展开状态"[5]。不妨依简化的粗线条解释：人类总是先有"正义"观念，然后有法律事实，最后有监狱，人类社会存在的背后都是人对特定存在意义进行理解与筹划的结果，以至于"如果人们从来不曾读过爱情的

---

1 关于事物与意义间的虚实、真假之辨，我曾在一篇笔谈文字中从历史哲学的角度有过探讨：《虚实与真假之间：由史学与文学的关系说起》，载《学术研究》2009年第3期。

2 "有奶就是娘"的要害不是片面，而是非本真，"见物不见人"。

3 海德格尔：《存在与时间》，第27页。

4 参见 Michael Gelven, *A Commentary on Heidegger's* Being and Time, p. 8.

5 海德格尔：《存在与时间》，第242页。

字眼的话，就没有人会堕入爱情"[1]。所谓唯心主义在很大程度上是出于对意义与
实体的混淆。

意义容有有无与深浅，却无截然真假之别。正是基于这一点，海德格尔的弟
子图根哈特在真理面前不让其师，认为海氏以"解蔽"名真理"并非是对特定
'真理'概念的扩展，只不过是将'真理'说成另一种意思"[2]。在他看来，将"真
理"等同于"解蔽"，人通常所理解的命题真理就会失其真理意义。例如，真假
二值性的逻辑特征在此无从体现。他因此质疑海氏所说的解蔽"是否有资格被称
为真理"[3]。海德格尔在回答图根哈特时指出，后者其实是拘泥于真理在日常使用
中的一种用法即"断真"（assertion），而"真理"作为哲学概念是高于日常词汇
的。[4]关于这个问题，王晓朝通过辨析古希腊日常用语中表"断真"的"εἰμί"的
用法与"ἀλήθεια"概念的意义，指出"这两个词并非同根同源……揭示西方哲
学概念'真'主要应从ἀλήθεια入手"[5]。在学理上，安柯斯密特（Frank Ankersmit）
在《历史表现中的意义、真理和指称》中指出，"真理不是像在命题真理的情况
下那样非此即彼的事"[6]，日常理解中真假截然二分的真并未能穷尽"真理"的概
念可能性。"事实上，海德格尔哲学实践的根本特征正是拒斥对语词的通常、自
然及常识用法的一味顺从。"[7]

海德格尔承认："如果你只在断言真理的意义上思考'真理'，将'无蔽'也
称为'真理'当然是令人困惑的。这显然不是'特定的'，即通常意思上的真
理。"[8]拉索（Mark Wrathall）为海德格尔辩护说，"为什么称无蔽为真理？为了促

1　麦基编：《思想家：当代哲学的创造者们》，周穗明、翁寒松译，翟宏彪校，北京：生活·读书·新知三联
　　书店，1987年，第266页。

2　Ernst Tugendhat, "Heidegger's Idea of Truth," in Brice R. Wachterhauser ed., *Hermeneutics and Truth*, Evanston:
　　Northwestern University Press, 1994, p. 93.

3　转引自 Mark Wrathall, *Heidegger and Unconcealment: Truth, Language, and History*, Cambridge: Cambridge University
　　Press, 2010, pp. 36–38。

4　参见 Martin Heidegger, "Letter to Ernst Tugendhat," March 19, 1964；转引自 ibid., p. 38。

5　王晓朝：《论希腊哲学概念"阿莱赛亚"的历史生成》，载《学术月刊》2015年第12期。

6　安柯斯密特：《历史表现中的意义、真理和指称》，周建漳译，南京：译林出版社，2015年，第117页。

7　同上书，第38页。

8　Martin Heidegger, "Letter to Ernst Tugendhat," March 19, 1964.

使我们反思自己在敞开、守护、持存与理解存在者和实体以及世界上的可思之事时的位置"[1]。意义真理与事实真理的差别在语言层面上表现为前谓述（心领神会的意义）真理与谓述（直言陈述与判断）真理之别。作为"前谓述的敞开"的真理是"前逻辑的真理"[2]，逻辑的真假二值性对其是不适用的。依黑尔德（Klaus Held）的观点，关于事物之所是即意义的"命名"在先，命题性的联结在后。[3] 图尔敏（Stephen E. Toulmin）对此有一个敏锐的评论：传统真理观隐含着这样一种狭隘的理解，即似乎我们关于真理"所说的所有重要的话都只能被说成陈述句"[4]。

应该承认，事实真理及其科学原型不论在哲学理论还是大众观念中一直是占据主流地位的"真理"概念，海德格尔们所揭橥的意义真理道人所未道，属于少数派的观点。"唯有那些已从日常功用中抽身而出，致力于理解事物的本体意义而以对我们应该思考的事情加以反思为职志者才能见到真理。"[5]因此，如果哲学概念也有专利使用权的话，那么"真理"一词非事实真理莫属。但对于哲学概念，当然是不存在专利这回事的。意义解蔽允称真理的理由，首先可以从反面入手来看：如果海德格尔所论述以及所例示的意义之真不是真理，那它是什么？是善或美吗？显然，广义上，它仍然属于人类理性的成就，虽然其所达致的不是严格可较真、可证伪的真知，但谁说它不是关于人与世界的洞见与真谛。其次，也更重要的是，真理在广义上可以被看作对于问题的回应，而问题有"麻烦"与"困惑"两义，英文"problem"与"question"正好标示二者。[6]科学知识面对的是有待解释与解决的麻烦（problems），人文理解包括哲学面对的是有待解蔽与

1　Mark Wrathall, *Heidegger and Unconcealment: Truth, Language, and History*, p. 39.

2　海德格尔：《形而上学的基本概念》，第487页。

3　参见黑尔德：《世界现象学》，第162页。

4　Stephen E. Toulmin, *An Examination of the Place of Reason in Ethics*；转引自 James Dicenso, *Hermeneutics and the Disclosure of Truth: A Study in the Work of Heidegger, Gadamer, and Ricoeur*, p. 144。

5　Michael Gelven, *A Commentary on Heidegger's* Being and Time, p. 229.

6　参见 Michael Gelven, *Truth and Existence: A Philosophical Inquiry*, State College: The Pennsylvania State University Press, 1990, pp. 52, 59。

阐释的形而上困惑（questions）。在此，to be or not to be面对的是question而非具体的problem。"江畔何人初望月，江月何年初照人"不是历史考证问题，而是人类面对"逝者如斯"的时间"兴"起的"人生几何"之愁思，它既是诗思亦是哲思。不论是作为真答案集合的科学，还是作为关于意义解惑的人文见地，真理都如哥文所指出的具有"终极性"的特征。问题解决了，就没问题了；义理澄明之际亦无可且毋庸再问。对于一个表现出无限宽容的女人，"母亲"可说明一切。[1]意义之真最重要的源泉是语言，对于个体与社会何者为本的问题，可以通过是否能继续追问而得以澄明：对任何社会理想，我们都可以为了每一个人的自由与幸福问为什么；反之，对个体价值的实现，就不能再问为什么，它"止于至善"，它已然为终极目的（End）。

给意义解蔽以真理资格，相较于科学真理，这种人文性真理之缺乏确定性似乎仍然是一个短处。作为竞争性理论博弈的唯一胜出者，科学真理是依特定方法论程序实证地决出的单义标准答案，是认知上具有思想强制力的命题，即雅斯贝尔斯所谓"有强制性的正确"。[2]据此，真理是严格可判定从而可较真的。反之，"在精神科学中并不存在区分正确和错误的手段"[3]，思想分歧下的理论是非难以依特定方法程序一义"武"断，思想目标的"实事求是"与理论实际上的"一是难求"从而"莫衷一是"长期并存，"一切灾祸的根源就在于此"[4]。在此，"真理指的不是一件事，在逻辑中我们看到的是'硬的'真理，而在生活中看到的是'软的'真理"[5]。海德格尔和伽达默尔于承认人文真理"肯定不会有那种我们可以用概念的普遍性和知性的普遍性去加以辩解的真理和普遍性"[6]的同时指出，这"并

1　当然，与具体问题的解决不同，意义探究无一劳永逸之效。"护雏"虽为母性表现，但未必穷尽"母亲"之义，因为母亲还是人，且"彼亦人子也"，对自己的孩子行不仁之行、"大义灭亲"者是更伟大的母亲。

2　参见雅斯贝斯：《生存哲学》，王玖兴译，上海：上海译文出版社，2005年，第27页。

3　伽达默尔：《精神科学中的真理》，载伽达默尔：《诠释学Ⅱ 真理与方法》，洪汉鼎译，北京：商务印书馆，2007年，第50页。

4　海德格尔：《形而上学的基本概念》，第4页。

5　Jonathan Arac, "Truth," *PMLA* vol. 115. no. 5.

6　伽达默尔：《美的现实性》，张志扬等译，北京：生活·读书·新知三联书店，1991年，第27页。

不意味着精神科学的科学性的降低"[1]。"一切精神科学，甚至一切关于生命的科学，恰恰为了保持严格性才必然成为非精确的科学。"[2]正如伽达默尔所批评的那样，我们在满足真的"最精确的"可证实性的同时，却"常常未能讲出真正重要的东西"[3]。说到底，像科学中那样的精确性和确定性根本不是哲学的可能性，因为作为人的活动，哲学植根于此在的命运中，而这种此在因自由而发生。"恰恰由于把握活动的这种真理是最终的和最极致的，它才不断地、危险地与最高的不确定性为邻。"[4]顺便指出，关于真理可较真之确定性的追求本质上未必关乎真假，而是关乎输赢，方法论一元论背后隐含着福柯所说的"真理的政治"。[5]

关于科学与人文学说各自的优长，笔者前此曾为文讨论。[6]简言之，科学真理作为相关问题单一有效答案的逻辑前提是单义参照性，而这又与人类行动所要求的一意性（"一意孤行"）相匹配。比方说，一旦以"能捉鼠"为参照，猫之好坏或相关命题的真假可以立辨。循此逻辑，可以说"有奶就是娘""不论男贼女贼，能偷才是硬道理在"。但直觉告诉我们，这不成道理。这是因为，理论及实践合理性涉及手段有效性与目标道义性两个维度，在猫鼠类的自然（科学）问题上，手段（能抓）与目的（猫抓老鼠，天经地义）天然合一；但在人文社会问题上，手段（有奶、能偷，等等）与目的、事理与义理间存在内在的紧张关系，单义参照难以满足其要求。从而，作为单义正确答案的真理非不可能，却不可欲。社会公共决策及人文学说所面临的往往是人类意义（价值）内在的多元性，此所以民主（多数意志）而非专家（真理性权威）主宰公共决策的根本机制。总之，科学上的认识包括实验手段的有效性，是在行动内在的"一意孤行"逻辑驱

1　加达默尔：《真理与方法（下卷）》，洪汉鼎译，上海：上海译文出版社，2004年，第626页。

2　海德格尔：《艺术作品的本源》，第76页。

3　伽达默尔：《什么是真理》，载伽达默尔：《诠释学Ⅱ 真理与方法》，第59页。

4　海德格尔：《形而上学的基本概念》，第29页。

5　拙作《中国思想中"真理"之阙及其文化意义》（《清华大学学报（哲学社会科学版）》2021年第4期）对真理的"较真"语用有所讨论。

6　参见周建漳：《民主的意思：从社会认知的角度看》，载《山东大学学报（哲学社会科学版）》2006年第3期。

动下先验设定的结果。用伽达默尔在《真理与方法》卷首所引用的里尔克的诗句来说，这"只是接住自己抛出的东西"之"雕虫小技"，其确定性的代价是意义的单一性。由于人在面对自然界时本质上"同仇敌忾"的统一性，只考虑手段的有效性而不虑及目的的合理性在一定意义上固然"理有所至"，但这毕竟是将五色杂陈的现实收窄为黑白二色的理论抽象，由此而来的思维确定性及行为有效性并不等同于本质上的真理性。海德格尔指出，诸如历史学这样的人文学说"其存在论前提在原则上超越于最精密的科学的严格性观念。数学并不比历史学更严格……数学比较狭窄罢了"[1]。以这种单一维度的思维揆诸人文世界的多元意义空间，其扞格不入之处一目了然。黑白分明的可断真性只是科学真理的必要条件，而非意义真理的必要条件。因此，"把真理限制于真论断是不必要、不合理的，也是愚蠢的"[2]。

科学真理在理论上的确定性来自实验的可验证性，在实践上具有功能的有效性，所谓"知识就是力量"。大众对科学真理的推崇在很大程度上来自后者。然而，一般人习焉不察的是，科学本身是在具有特定意义的视域与框架中的活动，后者在根本上对历史长程中的人类生活有着更为深远的影响。单就"现代科学为何出现在西方而非有着长久技术发明传统的中国"这一"李约瑟难题"[3]来说，其背后的文化观念，包括西方哲学中metaphysics对physics、自然哲学对物理学的影响，就值得深长思之。有趣的是，中西哲学所聚焦的"真理"与"道"这两个基源不同的概念的"求真"（是不是）与"务实"（行不行得"通"）之间的分野，在其中扮演着至关重要的角色。[4]简言之，在硬科学与软文化之间，常人总爱问"有什么用"；我们倒应该多想想"有什么好"。"智多星"吴用的名号不是白给的。顺便跟我们的具有科学主义情怀的同行说句也许有点本位主义（阿Q？）的话，哲学家其实是最不应该过于热心地为严格真理背书的，在我们的学科的基本

1　海德格尔：《存在与时间（修订译本）》，第179页。

2　卡普托：《真理》，贝小戎译，上海：上海文艺出版社，2016年，第58页。

3　参见陈方正：《继承与叛逆——现代科学为何出现于西方》，北京：生活·读书·新知三联书店，2009年。

4　参见拙作《中国思想中"真理"之阙及其文化意义》。

面上，何曾有过那样的真理？

必须立即指出的是，意义真理中不存在黑白二分的强制性的截然真假，不等于说在此完全缺乏任何理性准则因而缺乏学术纪律，只不过是说其方法不是纯粹逻辑性与实证性的，而是论辩性与视界融合性的罢了。质言之，无真理的场域并非无道理（可讲）的世界，拒绝定于一尊的真理固然令是非曲直未可当下一语骤断，却并不等同于无"理"可依，非100%的真理仍然不失其为基本的道理。[1] "是非"自有公论，公道自在人心，要在"以仁心说，以学心听，以公心辨"（《荀子·正名》），在"包含着远离关于证实的认识论教规及在推进研究的名目下得以合法化的真理条件的姿态，但仍然保留着融贯通识之为准真理的姿态"[2]之间保持必要的平衡。

总之，事实真理与意义真理各擅胜场，我们无须气短，亦不必党同伐异。简略言之，事实真理关乎"吃饭哲学"，而意义真理关乎"人生几何"。"饮食可以维生，而故事可使我们不枉此生。"[3] 前者可以"成事"，后者无"缚鸡之力"却可帮助我们"成人"，成为具有人类"共通感"，具有雅致、纯正"趣味"和机敏"判断力"的人。[4]

三、真理到场的不同方式

一言以蔽之，海德格尔关于真理的概念曰"去蔽"。循此主线，在其具体论述中，真理到场的方式及其具体意涵各有不同，不可一概而论。

在最一般与源始的层面上，意义去蔽的"处所"是语言，所谓"语言是存在

1 参见周建漳：《"真理"观念的两个谱系及其本质——兼评王路教授"Truth"即"真"说之偏颇》，载《南国学术》2017年第3期。

2 Walter Jost and Michael J. Hyde eds., *Rhetoric and Hermeneutics in Our Time*, New Haven: Yale University Press, 1997, p. 135.

3 卡尼：《故事离真实有多远》，王广州译，桂林：广西师范大学出版社，2007年，第12页。

4 这是伽达默尔在《真理与方法（上卷）》一开始给出的"人文主义的几个主导概念"。

的家"说的就是这层意思。不过,语言在此不是就其为日常交流符号而是在本源意义上说的,否则海德格尔自己关于"真理不等于真命题,判断不是真理的真正处所"的说法就不成立。本初意义上的语言乃"太初有言",其与人之为人从而与世界的世界化是联系在一起的,"唯语言才使存在者作为存在者进入敞开领域之中"[1]。而在其当下形态中,本真的语言乃诗的语言,诗本质上不是用日常习用语说事,而是在日常语言的边界上不断探索与形塑人与世界的意义。

关于语言与存在意义澄明的真理性关系,《圣经·创世记》中有深刻的神学隐喻:"上帝说'光',于是有了光。"[2]人类之先,周遭物体虽已然在位,然混沌未开,"无名,天地之始",而"有名,万物之母"(《老子·第一章》)。原本"空虚混沌、渊面黑暗"的"太虚"之境由此"去昧",从此"天地生焉,万物兴焉"。在此,"这种真理之本质(可解蔽性)正是与人一道发生的事件"[3]。值得特别指出的是,上帝不以科学(原子或大爆炸)的方式"造物"[4],而以语言的方式"创世",他是"人文始祖"而非"科学宗师"。上帝之言"道成肉身"当然不是字面意义上咒语神力的显灵,毕竟"使一切事物都能自身阐明、自身可理解地出现的光正是语词之光"[5]。在意义而非物质实体的维度上,"世界就是语言地组织起来的经验与之相关的整体"[6]。古德曼(Nelson Goodman)说得好,"可以有脱离世界的语言"即空言、假言的(唯心主义的)危险,但却"不可能有脱离语言或其他符号的世界"。[7]离开语言(性的理解),物并不"是"。"在没有语言的地方,比如,在石头、植物和动物的存在中,便没有存在者的任何敞开性。"[8]这是因为,"在语词之外并没有一个已经切分好了的现实"等着我们去指认,"世界是按照我们划

---

1 海德格尔:《艺术作品的本源》,第57页。

2 通常译文为"上帝说,要有光,于是有了光",因果意味浓厚。此处引冯象依古希伯来语的译文。参见冯象:《创世记:传说与译注》,北京:生活·读书·新知三联书店,2012年,第5页。

3 海德格尔:《论真理的本质——柏拉图的洞喻和〈泰阿泰德〉讲疏》,第73页。

4 物理方式以基本粒子(原子),化学方式以基本元素,生物方式以细胞组织,等等。

5 加达默尔:《真理与方法(下卷)》,第616页。

6 同上书,第572页。

7 Nelson Goodman, *Ways of Worldmaking*, Cambridge: Hackett Publishing Company, 1978, p. 6.

8 海德格尔:《艺术作品的本源》,第57页。

分它的方式而划分的，而我们把事物划分开的主要方式是语言"。[1]庄子曰："道行
之而成，物谓之而然。"（《庄子·齐物论》）此之谓也！

　　语言之于意义不是"媒体"而是本体，语言的本质在"文章"而不在字句，
诸如神话、传说、艺术和历史等文本是人类关于世界与自身源始性之理解的结
晶，它构成人类理解的基本意义框架与视野（Horizon）。[2]它构造与指示世界的
"纹理"。据此，"语言观就是世界观"[3]。在意义解蔽的维度上，"科学决不是真理
的源始发生"[4]。"文科"非科学，但较之"理科"与"工科"更根本。在日常生活
中，我们触目皆物，语言只是我们用以指物说事的工具。它虽然像古希腊的奴隶
那样是最灵便好用的工具，我们对其中所蕴含的本源意义却因习以为常而习焉不
察。文学尤其是诗的意义是语言非工具性的纯粹在场，它以我们在日常生活中感
到别扭和不习惯的言说方式澄明意义，探索不同的意义可能性。

　　语言是从猿到人的本质环节，其对于世界的去蔽是奠基性的，同时也是背景
性的。也就是说，它是给定的与潜存于意识深层的。在其现实性上，语言更具实
质性的解蔽是在显意识层面乃至概念层面上发生的。一个观念由萌芽到进入公共
话语系统，人文思想与哲学在其中扮演关键角色，发挥主导性作用。由于人文思
想知行合一的特征，政治与宗教乃至个体实践是意义确立与解蔽不可或缺的终极
环节。这就是海德格尔提出的真理设立自身的五种方式的实际含义。这五种方式
分别是"真理自身设置入作品"（艺术）、"建立国家的活动"（政治）、"对'最
具存在者特性的东西'的'邻近'"（宗教）、"本质性的牺牲"（主体德性）、"思
想者的追问"（哲学与人文学说）。按照一般的看法，五者是相去甚远之事，但
就"敞开性的澄明和在澄明中的设立"论，"它们是真理发生的同一个本质"。[5]
它们均涉及超越可感现成存在者的可思、可能存在的形而上超越维度，这也就

1　麦基编：《思想家：当代哲学的创造者们》，第267页。

2　参见加达默尔：《真理与方法（下卷）》，第566页。

3　同上书，第565页。

4　海德格尔：《艺术作品的本源》，第45页。

5　同上。

是海德格尔在讨论真理时使用的"本质真理"乃至"哲学真理"这样的表述的本义。[1]

在五种方式中，海德格尔论述最多的是他关于"美……作为无蔽真理的一种现身方式"[2]的独特论断。这与真理通常的科学形象大相径庭，但并非空谷足音。济慈早就说过，"真是美，美是真"。狄金森的诗中，为美献身者与为真理献身者共葬一处。[3]分析哲学家古德曼在艺术与真理的关系上表现出少见的通达，他直言不讳地质疑："真理全在科学那里，一点也不在艺术中？"他跟伽达默尔一样，肯定艺术经验的认知性，甚至提出"科学与艺术的区别"并不在于"真理与美"，"只是各自符号系统的主导性特性不同而已"。[4]用现象学的术语来表达，将通常的真理观悬置起来以达到对于真理自身的本质直观，这正是海氏真理观超越认识论之所在。在意义解蔽（阐释）的维度上，不以知识为要务亦无物用的艺术恰恰在根本上与本质真理挂上了钩，因为唯有从对"在手之物"的"烦忙"中摆脱出来，"事情本身"方得以呈现。陶渊明的诗句告诉我们，在"采菊东篱"的悠然之际方得见[5]南山。"停车坐爱枫林晚"，并不上前，没有动作，然与草木坦诚相见。海德格尔所意谓的真理，是在事物的表象之上关于其本质（essence）的理解和把握。在此，"真理就是那种把其最本己的本质，根本上托付给了其所是的东西"[6]；而在日常的"烦忙"和"闲言"中，人们注意的是诸如"登机口改为64号"及"八卦内容"。音乐让声音从话音中脱身出来，音乐中有纯粹的听，也使人听到纯粹的音。在巴赫《哥德堡变奏曲》的第一小节咏叹调的最初几个音符中，我们分明听到自己的心声。同样，物体的"此一"被其作为"在手之物"的器具性功用所遮蔽，但在凡·高所画的"鞋"

1 参见海德格尔：《艺术作品的本源》，第34页；《形而上学的基本概念》，第24页。

2 海德格尔：《艺术作品的本源》，第40页。

3 参见Michael Gelven, *Truth and Existence: A Philosophical Inquiry*, p. 3。

4 Nelson Goodman, *Languages of Art: An Approach to a Theory of Symbols*, Indianapolis/New York: The Bobbs-Merrill Company, 1968, pp. 262, 264.

5 "见"不同于"看"（见）。"见"在此意为"观"，所谓"诗可以观"；同时，是见地之见。

6 海德格尔：《论真理的本质——柏拉图的洞喻和〈泰阿泰德〉讲疏》，第109页。

中，我们每天穿但很少正眼看的"此一"成为观照的中心，"在作品中走进了它的存在的光亮中……器具的器具存在才专门露出了真相"[1]。不但如此，鞋作为人行走于天地之间的艺术象征见证了农人的整个世界。在此，所谓艺术中真理的发生并不是"某种东西被正确地表现和描绘出来了，而是说，存在者整体被带入无蔽"[2]。于此我想起雅斯贝尔斯的话："精神的真理是通过其对一个自身阐明而又自身封闭的整体的隶属性而成为真理的。"[3]据此，一只鞋子"凝聚着劳动步履的艰辛……回响着大地无声的召唤……浸透着对面包的稳靠性的无怨无悔的焦虑，以及战胜了贫困的无言的喜悦"[4]。穿鞋的人有福了，产妇、临终病人的鞋子脱在床下，其中"隐含着分娩阵痛时的咆哮，死亡逼近时的战栗"[5]。中国民间说，老人"今日脱鞋上床去，明日不知穿不穿"。二者可谓异域同慨，饱含人生真谛（无常）。

关于海德格尔对凡·高之"鞋"的阐释曾经有这样的质疑，即凡·高所画究竟是否是农妇之鞋。[6]诚然，如果答案是否定的，那海氏关于田野上的脚步、分娩时的阵痛的解读将落空，但这无害于将鞋解读为人之存在的象征，从而也无害于"存在者整体之无蔽亦即真理被争得了"[7]这一根本点，因而无伤大雅。此外，至于海氏解读的是凡·高的本意还是"过度联想"，则涉及复杂的解释学问题。直截了当的结论是，音乐、戏剧有赖于表演呈现；同理，一切文本包括作品并非由原作者独立完成，（历代）读者是作品匿名的合法作者。[8]陈嘉映在讨论解释学的文章中，引用海德格尔在他的一篇赫拉克利特阐释中自问的话：这里所说的种种是赫拉克利特的意思吗？他自答道："这残篇确在言此，虽未将此说出。"[9]在

1　海德格尔：《艺术作品的本源》，第19页。

2　同上。

3　雅斯贝斯：《生存哲学》，第24—25页。

4　同上。

5　海德格尔：《艺术作品的本源》，第17页。

6　参见时卫平：《梵高的农鞋：再论艺术作品的真理性》，载《艺术百家》2012年第2期。

7　海德格尔：《艺术作品的本源》，第39页。

8　伽达默尔《真理与方法（上卷）》中的"艺术作品的本体论及其诠释学的意义"对此所论甚详。

9　陈嘉映：《谈谈阐释学中的几个常用概念》，载《哲学研究》2020年第4期。

我看来，如能起凡·高于九京而问之，他对海氏的阐释不但会首肯，应该还会感谢。这里重要的不是意义的单一确定性，而是忠实于文本的可能性与善尽阐释者义务的创造性的统一。

除了对艺术作品之为真理现身方式的论述外，海德格尔对于其他诸种方式基本上存而不论。哲学作为"思想者的追问"与去蔽真理的关系是最无疑义的，宗教作为对上帝这一存在者中"最存在者"的信仰与真理有关亦不难理解，"道路、真理、爱"本为基督教信条。比较令人费解的，是作为政治范畴的"建国"与作为主体德性的"牺牲"和解蔽的关系。

"建国"不是当下语境中的政权成立之事，而要从政治之为人类从动物中走出来的历史性事件加以理解。普罗米修斯为人类盗火的故事妇孺皆知，但故事的后一半，赫尔墨斯受宙斯指派将"尊敬"与"公正"的观念带给人类之事则鲜为人知。[1] "火"作为工具的象征，是人类得以在自然界立足发展的条件。但是，人类社会自身为避免相互伤害而趋于分散与毁灭，少不了道德与政治规范，这正是寓言中"公正"之所指。公平正义的观念不但开启了人类意义的维度，并且它不仅是观念中或理论上的，同时是最具真实性的。"说某物是真的，就是说它有一个未来。"[2]《独立宣言》之所以将"人生而平等"称为"不证自明"的真理，首先因为它是"关涉每一个人的东西"，从而"它必然直接明了"。[3] 事实上，当年金博士在其著名演说中坚信的有一天黑人与白人彼此平等的梦想今天在美国已在相当程度上成为制度现实（come true），其成为文化从而成为生活真实的那一天亦可以预期。诚如老黑格尔所言，"合理的就是现实的"。就此而言，哲学未必如他所说只是黄昏起飞的夜鸟，亦是报晓的雄鸡。"风雨如晦，鸡鸣不已。"枕戈待旦，终见光明。当然，这样的真理又如伽达默尔所说，是"我们必须一起参与其

---

1 参见柏拉图：《普罗塔哥拉》，载柏拉图：《柏拉图对话集》，戴子钦译，上海：上海译文出版社，2013年，第90页。

2 卡普托：《真理》，第74页。

3 参见海德格尔：《形而上学的基本概念》，第23—24页。

中去获取的真理"[1]。

　　至于"牺牲",其直接意义是为真理献身的个体德性,苏格拉底是其典范。不但如此,其作为福柯所谓"真理的勇气"[2]同时也是人之意义的彰显,本身即为活在真实中的真理。政治建设与献身真理的勇气在此将解蔽真理具现为理论理性与实践理性的本质统一。

1　伽达默尔:《诠释学I 真理与方法》,洪汉鼎译,北京:商务印书馆,2007年,第5页。

2　参见 Michel Foucault, *The Courage of the Truth*, trans. Graham Burchell, New York: Palgrave Macmillan, 2011。

经典是经常被误读的[*]

——写在《〈正义论〉评注》出版之际

张国清[**]

哲学家一般与普通读者保持着距离。初学者不太容易进入哲学领域。即使专家学者也经常抱怨自己读不懂某些哲学著作。一些哲学爱好者屡屡受挫，感叹要想读通康德、黑格尔、海德格尔、维特根斯坦、罗尔斯等人的原著，实在是太难啦。

然而，哲学家未必故意刁难初学者，初学者可能只是难以适应哲学的讨论方式罢了。令初学者望而生畏的，通常是专门的哲学术语。哲学术语不是日常用语。在其学术著作中，哲学家偶尔提及日常生活、列举生活实例，如果初学者对此没有系统的理解，可能会被误导。哲学爱好者阅读原著，先要掌握专门的哲学术语。在同一部哲学著作中，除了哲学术语，通常还夹杂着大量其他学科的术语，有的是自然科学的，有的是社会科学的。假如读者阅读的是二手文献，而它们对原著有着较多误解，其中的术语没有得到准确的呈现，那么它们定会加重读者的负担。误解导致误导，会把读者引向错误的方向。很多初学者在阅读哲学著作时深受其害而不自知。

*　本文为由国家社会科学基金后期资助重点项目"《〈正义论〉评注》"（编号21FZXA008）的总论部分。

**　张国清：浙江大学哲学学院教授。

借鉴诠释者和批评者在解读原著方面的成就，矫正和弥补前人理解关键哲学理念的错误或疏漏，更加精确地诠释原著，在读者与作者之间搭起畅通的桥梁，让原著更容易为读者所理解，在此基础上评估哲学家的学术得失，推进对相关议题的研究，是哲学研究的一种方式。

一

1971年，《正义论》（*A Theory of Justice*）面世，作者为美国哈佛大学哲学教授约翰·罗尔斯（John Rawls）。1999年，《正义论（修订版）》出版。根据哈佛大学出版社提供的信息，截至2021年5月6日，英文版《正义论》已售出382 980册，是该社创建以来发行量最大的学术著作。现在，它已被译成30多种语言，被誉为20世纪最重要的政治哲学著作。

在《正义论》中，罗尔斯建构了一种以"正义是社会制度的首要德性"[1]为核心命题的正义理论，其形式是哲学的，其内涵是社会科学的，涉及与道德、政治、法律、经济和社会相关的诸多核心议题。效用论以追求最大效用（幸福、福祉、价值或利益）为社会制度的首要德性，长期主导着英美政治思想史。罗尔斯的正义理论基于社会契约假设，旨在批评和取代效用论。

为了批评效用论，罗尔斯提出了一种针锋相对的主张："在公平正义中，'正当'概念优先于'善'概念。正义的社会制度规定个人必须在什么范围内发展其目标，它既提供权利和机会框架，又提供实现满足的手段。只有在这个框架之内，只有通过使用这些手段，才能公平地追求这些目标。在某种程度上，假如获取利益以违反正义为条件，那么这种利益是没有价值的，正义的优先性便可得到解释。既然这些利益从一开始就没有价值，那么它们不得凌驾于正义的诸多主张

---

1 罗尔斯：《正义论（修订版）》，何怀宏、何包钢、廖申白译，北京：中国社会科学出版社，2009年，第3页。

之上。"[1]追求公平正义，而不是追求最大利益，是创制和变革社会制度的首要目标。个人与团体设置的目标与实现目标的手段，也要遵循正义原则。

除了批评效用论的正义观念，罗尔斯还批评了直觉论的正义观念和至善论的正义观念，对公平正义观念做了系统论证。他主张，"合乎正义"而非"追求利益"是社会实践的首要准则，"正当优先"而非"利益优先"是社会制度推崇的首要理念，"对等互利"而非"零和博弈"是分配社会合作收益与负担的首要方式。公平正义理论将令"极大化的善理念不得默认地占据主导地位而大行其道"[2]。

罗尔斯在表述其见解时，力争做到简洁明晰、准确可靠。也就是说，他遣词造句具有相当高的精确度。他曾经说过："原著是务必为人所知、所尊重的东西，其学说务必在其最佳形式里得到呈现。"[3]因此，诠释者在解读文本时应当谨慎对待其中的核心术语和关键语句。那么，原有文本如何才能在另一种语言中以最佳形式得到呈现呢？比如，原文为英文的《正义论》如何才能在汉语文献中以最佳形式得到展示呢？这是一个严肃的诠释问题。

在不同语言的转换中，一些核心术语往往难以一一对应，诠释者须根据上下文或具体语境做出相应变通。在此意义上，不存在唯一的正确解读。在解读文本时，诠释者会对词语和词组给出不同解读。这不一定表明这些努力是错误的，而是表明文本解读具有一定的开放性。但就专业术语而言，这种开放性是有限的。人们在解读《正义论》时也是如此。

汉语世界在诠释与批评《正义论》上取得的成就是重大的。[4]应奇称赞其于

1　John Rawls, *A Theory of Justice, Revised Edition*, Cambridge: Belknap Press of Harvard University Press, 1999, p. 28.

2　Ibid., p. 514.

3　John Rawls, *Lectures on the History of Moral Philosophy*, ed. Barbara Herman, Cambridge: Harvard University Press, 2000, p. xvi. 另参见罗尔斯：《道德哲学史讲演录》，张国清译，台北：左岸文化出版社，2004年，第39页。

4　国内不少学者做过《正义论》的导读工作。参见应奇：《罗尔斯》，台北：扬智文化事业股份有限公司，1999年；何怀宏：《公平的正义——解读罗尔斯〈正义论〉》，济南：山东人民出版社，2002年；石元康：《罗尔斯》，桂林：广西师范大学出版社，2004年；万俊人编：《罗尔斯读本》，北京：中央编译出版社，2006年；龚群：《罗尔斯政治哲学》，北京：商务印书馆，2006年；姚大志：《罗尔斯》，长春：长春出版社，2011年；杨玉成：《罗尔斯》，西安：陕西师范大学出版社，2017年；刘莘：《〈正义论〉导读》，成都：四川人民出版社，2019年；李石：《〈正义论〉讲义》，北京：中国社会科学出版社，2021年。

1988年初次读到的《正义论》中译本有"简洁而凝重的质感"[1]。在没有英文原著参考的情况下，这应当是中国读者初读《正义论》汉语文献的第一印象。

然而，就罗尔斯希望其学说务必在最佳形式里得到呈现而言，它仍然是令人遗憾的。一方面，现有汉语文献没有呈现这个著作本该是的样子，在一些关键术语、概念、命题、假设、原理的解读上存在偏差，既与作者的"原著是务必为人所知、所尊重"的要求存在差距，又与普通读者预想的哲学经典该有的样子相去甚远。另一方面，目前尚且欠缺系统、全面、细致的汉语评注文本，严重妨碍了汉语读者对罗尔斯正义理论的准确理解。即使到了今天，从现有汉语文献来看，《正义论》仍存在由错误诠释导致传播失真的"思想风险"[2]，导致众多中文读者不得其门而入，以至于较早介入罗尔斯正义理论研究的应奇教授最近发出这样的感叹："但是说来惭愧的是，我的当代政治哲学之旅却充其量只是围绕着罗尔斯及其影响而展开，却并不是关于罗尔斯的。事实上，无论对于《正义论》还是《政治自由主义》，认真说来我都并不具有专家之资质。"[3]

何以如此？从客观上讲，不可靠的学术资料是影响应奇等国内学者在罗尔斯研究上止步不前，并且误导20世纪80年代以来的中国大陆政治哲学研究的一个重要因素。它们当然不是指罗尔斯本人及其批评者撰写的原版政治哲学著作存在可靠性问题，而是指译介过来的相关汉语文本存在可靠性问题。这是翻译的不准确性问题，而不是翻译的不确定性问题。比如，有个说法颇能打动人心："我们有文明处事、礼貌待人的天赋义务（natural duty of civility），既不死抠社会安排的差错，作为张口就来的抗拒理由，也不深挖难免会有的规则漏洞，作为谋求自身利益的捷径。"[4]单词"civility"有"礼尚往来、以礼待人、文明礼貌、举止得体、彬彬有礼"等含义，与《正义论》结束句的词组"grace and self-commond"（优雅得体而怡然自得）形成呼应关系。笔者把"civility"解读为"礼尚往来、

1　应奇：《当代政治哲学十论》，杭州：浙江大学出版社，2022年，第207页。

2　参见童世骏：《西方哲学的中国研究：思想风险及其应对方法》，载《学术月刊》2009年第9期。

3　应奇：《当代政治哲学十论》，第210页。

4　John Rawls, *A Theory of Justice, Revised Edition*, p. 312.

文明处事、礼貌待人"。罗尔斯说人有"文明处事、礼貌待人"的天赋义务。他没有教导世人如何做"公民",而是劝勉世人"文明处事、礼貌待人",亦即做"文明人"。"小人喻于利,君子喻于义。"(《论语·里仁》)"君子义以为质,礼以行之,孙以出之,信以成之。"(《论语·卫灵公》)"文质彬彬,然后君子""文以载道""礼仪之邦"等道德理念作为文化教化和训导内容贯穿于中华文明之中。《正义论》也强调做一个文明人的重要性和必要性。

精明不等于文明。精明原本无可厚非。媒体曝光的贪官污吏大多是精明人,但精明人未必是文明人。法院裁决的各种民事和刑事案件的涉案"公民"也未必是文明人。笔者发现,罗尔斯在《正义论》中提出以"civility"为理性道德人亦即文明人(通情达理者)的天赋义务,其所表达的伦理思想与儒家的伦理思想高度吻合。在以擅长投机取巧为荣的世道,如此微言大义是振聋发聩的,擅长利用制度、法律和政策漏洞的唯利是图者未必理会。然而,由于"civility"被解读为"公民",我们读到了这样的语句:"我们有一种公民的自然义务,既不把社会安排的缺陷当作一种不服从它们的现成借口,也不利用规则中不可避免的漏洞来促进我们的利益。"[1]如此解读,便丢掉了原语句的劝勉意味和警世作用。

一些学术术语,比如"最佳逼近"(best approximation)、"最佳配置"(best allocation)、"生物种群"(biological population)、"分配效应"(distributive effect)、"遗传多样性"(genetic diversity)、"制度和法令"(institutions and acts)、"长期优势"(long-term advantage)、"适度匮乏"(moderate scarcity)、"神经质强迫症"(neurotic compulsion)、"非比较组"(non-comparing groups)、"公共物品"(public goods)、"理性选择"(rational choice)、"理性偏好"(rational preference)、"严重剥夺"(severe deprivation)、"承诺的压力"(strain of commitment)、"中位数"(median)、"时间偏好"(time preference)、"不公平的优势"(unfair advantage)等,在《正义论》的不同中文版本中存在出入较大的解读,有的解读显然是错的。甚至像"法治"(rule of law)和"权重"(weight)等常用术语也难

1　罗尔斯:《正义论(修订版)》,第278页。

得找到准确的中文表达。

一些重要思想家及其作品的人名和书名也频繁被误译、误读。比如，俄国思想家赫尔岑（Alexander Herzen）摇身一变为"赫曾"，阿克顿的《自由史论》（*The History of Freedom and Other Essays*）变成《历史自由及其他》，布坎南的《公共物品的需求与供给》（*The Demand and Supply of Public Goods*）被误译为《公共利益的需求与供给》，齐夫的《语义分析》（*Semantic Analysis*）变成《语言分析》，卢斯和雷法的《博弈和决策》（*Games and Decisions*）被误解为《策略与决策》，莱宾斯坦的《经济落后与经济增长》（*Economic Backwardness and Economic Growth*）变成《经济复苏与经济增长》，如此等等。[1]

对于另外一些重要术语，比如"original position""reflective equilibrium""primary goods""goodness"和"reciprocity"等，也需要给出新的解释。当然，《正义论》的汉语文献涉及术语、人名、书名误读只是一个方面，更多的误解不是个别单词或术语层面的，而是对罗尔斯正义理论的整体把握层面的。它要求解读者具备长期的综合性学术积累和较高的科学文化素养。在20世纪八九十年代，《正义论》的中文解读者没有达到这个要求。即使到今天，解读者也未必达到了这个要求。这是中文读者在阅读时频繁受挫的重要原因。

"在未以最佳形式获得评判之前，无论什么学说，都是没有定论的学说。"[2]这是罗尔斯转引密尔评论西季威克的一句话。它同样适用于汉语世界的《正义论》诠释与批评。诠释者基于原文版本进行再创作，再精明的观察家也有看走眼的时候。翻译或解读难免有差错。如果它们是个别现象，将是情有可原的。问题在于，这样的差错在《正义论》的相关汉语文献中是随处可见的。这是一个系统性风险。而且，这个风险一直存在着，已经对当代中国政治哲学、法哲学和道德哲学研究，尤其是罗尔斯正义理论研究产生了消极影响。中国的学者和学生长期置身于如此风险当中，却要摸索《正义论》的深邃思想，难免迷失前进的方向。消

---

1 分别参见罗尔斯：《正义论（修订版）》，第226页脚注，第169页脚注，第209页脚注，第317页脚注，第353页脚注，第361页脚注。

2 罗尔斯：《道德哲学史讲演录》，第38—39页。

除误解和误读，把准确、可靠而真实的罗尔斯正义理论呈现给中文读者，这正是我们当前想要完成的任务。

二

经典是人类思想的精华，是给心灵留下深刻印迹、令人终生难以忘怀的作品；经典是读者不得不阅读、批评者不得不谈论、研究者不得不援引的深刻影响人类进步的文献，是人类文明万一遭受毁灭性灾难之后人们最想恢复的记忆片段。简而言之，经典是在有修养的共同体记忆中存留下来的屈指可数的文献。

然而，经典被误读是难免的，甚至经典是经常被误读的。美国哲学家蒯因认为，"彻底的翻译几乎是一个不可思议的问题，对于同一种语言不可能进行两次彻底翻译。但有一点是确定的，当我们在思考彻底翻译可能的感觉材料的限度时，不确定性是不容置疑的"[1]。他进而表示，"我的翻译的不确定性命题针对意义进行批评的主要目的是澄清误解，但结果不是虚无主义。翻译仍然存在，而且是不可或缺的。不确定性的意思不是没有可接受的翻译，而是有很多翻译"[2]。我们不能从翻译的不确定性推断出，经典就是用来误读的。它只是表明，同一部经典有多种翻译是必然且必要的。

笔者认为，对经典的误读必须得到纠正；否则，真理将被遮蔽，谬误将会流传；轻则害人误入歧途，重则祸国殃民，是贻害无穷的。前段时间风行"国学热"和"读经热"，一些大学教授、专家学者参与其中而乐此不疲。然而，有些教授对经典的解读显然是牵强附会的。中国阅读学研究会原会长曾祥芹批评指出，个别学者糟蹋中华传统文化经典《论语》的如此"心得"是自由化误读的典

1　蒯因：《蒯因论"翻译的不确定性"》，胡庭树译，载《淮阴师范学院学报（哲学社会科学版）》2016年第6期。另参见 W. V. Quine, "On the Reasons for Indeterminacy of Translation," *The Journal of Philosophy* vol. 67, no. 6, 1970; "Indeterminacy of Translation Again," *The Journal of Philosophy* vol. 84, no. 1, 1987。

2　蒯因：《蒯因论"翻译的不确定性"》。

型，"是畸形的'经典文章阅读热'，是把'误读、曲解、胡吹'冒充为'个性化阅读'的'自由化阅读热'。这种'自由化阅读'，不但毒化了社会的阅读风气，而且污染了学校的阅读课改，数不清的'粉丝''乙醚''鱼丸'们正起劲地喝着这'心灵鸡汤'，吸了'精神鸦片'而懵懂不自知"[1]。他以实例列举如此"心得"的种种荒唐表现，斥之为"自由化误读、曲解的15种病灶"。它们分别是：缺漏阐释，残害本义；片面阐释，广义狭解；不足阐释，一知半解；宽泛阐释，大而无当；因循阐释，以讹传讹；割裂阐释，断章取义；违情阐释，以今律古；矮化阐释，言不及义；过度阐释，强词夺理；混淆阐释，张冠李戴；歪曲阐释，偷梁换柱；凭空阐释，无中生有；违境迁移，胡连八扯；无界拓展，离本乱弹；悖体阅读，阴差阳错。[2]肖鹰激愤地表达着对随意曲解另一部经典《庄子》的同类所谓"心得"的不满："全书充斥着对庄子义理、命题、概念的误读、歪曲，错误连篇，凡涉及庄子，几乎找不到一页没有歪曲或误解的。"[3]针对"高烧不退"的"国学热""读经热"，张鸣则调侃道："遍布全国的国学班，由于开办者各不相同，所以，各庄都有各庄的高招。各种鸡汤都有，有的鸡汤根本和鸡没有关系，只是鸡精兑的水。"[4]笔者赞同批评者的意见。此类"正儿八经"的胡说八道假借学术外衣，以解读经典为幌子，兜售解读者私货，存在刻意戏说、曲解经典的主观故意，在动机和方向上都有问题。在文化娱乐和新闻传播行业，如此怪象尤为突出，成为某些个体和团体的重要牟利手段。大家对此似乎司空见惯。这是令人担忧的。这不是我们展示经典的方式。

　　翻译的不确定性（indeterminacy of translation）不同于翻译的不准确性（inaccuracy of translation）。以前者来替后者做辩解是不成立的。不准确的翻译就是错误的翻译。它只是意味着，存在更好、更准确的翻译。解读经典，正本清源、还其本来面目是必要的。当然，除了准确地阅读原著、诠释经典，我们更要

1　曾祥芹：《〈于丹《论语》心得〉：自由化误读的典型》，载《图书与情报》2008年第4期。

2　参见同上。

3　肖鹰：《岂容于丹再污庄子——为韩美林批于丹一辩》，载《当代文坛》2009年第4期。

4　张鸣：《"读经热"还需冷思考》，载《同舟共进》2016年第2期。

以批评的眼光去看原著、读经典。对古代作品如此，对当代作品也应如此。这是我们开展当前这项评注工作的学理依据。我们对原著、经典尝试做出新理解，在几成定论的地方寻求更加准确的解释。当然，新尝试仍然有风险，谁都不敢保证自己的解读是万无一失的。

因此，这是一项"我注六经"式的评注工作。一方面，《正义论》的原有文本摆在那儿，它们容许评注者自由发挥的空间是有限的。另一方面，评注者在评注时难免把自己的主观理解甚至是误解强加于原著。笔者的做法是，以《正义论》英文文本为依据，参照现代哲学社会科学的基础知识和标准术语（包括一定的数学和自然科学知识），进行逐段、逐句甚至逐字的核实、对比、诠释和评析，把相关文献的疏漏、疑点和歧义揭示出来，做到持之有据，言之成理，把《正义论》讲明、讲通和讲透；通过细致诠释、对比和评析已有文献，准确呈现《正义论》的本来面目，提供符合时代要求的正义理论读本。

笔者的目标是，追溯《正义论》所涉及议题与西方哲学、政治、法律、经济和社会诸多领域的思想关联，尝试对每个术语、语句、段落和章节给出准确诠释和必要评析，对关键术语和原则做出新的解读，呈现公平正义观念与效用论正义观念、直觉论正义观念、至善论正义观念的异同，评析当代西方学者围绕正义理论的不同论题展开的争议，评估罗尔斯正义理论的贡献和局限。笔者也将评估中国学者在解读《正义论》方面的贡献与局限，以期准确、细致、系统、全面地评注《正义论》。

罗尔斯早年求学于普林斯顿大学，长期任教于哈佛大学。他有语言洁癖，在构思正义理论过程中，想要提供一种完备、精确、简洁而连贯的正义理论。作为一部政治哲学、法哲学和道德哲学经典，《正义论》是被今天的中国哲学社会科学研究者认真研读借鉴并且"翻烂了"的著作。基于如上判断，笔者以《正义论》英文原著和中文版本为对象，比较、校勘和评析不同版本，不放过任何疑点，纠正这部著作受到误解的方方面面，重现罗尔斯在术语、文法和修辞方面做出的努力，展示其正义理论的思想完备性和逻辑自洽性，呈现这部哲学经典的思想魅力。我们希望，通过自己的努力，使《正义论》能成为一部名副其实的汉语学术经典。

因此，这是一项针对汉语世界解读《正义论》的正本清源的工作，也是一次寻求新解的探索。回到罗尔斯，从原著开始，从源头开始，对《正义论》开展重新解读，既是研究罗尔斯正义理论的需要，也是发展中国哲学社会科学的要求。重新解读《正义论》，也许能给汉语政治哲学、法哲学和道德哲学研究带来一番新气象。

<h2 style="text-align:center">三</h2>

学术探索是"去粗取精，去伪存真，由此及彼，由表及里"[1]的过程。探索者质疑看似确定的真理，澄清模糊不清的观点，纠正自相矛盾的命题，把事物的本相呈现出来。这也是哲学研究的方法。哲学原理应当精确而明晰，结论不一定令人信服，但所述命题应做到完备、精确、简洁而连贯。《正义论》正是这样一部哲学著作。

需要指出的是，《正义论》并非无可挑剔，罗尔斯在其中表达的某些政治观点显然是错误的。比如，他过分美化以英美资产阶级宪政民主制度为原型的社会制度，把它设计为一种由自由平等、民主理性、有正义感的公民联合建立的所谓良序社会。他对现代西方自由民主制度缺乏必要的反思和批判态度，为西方国家干预别国内政提供理论支持和哲学论证。他肯定"人权高于主权"之说，标榜自由民主国家之间不存在战争风险，战争只存在于自由民主国家和非自由民主国家之间，或者只存在于非自由民主国家之间。由于主要围绕效用论、直觉论、至善论和契约论等英美政治和道德思想史上的个别流派的正义观念展开讨论，《正义论》带有显著的康德式主观唯心论色彩，在整体上缺乏历史感。罗尔斯对现代国家的理解是缺乏民族、历史、文化与传统支撑的，这是他的政治哲学的最大弱

---

1 毛泽东：《毛泽东选集》第1卷，北京：人民出版社，1991年，第291页。

点。尽管罗尔斯通过提出差别原则对社会中的弱势阶层表现出深刻同情，但是差别原则只起着调和阶级利益冲突的作用，没有触及资本主义社会的基本矛盾及其私有制根源。罗尔斯缺乏质疑和挑战资本主义私有制的学术抱负和理论勇气。因此，我们在阅读《正义论》时要抱着批判的态度，站在马克思主义的立场上，对具体观点做出具体分析，借鉴其合理因素，扬弃其不合理因素。当然，我们也须承认，这部作品出版之后在世界哲学社会科学界引起了持久争论和讨论，它的确触及了当代普遍存在的社会政治问题。罗尔斯明确地给这些问题提供了解决方案，尽管它们未必令人信服，但是他面对这些难题的勇气与决心值得充分肯定。

借鉴世界各国人民创造的优秀文化和文明成就，建设自由、平等、民主、理性的现代文明社会，激励人民群众创造物质财富和追求美好生活，合理调节不同阶层和群体的财产和收入，优先保障基层民众的根本利益和基本福祉，使全体人民实现公平正义和共同富裕，"推动构建人类命运共同体，弘扬和平、发展、公平、正义、民主、自由的全人类共同价值，引领人类进步潮流"[1]，贡献哲学社会科学知识、思想与智慧，是中国哲学社会科学工作者的使命。伟大思想家的精神遗产属于整个人类，也属于中国人民。像马克思和杜威一样，罗尔斯也是影响现代中国社会变革的重要政治思想家。准确诠释和中肯批评《正义论》，是完成这个使命的重要环节。

就在笔者撰写前言期间，一场军事危机正在欧亚中心区域蔓延开来，引起了世界人民的忧虑甚至是恐慌。2022年2月24日，俄罗斯、乌克兰爆发全面冲突，双方处于严重的军事对峙当中，局势极有可能失控，人们嗅到了世界大战的气息。这场危机的发生，除了有各种利益诉求的原因之外，追溯其思想根源，以美国为首的北约诸国沿袭冷战年代遗留的意识形态偏见是一个重要因素。以美国为首的北约诸国在世界各地煽风点火，制造混乱和动荡，把所谓"普世价值"强加于其他国家和人民。这是一种已经过时的霸权做法。

现在，人类社会已经进入全球化时代。全球化的一大特点是，人类共处于价

1 《中共中央关于党的百年奋斗重大成就和历史经验的决议》，北京：人民出版社，2021年，第60页。

值多元、利益多元、身份多元、文化多元、生活方式多元的多元现代性当中。人既追求真、善、美，也渴望亲情、友情、爱情，更向往自由、平等、正义。它们是人类的基本价值。因此，生而为人，或许有三层眷恋：第一层，聪慧、善良、美好；第二层，亲情、友情、爱情；第三层，自由、平等、正义。三层全有，人生圆满；三层皆无，生无可恋。

正如李德顺教授总结的那样，在人类对正义的追求上，存在两种基本类型。"在经历了欧洲中世纪和中国古代的等级制人身依附阶段以后，近代和现代社会所面对的正义模式，事实上形成了'以自由为核心的正义观'与'以公平为核心的正义观'两种基本类型。前者是整个资本主义历史所证实的核心价值观念。后者则是社会主义所据以立论并追求的价值观念。二者之间具有历史发展的先后阶段性联系，而非彼此对抗、绝对排斥的关系。"[1]两种正义模式之间会有竞争甚至是斗争，但会长期并存。至于哪个模式更具优势，罗尔斯没有给出明确答案。他宽容地表示："究竟是某种形式的产权民主制度，还是自由的社会主义政体，能够更好地实现公平正义原则？公平正义对这个问题持开放态度。解答这个问题，要留给各种历史条件，留给每个国家的传统、制度与社会力量。"[2]这是一种理性而务实的态度。

2002年，20世纪的三位伟大政治哲学家、道德哲学家和法哲学家罗尔斯、诺齐克（Robert Nozick）和海尔（Richard Hare）在同一年去世。这是哲学界的重大损失。海尔在回顾自己的一生时说过一番令人心碎的话。他说，自己迷迷糊糊做了一个奇怪的梦，仿佛正站在云雾缭绕的山顶，感到自己诸事顺遂、人生圆满，不仅因为自己成功登上了山顶，而且因为自己实现了一生的抱负，找到了解答道德难题的理性方法。正当他感到得意忘形时，转瞬之间，云雾散去，山顶上到处都是其他哲学家的坟墓。所有这些大大小小的哲学家都曾经与他一样，个个胸怀壮志，以为自己完成了人生的夙愿。他于是幡然大悟，原来那只是一场梦。

1　李德顺：《公平是一种实质正义——兼论罗尔斯正义理论的启示》，载《哲学分析》2015年第5期。

2　John Rawls, *A Theory of Justice, Revised Edition*, pp. xv–xvi.

所谓人生圆满，只是幻觉而已。[1]海尔的临终感言颇有庄子哲学的意味。不过，罗尔斯、诺齐克和海尔等人设想的自由、平等、民主的社会不是虚幻的。他们留下的理性主义政治哲学、道德哲学和法哲学思想是重要的哲学遗产。

生存，还是毁灭？在人类面临重大生存风险的当下，哲学研习者应当有所作为。他们必须告诉世界人民，竞争与冲突、你死我活的对抗甚至战争不再是理性的人类生存与交往方式，优势互补、互惠共赢、共享合作与共谋发展才是人间正道。人类好像很难从重大灾祸中吸取教训，但是我们仍然相信，只要摆正姿态，研习经典，就总会有正向的收获。在充满不确定的动荡年代，人们渴望从哲学经典中寻求思想指导。

政治哲学是许多高校开设的通识课程之一，是把哲学研习者和未来的政治从业者紧密联结在一起的一门学科。作为政治哲学的经典，《正义论》是哈佛大学学生借阅最多的著作之一，也是当代哲学社会科学的重要参考书。不盲从，不迷信，有借鉴，有批判，是我们对待《正义论》的态度。最后，笔者引用罗尔斯的一段话作为本前言的结语：

> 常言道，政客指望下一届选举，政治家寄望下一代民众。哲学研习者以探讨公正而美好的民主社会应当具备的永久条件和应当追求的实在利益为己任。政治家以在实践中察觉这些条件和确认这些利益为要务。与他人相比，政治家更擅长于审时度势、运筹帷幄，应对务必处置的紧急事务。[2]

1　参见 Richard Hare, "A Philosophical Autobiography," *Utilitas* vol. 14, no. 3, 2002。

2　John Rawls, *Collected Papers*, ed. Samuel Freeman, Cambridge: Harvard University Press, 2001, pp. 567–568.

"现象"与"直观"

——盖格尔的现象学美学方法初探

张 琳[*]

现象学方法与美学的结合研究是20世纪的现象学运动中一个不容忽视的分支。在现象学美学的研究阵营中，德国哲学家莫里茨·盖格尔（Moritz Geiger）扮演了重要的角色。他以"现象"为研究对象，以"直观"为研究方法，探讨现象学与美学二者之间的关联性。艺术是艺术家的个体精神产物，其自身合法性经常遭受质疑。现象学方法的引入，为澄清和阐释这一美学问题、打破传统形而上学中固有的二元论的认知模式、超越心理主义与自然主义、实现美学从探究美的本质到研究审美经验的转变提供了可能。

一、美学的反思——现象

在澄清一种方法之前，首先要划定使用这种方法的范围。但美学学科自诞生以来就附带的模糊性，使得美学一直游离于哲学与科学之间。正如盖格尔所言，

* 张琳：浙江大学哲学学院博士生。

"美学一直既是哲学的过继子女，又是科学的过继子女"[1]。它属于由不同性质的学科组成的非完整统一的科学领域，是关于审美对象的集合名称。因此，为了确定现象学方法在美学中的应用范围，盖格尔区分了三种性质不同的美学：独立自足的特殊的美学、哲学美学以及运用于其他科学领域的美学。[2]他认为，黑格尔在提出"美学走向绝对精神"之后，美学就被拱手让给了心理学。而正是在心理学这个特殊科学的美学领域中，现象学的方法得以展开。这是因为，现象学探讨意识的本质结构，心理学研究对象意义上的心理实在。现象学与心理学之间属于平行关系，心理学是被现象学奠基的。正是通过对心理实在和心理体验的还原，我们方可发现绝对被给予的明见性。也正因为有心理现象，现象学的还原才得以可能。因此，盖格尔划定了运用现象学方法的美学领域，并称之为独立自足的特殊科学，确保了美学研究的独立性。现象学与美学的结合，使得这门特殊科学自身成为非自然主义态度的先验美学和现象学心理学。

盖格尔认为，现象学美学领域区别于其他科学领域的特殊性在于"审美价值"，即一种寓居于相即（adäquat）感知中的感知对象与感知行为的对象性关系。他指出，"审美价值不属于作为真实客体的对象，而属于现象"[3]。这里出现了一组概念上的对比，"现象"是相对于传统意义上的主客关系中的"客体对象"来说的。"客体对象"是自然主义态度下的主体的对立面，而现象学中的"现象"是指被意识构造出来的、不存在于作为实在的客体范围内而存在于人的意识活动范围内的对象。例如，一幅油画的审美价值不在于这幅画的物质性的东西，而在于这幅画带给人的审美方面的意味（Bedeutung）。

现象学之所以研究现象，是由于外感知到的客体缺乏一种明见性，我们无法确定其真实有效性。而在这一点上，美学与现象学恰好有某种亲缘上的关系。盖格尔说，"美学是少数几个不关心其客观对象的实际实在的学说之中的一种，但

1　盖格尔：《艺术的意味》，艾彦译，南京：译林出版社，2019年，第42页。

2　参见 Moritz Geiger, "Phänomenologische Ästhetik," in Josef Seifert und Cheikh Mbacké Gueye hrsg., *Anthologie der realistischen Phänomenologie*, Berlin/Boston: De Gruyter, 2009, S. 382。

3　Ibid., S. 383.

是现象的特性对于它来说却具有决定性的意义"[1]。因此，我们只能要求一种现象的或"意向"的存在。盖格尔的审美价值论就建立在这个原则之上。审美价值既不是主观的也不是客观的，而是属于主体与客体的关联。艺术家不是对艺术作品的客体物性进行研究，也不是通过抽象概念去把握艺术作品的意义，而是直觉地占有这个现象，以非获取知识的态度观察世界，以便为艺术创造从中收集丰富的形象和材料。现象学美学是对艺术作品本身的研究，是对艺术作品如何在我眼前呈现的纯粹性描述。凡是超出意识活动之外的实在的超越之物都是不可靠的、虚假的理论预设。

当我在欣赏一件艺术作品时，我体验到的是一种奇妙的快乐，还是感知到艺术作品的物理性的东西？这两种情况，哪一种才是真正的艺术体验呢？胡塞尔在《逻辑研究》中批判了英国经验主义对客观实在与体验的感觉因素的混淆。他所建立的现象学的方法，在于悬搁客观经验实在，探讨为经验实在起奠基性作用的意识结构的本质一般。当然，这不是说要否定那种经验实在的东西，而只是暂时不去讨论它，宣判它无效，或者说，宣判那些经验性的、个体性的东西有待进一步讨论。而当下，我们要去澄清的是一般的意识本质结构。当我们在欣赏一件艺术作品的时候，在经验的意义上，艺术作品是作为一个客观对象出现的。这是具体的感知体验的当下化，与此同时还伴随着显现的客体本身。这其中存在两个层次，一个是最基本的内在体验意义上的，另一个则已经是对象意义上的。也就是说，被我们称为"对象之显现"的东西是实项地被体验到的内在体验感觉因素被立义后的感知对象，而最具原初性的则是具有奠基性的实项地组成体验的东西。而经验主义经常将这两个层次混为一谈。艺术作品的显现或者艺术作品的体验实际上不是显现这个事物，而是显现被我们体验到的与意识相关联的现象。正是通过现象学还原的方法，我们将那些含混的经验实在客体悬搁掉，也就消除掉了那些具有相对性、偶然性、经验性的东西，从而可以获得作为本质一般的事情本身——艺术作品本身。如果说艺术收藏商人感知到的只是艺术作品客体方面的物

1　Moritz Geiger, "Phänomenologische Ästhetik," S. 385.

质性东西，那么这就是说，他的目的并不是艺术欣赏。

此外，现象学拒斥艺术体验到的快乐的程度差异。它与心理学不同，它不是对比上一次快乐体验与这一次快乐体验的程度差异，而是要获得快乐的本质结构。快乐首先是什么？快乐首先是意向地指向某物的快乐，是被奠基的。而在个人经验意义上的情感是需要全部被还原的。与此同时，我们还要区分感知与内在体验，也就是要区分外感知到的艺术作品与体验到的艺术作品本身。前者是立义的结果，已经是进一步的东西；而显现的艺术作品本身存在于其中的那种体验才是最原初的。因此，我们就可以得出关于上面问题的答案，即真正的艺术体验是对纯粹现象的体验，而非经验意义上的对意向的现象客体的感知。

正是从艺术作品本身出发，盖格尔认为，"艺术史学家和美学家所使用的方法是一致的，他们从来不考虑将艺术经验放到历史背景之中，或者说从来不考虑把艺术客体融入各种观念之中……他们的关注点不在于个别的艺术作品，而在于艺术作品的一般结构"[1]。盖格尔认为，艺术史学家在探究艺术的普遍法则的时候是从现象出发的，也只有这样，他们才可以获得观点上的一致性。当然在美学史上，也有不少人对"现象"有所误解。他们将现象当作"幻相"，即一种外貌，"而一旦这种幻相的概念被引入美学中，就不是对审美现象的分析了"[2]。幻相是一种虚假的被误以为是实在的东西，这实际上还是在经验论意义上来谈有实在组成部分的感知对象。而现象学中的现象是排斥了经验的相对性、主观性的东西，而在客观意义上来谈本质一般的显现，是客体的显现本身存在于其中的那种体验。

此外，盖格尔批判心理学美学将审美对象当作各种知觉的复合，认为这也不是现象学美学要研究的领域。现代科学美学通过现代科学实验，把审美现象的特性简单解释为自然现象，审美现象的光晕消失，高贵的艺术气质和历史记忆被抽空，富有深度的艺术意味被低俗的侧面取而代之，人类的艺术欣赏和感受能力下

1　Moritz Geiger, "Phänomenologische Ästhetik," S. 385.

2　盖格尔:《艺术的意味》, 第6页。

降，精神生活乏味。本雅明在《机械复制时代的艺术作品》中，集中讨论了摄影术和基于摄影术的电影的突破时空限制无限精确复制作品的能力。他认为，艺术品的可复制性使其光晕丧失了。[1]盖格尔说："美学作为美的东西的科学并不是美的科学，就像化学不是化学制品、历史不是历史事件，美学更不是审美……化学通过试管来研究各种物质和液体；数学通过定义来确定图形和点；人们以最大限度的理性谨慎来集中全力研究审美对象。"[2]现代科学忽视了美学和艺术理论的真正任务，将单一的科学分析的方法作为解释审美现象的唯一手段。美学不同于其他科学，是不可以通过实验方法来展示审美享受的。客观化美学是对人的心理生理反应的研究，是一种寻找心理与审美之间的因果关系的研究。而美学并不是研究神经反射，而是探究美的体验，即在意识关联中向我们显现出来的美。

因此，存在一个有关美学的难题："人们既不能通过下定义，也不能通过展示或者举例来征服它。"[3]在这里，若是美学也被看作一门科学，那么就会产生一个悖论："美学更注重直接体验到的客观对象的科学，却必须在理智方面更加谨慎，在概念方面受到更多限制。"[4]实际上，盖格尔认为，关于审美现象的理解本身存在许多困难和矛盾，因此要去克服这些疑难，就要在方法上比其他科学更耗费精力。现象学是反思性的，反思自然科学所认为的被给予的明见性的原则。然而，自然科学不会怀疑其所研究的实验对象，也就是不会对观察本身和感知本身的自身被给予性进行怀疑。盖格尔以现象为研究核心的审美价值理论体现的是一种世界的关联，这种关联不仅仅体现在横向的交互主体之间的交流上，也体现在纵向的对历史文化积淀的领悟中。"我在世界上，世界在我身上。"[5]正是美的现象的敞开，使得人与世界获得生命一体化的交融。

---

1 参见本雅明：《机械复制时代的艺术作品》，王才勇译，北京：中国城市出版社，2002年，第14页。

2 盖格尔：《艺术的意味》，第27页。

3 同上书，第28页。

4 同上。

5 杜夫海纳：《美学与哲学》，孙菲译，北京：中国社会科学出版社，1985年，第33页。

二、现象的把握——直观

"美学家感兴趣的不是个别艺术作品，不是波提切利的画布，不是莎士比亚的十四行诗，也不是海顿的交响乐，而是十四行诗本身的本质、交响乐本身的本质、各种各样素描画本身的本质、舞蹈本身的本质，等等。"[1]艺术史学家关心的是普遍结构。然而，这种具有本质普遍性的东西就存在于个别的艺术作品之中。换句话说，个体的本质是被奠基的。从经验性意义上讲，个体性的东西带有偶然性的特征。所以，我们不能用经验性的方式去洞察普遍一般，而需要一种新的观察方法：我们要将那些偶然的东西还原掉，剩下那纯粹的东西，从而获得普遍的一般结构。这种新的观察方法就是胡塞尔提出的现象学直观的方法。胡塞尔早在《逻辑研究》的第六研究中就讨论了普遍直观。他认为，"直观的个别之物在这里并不是被意指之物，它至多是作为通常仅只被关注的那个普遍之物的一个单个情况、作为直观普遍之物的例子起作用，或只作为一个与此例子相似的东西起作用。例如，如果我们总体地谈及'颜色'或特殊地谈及'红'，那么一个单个的红事物的显现可能会为我们提供举证的直观"[2]。也就是说，个别之物是根据它的种属关系隶属于某个普遍之物的。对感性之物，特别是个体之物的直观，也应该是对普遍之物的把握的一个例子。

就像盖格尔指出的，"在每一个个别的悲剧性艺术作品中，人们可以以同样的方式看到悲剧的普遍本质：这个个别的艺术作品变成了透明的东西，人们可以清清楚楚地洞察它——它纯粹变成了那包含在它之中的悲剧本质的符号"[3]。这实际上就是盖格尔对胡塞尔现象学直观的贯彻，他用更加形象生动的语言，来阐释普遍悲剧与个别悲剧的种属关系。这种范畴形式不是感性意义上的感知，而是一种精神构型，是被奠基的更高一层的对象性关系。因此，艺术中的普遍真理不一定要通过理性才得以把握，现象学直观就可以使普遍真理得以呈现。

---

1 Moritz Geiger, "Phänomenologische Ästhetik," S. 385.

2 胡塞尔：《逻辑研究（第二卷）》，倪梁康译，上海：上海译文出版社，1999年，第133页。

3 Moritz Geiger, "Phänomenologische Ästhetik," S. 387.

当我们在欣赏一座雕像时，我们所看到的并不是那一堆石块，并不是孤立存在的物理性的经验客体，而是由石块关联起来的整体。若只以素朴的感性感知来进行分析，我们只能找到孤独的个体石块，而找不到超越性的东西。实际上，我们确实可以说我们看到了石块"和"石块的关联整体。"和"是如何被把握的？实际上，我们已经在以新的行为方式，即范畴形式的眼光感受这座雕像，它完全超出了感性感知，使我体验到艺术作品呈现给我的意味。既然"和"这个事实状态不存在于感性感知中，那它是否存在于经验论意义上的内感知之中？答案是否定的。胡塞尔说，"我们不是在作为对象的行为之中，而是在这些行为的对象之中找到实现这些概念的抽象基础"[1]。经验论意义上的内感知的反思只能把握到感性的质料以及感知行为，而对于"和"的把握不能将感知行为作为对象，而要将感知行为的对象作为对象。这样才能找到"和"这个范畴。概言之，"和"这种事实状态既不存在于外感知中，也不存在于经验论意义上的感性感知中，而是源于感知行为的对象。这种范畴形式的新的目光被奠基于素朴感知之上，是作为更高一层次的认识形式先天明见地被给予的。范畴直观不同于传统的感性直观，在范畴意义上被把握到的对象并不是感性意义上的质料性的因素。感性直观是对具体的、个别的对象的"看"，这种直观不具有普遍性；而范畴直观是原初性的、普遍性的"看"，是自身给予的。范畴直观是对感性直观的一种新的拓展，是存在领域中的新的突破。

那是否可以这样理解，即有这种基本精神构型的人就具有这种直观本质的能力呢？现象学直观的方法是否就是简单的"看"？盖格尔反对这种指责。他认为，"现象学方法使得每一个事物都变得容易"这种说法是没有任何根据的。

现象学直观的方法被盖格尔称为"贵族式"的方法，它不是简单地用眼睛看，而是需要经过长期的训练和努力。这需要克服自然主义的态度，"不允许自己被无关紧要的考虑和偏见引入歧途"[2]，真正集中精力于现象才能达到。艺术史

1　胡塞尔：《逻辑研究（第二卷）》，第1028页。

2　Moritz Geiger, "Phänomenologische Ästhetik," S. 390.

学家并不是看到一件艺术作品，就可以立刻评判出这件艺术作品的本质及其是否有价值，而是需要主体"经过长期的、令人厌倦的劳动之后，才能够把那些构成艺术作品的悲剧性的东西的特征分析出来"[1]。也就是说，人类在历史的长河中不断积淀下来的文化已经潜在地表明，有一种原初的结构可以让艺术史学家回看历史中的艺术作品，并对它们进行分析。首先，我们有一种对范畴的直观把握，之后才在反思中很辛苦地抽象出感性因素。可见，对于这种具有普遍性的东西的把握的过程也是相当困难的。

此外，"直观要求人们从感官角度出发直接领会那些价值和价值模式，而不是从概念的角度出发去认识它们"[2]。一个人可以不通过感官的直接领会获得关于某种艺术的知识，但是他却不能理解审美体验本身。例如，一位失聪的人，他完全可以通过看书本上关于音乐方面的文字来理解音乐的知识，但是他却没有办法去体验音乐本身。

概言之，现象学直观的困难，一方面源自根深蒂固的自然主义态度，因为后者已经预设了经验性实在的存在；另一方面，它也对具备直观能力的人有要求，否则即使发现了直观方法的基本特征，他也无法理解。"在历史进程中，所有那些在美学和艺术理论中提供过有关持久性价值的真知灼见的结论，都是从沉浸在材料的本质之中的现象学过程中得来的；即使那些发现了这些真知灼见的人并没有意识到这一点，并把他们的基础归结于极不相同的基础，情况也依然如此，因为这样的做法在很大程度上是由他们的时代决定的。"[3]尽管这些伟大的艺术理论的形成要克服相当大的困难，但是它们的那些被称作真知灼见的结论已然是被大家承认和赞同的。这些被称作真知灼见的结论能够被人们流传下来，以及被主体间地相互理解，就已经揭示了某种内在的精神构型。这种内在的精神构型就是具有构造性的意识一般。只是由于科学理性至上的时代精神，这个基础性的东西被遗忘了。"就莱辛对诗歌和绘画所做出的区分而言，他那站得住脚的结论就是通

1　Moritz Geiger, "Phänomenologische Ästhetik," S. 388.

2　盖格尔：《艺术的意味》，第251页。

3　Moritz Geiger, "Phänomenologische Ästhetik," S. 391–392.

过他自觉地运用现象学方法得来的。"[1] 盖格尔认为，在美学史上，那些出色的艺术结论都是现象学方面的真知灼见；凡是不使用这样的直观的方法或者抛弃现象学方法的人都会犯错。

那些伟大的真知灼见的形成"既不是由人们通过自上而下的方法得出的，也不是由人们通过自下而上的方法得出的，而是由人们通过对本质的东西的直观而得出的"[2]。盖格尔将胡塞尔的直观的方法应用在美学上，与传统经验论美学以及思辨论美学相比是一种创新。它既不是缺乏客观普遍性的"归纳法"，也不是缺乏生动性的"演绎法"。现象学的直观就是回到事情本身，通过直观来把握普遍的真理。这种直观的行为包含感性直观与范畴直观两种形式，只要在感性行为上实行一次目光转向，就可以把握范畴直观，从而直接把握到本质一般。这也就可以再次为具有感性特征的艺术辩护，因为感性特征不再是通达真理的屏障，而成为把握普遍真理的必经之路。通过这有别于归纳法和演绎法的第三条道路，艺术获得其自身合法性的根源，并使隐匿于自身的真理得以敞开。

三、"本质"概念的澄清

现象学关于普遍本质的方法与柏拉图的理念论完全不同。而那些对现象学存在偏见的历史主义者不仅没有把握和领会现象学方法的意义和基本精神，反倒是对历史的本质问题提出质疑。由现象学直观的方法所得出的本质是否落入了本质主义的旋涡呢？历史的本质难道是固化不变的吗？答案当然是否定的。

胡塞尔的历史现象学是一种内在的历史现象学，或者可以说是一种原初意义生成的现象学。它探究的是一种具有普遍视域的、可以为历史事件或历史学奠基的东西，是对历史意义的追问。1911 年，在《逻各斯》第一期上发表的《哲学

---

1 Moritz Geiger, "Phänomenologische Ästhetik," S. 392.

2 Ibid.

作为严格的科学》的第二部分中，胡塞尔具体谈到了"历史主义与世界观哲学"，一方面对以狄尔泰为代表的历史主义者进行批判，另一方面要建立可以延伸到整个普遍领域的现象学本质学。他认为，"历史主义应当被看作一种认识论的混乱，它由于其悖谬的结论而必须像自然主义一样得到严厉的拒绝"[1]。这种历史观念"强调知识的历史性，主张用历史理性来取代纯粹理性的优先地位"[2]，"最终会导致怀疑主义和主体主义的观念"[3]。在《几何学的起源》中，胡塞尔回溯了伽利略的几何学起源问题，通过几何学的起源揭示了历史学所不关注的历史深层结构问题。他认为，几何学是在最早的创造活动中生成的，它从一种获得物向另一种获得物的连续前进的存在方式之所以可以被我们理解，在于每一个意识都处在这种继续前进的进程中。[4]也就是说，胡塞尔之所以认为几何学必然有一个历史的开端，或者承认存在为几何学奠基的自明东西，并不在于那个最初的几何命题或定理[5]，而在于每一个不断前进的意识都有一个共同的原初结构，以此来保证可理解性和客观性。这种具有共同体有效性的意识的一般性结构奠基于纵向历史文化积淀与横向交互主体经验的整体之上，是对观念内在的意义结构的回看。胡塞尔的历史现象学"应当是观念对象的本质构造的发生与历史"[6]，是"原初的意义构造和增长的意义积淀的历史"[7]，是关于观念的显现和观念本身的历史，是从意识的一般构造来谈的历史。只有这样，在交互主体间得到理解的客观有效性才成为可能。历史主义由于将自己定位于经验的精神生活的事实领域，由于预设了这个经验的领域，就不能成为一种普遍性的原则，它也就不能作为精神科学的基础起作用。因此，关于"内在的纵向维度的历史问题，必须通过现象学本质直观"[8]的

1 胡塞尔：《文章与讲演（1911—1921年）》，倪梁康译，北京：人民出版社，2009年，第51页。
2 倪梁康：《胡塞尔现象学概念通释（增补版）》，北京：商务印书馆，2016年，第228页。
3 同上书，第227页。
4 参见胡塞尔：《欧洲科学的危机与超越论的现象学》，王炳文译，北京：商务印书馆，2001年，第430页。
5 参见同上书，第428页。
6 倪梁康：《历史现象学的基本问题》，载《社会科学战线》2008年第9期。
7 同上。
8 同上。

方法才可以被把握，"唯有现象学的本质学才能够为一门精神哲学提供论证"[1]。

盖格尔指出，"将历史事实纳入现象学方法，从本质上来说是纯粹消极的：历史基础的广度是为了避免在理解悲剧本质时出现错误。然而，在理论上，不管历史如何发展，个别艺术作品中的悲剧本质是已经确定且清楚的"[2]。"历史事实"是外在的客观事件，这种事先被预设的历史是历史主义探究问题的出发点。但是，历史的事实根本不是历史的基础，这种以历史的先天为前提的历史体现了历史主义的无根基性。盖格尔将历史事实本质论归结于柏拉图的理念论的崇高地位。他指出，"悲剧的历史和悲剧的本质之间的关系只能被定义为：如何将三角形永远相同的本质具体化为不同的个别三角形。因此，在索福克勒斯、莎士比亚、拉辛、席勒等人那里，悲剧的相同本质才以各种形式具体化。正是柏拉图的理念思想一直处于主导地位。在柏拉图思想和现象学中，数学模型及漠视历史概念起决定性的作用"[3]。然而，这种"本质"概念是不能使我们理解真正的历史发展的。柏拉图僵化的"理念"概念是一种消极的本质，是将外在历史纳入现象学所导致的。这种本质与现象学的本质全然不同。这里的"本质"概念是一种客观的普遍性，是朴素唯物主义或近代实证主义所讲的"客观性"和"普遍性"。然而，胡塞尔建立的现象学的"普遍性"是一种内在的普遍性，是在意向性意义上的历史先天的普遍性。德里达在《胡塞尔〈几何学的起源〉引论》中说："毫无疑问，理念以及隐藏于历史和作为'理性动物'的人之中的理性是永恒的。胡塞尔经常这样说。可是，这种永恒性仅仅是历史性而已，它是历史本身的可能性……理念像理性一样，在历史之外一无所是。理念在历史之中自我展开，就是说，它在同一运动中被揭示并受到威胁。"[4]理念是有理性的主体的构建，它在历史之外毫无意义，它内在于历史之中，并在内在的意识流所形成的内在历史中流动发展。盖格尔认为："我们必须把悲剧性的东西本身看作能够变化的、可以发

1　胡塞尔：《文章与讲演（1911—1921年）》，第51页。

2　Moritz Geiger, "Phänomenologische Ästhetik," S. 388–389.

3　Ibid., S. 389.

4　德里达：《胡塞尔〈几何学的起源〉引论》，方向红译，南京：南京大学出版社，2004年，第158页。

生内在变革的、可以发展演化的东西。只有当悲剧的本质通过这种方式而变得流动起来的时候，我们才能够理解悲剧性的东西的发展；而且，只有在这种情况下，'本质'这个概念才会有助于人们的历史研究。"[1]显然，盖格尔的观点与胡塞尔的现象学历史观如出一辙，二者都强调体验流中的意识发生即内在历史的流动发展。

四、小　结

纵观西方美学史，从柏拉图的理念论到黑格尔的"艺术的终结"，艺术经常因其具有感性特征的特殊性而被理性所排斥。艺术因而不能成为一门科学，而只能存在于具有相对性、偶然性的不可靠的情感领域。到了以费希纳为代表的实验美学时代，艺术或审美经验被看作各种感觉的复合，主体性的纯粹经验的特殊性无法得到捍卫。在这样的背景下，美学中充满各种矛盾。传统美学的方法论，即主客二元的美学方法，在处理美学难题时，已经不再起作用。面对如此困境，美学研究要想取得突破，首先要在方法论的意义上有所进展。只有提出新的方法论，才能攻克美学难题。盖格尔贯彻了胡塞尔现象学的方法，提出既非自上而下又非自下而上的演绎与归纳相结合的现象学美学的新道路，为解决美学难题提供了新的契机与思路。

虽然盖格尔最终并没有构建出一个宏大的现象学美学体系，但"体系"在一定程度上也意味着"僵化"。在开放的视域中，他更多的是要论证一种具体的操作方法，通过现象学直观来把握审美经验的本质结构。在一定程度上，方法总是比结论更重要的。

1　Moritz Geiger, "Phänomenologische Ästhetik," S. 390.

论"新数学"及其基础何以可能

孙振宇[*]

牛顿和莱布尼茨从物理和力学的实用角度出发创立了微积分,但彼时的数学证明和数学计算都是"纯形式"的,缺乏现代意义上的数学严格性。这种半物理的数学语言,当时和稍晚的数学家如欧拉、高斯和黎曼都在使用。19世纪,柯西、魏尔斯特拉斯和戴德金等人不满意于这种悬在空中的数学,致力于为微积分学寻求一个严格的基础。数学的这次可信性危机最终以实数理论(柯西序列、戴德金切割)和极限理论的确立而告终结。一个自然而然的问题是:何以在牛顿、莱布尼茨、欧拉、高斯、黎曼看来可接受的微积分证明,在柯西、魏尔斯特拉斯、戴德金看来是不可接受的?如何理解这种"可信性"标准的演进?

一、数学的分析化

根据著名数学家马宁(Yuri I. Manin)在名篇《好的证明让我们更明智》中的看法,证明不是我们说服假想敌手的论证方式(虽然这是人类语言的固有功能);证明是我们描述事物的方法、交流真理的途径以及验证思考正确性的唯一进路。[1]马宁提议的标准相当灵活，但我们从中看出一个"好"证明至少要具有以下特征：基于一种语言；该语言的表达能力强，从而便于描述对象；该语言理解无歧义，从而便于人际沟通；使用该语言写出的"证明"易于检查正误。对满足这一标准的数学证明的追求可追溯至莱布尼茨的两个思想：万有表意文字（characteristica universalis）和逻辑演算（calculus ratiocinator）。前者要求发展一种精确无歧义的语言，并在形式语言中写出定理的翻译；后者要求基于一族推理规则写出证明的形式版本，其正确性原则上应该是算法可判定的（关于语言和算法的深刻内涵，我们将在第二节做出评论）。

如此一来，如何建立一个物理上安全、心理上可信的数学基础便成为需要严肃对待的问题。这一基础决定了人们思考数学、研究数学和交流数学的方式。康托尔的超穷集合论允许人们灵活操作各种无穷对象，这给数学带来了极大的自由性，同时为实几何与实分析的严格化提供了最后的基石。在集合论中构建微积分所需的数系基础的进程如下：

$$\text{集合论} \xrightarrow[\text{冯·诺依曼}]{\text{策梅洛}} \mathbb{N} \rightarrow \mathbb{Z} \rightarrow \mathbb{Q} \xrightarrow[\text{柯西}]{\text{德德金}} \mathbb{R}$$

循着康托尔的思路，弗雷格的良好愿景是：将集合论与谓词逻辑相嫁接，为数学一劳永逸地提供一个逻辑主义基础。但悖论（如罗素悖论）的出现却使得初代逻辑主义数学基础规划受阻。策梅洛和罗素率先意识到问题出在数学语言上。因其存在（允许自指的）非直谓定义，他们提出解决方案：对集合论语言施加限制，使其能指的集合宇宙不可包括任意的康托尔集。冯·诺依曼稍后构造出满足上述设想的集合宇宙，称作冯·诺依曼层叠谱系。今日，这被视为ZFC集合论的典范"模型"。与弗兰克尔（Abraham Fraenkel）一道，策梅洛逐步发展出集合论的策梅洛—弗兰克尔语言。罗素则与怀特海在《数学原理》中发展了逻辑类型论。如此一来，在额外引入可规约性"公理"的情况下，非直谓定义可转换为直

1　参见 Yuri I. Manin, "Good Proofs are Proofs that Make us Wiser," *The Berlin Intelligencer* 1998。

谓定义，从而阻断悖论。

除策梅洛的集合论学派和罗素—怀特海的第二代逻辑主义学派外，还有两派人马在数学基础问题上逐鹿：法国的（半）直觉主义者和希尔伯特领导的哥廷根学派。

法国（半）直觉主义者指出：集合论者和逻辑主义者做得太过；康托尔的选择公理、亚里士多德—弗雷格的排中律、怀特海的形式语言以及罗素的可归约性公理统统值得怀疑。康托尔的原始思想中蕴含选择公理，策梅洛使用这一公理证明了"实数集可良序化"。但法国分析学派的（半）直觉主义者们均表示难以接受：贝尔（René Baire）、博雷尔（Émile Borel）和勒贝格（Henri Lebesgue）发表声明坚决反对一般形式的选择公理，至多允许可数选择。至于罗素对非直谓定义的解决方案（以及由此衍生的逻辑主义规划），则遭到了庞加莱的严厉批评。

荷兰拓扑学家布劳威尔接过法国（半）直觉主义者的大旗，指出：以逻辑为代表的形式系统不能为数学提供可信的基础，过分强调语言导致失焦；作为语义对象的"实无穷"是不合法概念，亦不得在无穷对象上滥用选择公理和排中律。布劳威尔认为，真正可信的基础，其本性是非语言的，它由两个要素构成：心灵构造和时间直觉。心灵构造最终被确立为布劳威尔—海廷—柯尔莫哥洛夫诠释（"BHK证明诠释"）的形式。这意味着，要证明一个命题等价于给出一个构造。时间直觉被定型为选择序列，它可以提供实无穷的一个直觉替代（潜无穷）。

直觉主义者认为，数学是心智中的构造（因此不是语言活动，从而认为形式化非必要），而逻辑是数学的一部分（反对逻辑主义）。基于这种哲学立场，布劳威尔等人明确要求限制数学实践的范围。海廷给出了直觉主义数学原理的形式化。在直觉主义逻辑中，排中律丧失了公理地位。[1]直觉主义数学是一种不同于经典数学的实践活动——直觉主义数学要求所有证明必须是构造性的，而经典数学家却不情愿放弃非构造性证明。直至20世纪60年代末，毕晓普（Errett

---

1　直觉主义数学基础与直觉主义逻辑不是一回事，但后者反映了前者的绝大部分基本特征。

Bishop）才将构造主义数学观真正付诸实践。

与布劳威尔针锋相对，希尔伯特则指出：集合论者和逻辑主义者做得不够，因为不能将集合论以及谓词逻辑视为唯一的数学真理。事实上，任何一致的形式系统都蕴含真。希尔伯特指出，"没有人可以将我们逐出康托尔的集合乐园"，拒绝直觉主义式的作茧自缚（布劳威尔—希尔伯特论战）。希尔伯特认为，数学是句法构造，但这个句法未必要被限制为纯逻辑（弗雷格—希尔伯特论战）。希尔伯特给出极宽泛但极实用的可信性条件：任意一致的形式系统都蕴含数学真。特别地，如能建立皮亚诺算术的一致性，则至少实分析就可被一劳永逸地建立起来。

数学的分析化进程一直是数学哲学家津津乐道的主题。从文化心理学的视角看，这一进程实际上体现了人类认知从几何直觉朝向语言直觉的转型。以下我们简单介绍诸种数学直觉。

二、数学直觉的基本模式

为了进一步理解19世纪末20世纪初数学分析化运动的意义，本节引介马宁的数学史研究。他的研究的出发点是将个体层面上的数学直觉划分为三种基本模式，分别是空间性的、语言性的和操作性的。[1]这种划分在人类认知的研究中并不是新鲜事物，例如神经科学家斯佩里（Roger Sperry）等人发现的抽象/形象二分的神经生物学基础——即左/右脑的功能性分工——就大致对应于语言性直觉/空间性直觉的二分。[2]

为了探索人类认知的系统发生史中数学直觉的早期状态，认知神经科学家们对灵长类动物的原始数学能力进行了广泛而深入的研究。例如，迪昂（Stanislas

---

1　参见Yuri I. Manin, "Foundations as Superstructure (Reflections of a Practicing Mathematician)," arXiv: 1205.6044v1 [math.HO], 2012。

2　参见Roger Sperry, "Cerebral Organization and Behavior: The Split Brain Behaves in Many Respects Like Two Separate Brains, Providing New Research Possibilities," *Science* vol. 133, issue 3466, 1961。

Dehaene）等人的研究发现：灵长类动物的认知结构中同样存在语言性直觉/操作性直觉的二分。[1]当动物试图解决和相互交流某一简单的计数问题时，它们并不使用符号语言而是使用肢体动作表征和传递信息。可见，语言性/操作性这两种直觉模式的二分应是此后所有对立直觉的雏形。在人类语言渐渐成型之后，操作性直觉也得以通过非符号的形式被外显化和系统化，从而成为数学知识社会扩张的核心工具。

（一）古希腊公理几何学的直觉模式

对欧几里得而言，一个"数"乃是一个测量过程的潜在结果。也就是说：首先，对几何对象A的测量，乃是借助另一个几何物体U（称作"单位"）进行的"心智过程"；其次，不等关系A＜B，表示图形A可以被"装进"B中去；最后，相等关系A=B，表示图形A可以被"装进"B中去，同时图形B被可以"装进"A中去。

从这一对"数"和"测量"的认识来看，欧几里得几何学实际上可被视为"物理空间的几何学"，即低于三维空间中的刚体状态和运动的几何学。因此在欧氏几何中，几乎所有数学结论所涉及的"维数"都不超过三。其中最有代表性的例子是所谓"第五公设"（平行公设）：

> **欧几里得第五公设**　如果一条直线与两条直线相交，在某一侧的内角和小于两直角，那么这两条直线在不断延伸后，会在内角和小于两直角的一侧相交。

在第五公设中，我们可窥见欧几里得时代空间性/操作性直觉与语言性直觉的严格对立。首先，第五公设是基于对物理空间的观察而提出的。古希腊以降，许多数学家都试图去证明这一公设。这种努力的实质，是从可观测的有限距离的

---

[1] 参见 Stanislas Dehaene and Elisabeth Brannon eds., *Space, Time and Number in the Brain*, London: Academic Press, 2011。

几何信息中导出无穷远处的几何信息。然而，直到18世纪初期罗巴切夫斯基、波尔约和黎曼发现了非欧几何之后，人们才认识到第五公设的实质是一条逻辑学意义上的"公理"：否认第五公设就等价于离开"物理空间"而进入"非物理的（逻辑）空间"。由此可见，古希腊时代的数学直觉是"空间性的"或"操作性的"（像对不等关系 A＜B 的解释所阐明的那样），而不是"语言性的"（如对第五公设进行语言学操作：从语义上认为该公设为假，或从公理系统中去掉此公设）。

在《几何原本》中，加法和减法这类运算借助操作性直觉进行（测量单位U的增加与移除），因此它们也只能在低于三维的物理空间中进行。但与加法和减法不同，乘法自然地导致更高的维度（每乘一个因子增加一个维度）。欧几里得关于素数无穷性的证明（此证明必须使用乘法）实际上暗示着他已经越过了三维的障碍，但是这种超越在《几何原本》中极为罕见。它们体现了欧几里得时代的语言性数学直觉的不稳定性。

> **素数无穷性的欧几里得证法**　对任何素数的有限集 $\{p_1, p_2, \cdots, p_r\}$，考察 $n=p_1p_2\cdots p_r+1$，取 n 的素因子 p，这个 p 不可能是任何一个 p_i（$i=1, 2, \cdots, r$）；否则 p 既是 n 的因子又是 $p_1p_2\cdots p_r$ 的因子，所以也是二者之差 $n-p_1p_2\cdots p_r=1$ 的因子。矛盾！从而任何有限集 $\{p_1, p_2, \cdots, p_r\}$ 不可能包含所有的素数。证毕。

在空间性/操作性直觉盛行、语言性直觉尚处萌芽的状态下，欧几里得能够得到有关素数性质的深刻结果（如素数无穷性定理、整数素因子分解的唯一性定理）是非常不容易的。在欧几里得的几何世界中，数字的系统化记写符号（如印度—阿拉伯位值制计数系统）并未被接受，处理这些符号的计算规则更是远未被建立起来。缺少了这些语言工具，人们也就难以进一步通过数字之"名"（记写符号）去理解数字之"实"（算术理论）。

（二）古罗马代数学的直觉模式

古罗马被认为是一个重视应用技术而忽视理论研究的文明，它留给后世的数学遗产也是微薄的。人们所熟知的罗马数字系统（Ⅰ，Ⅱ，Ⅲ，Ⅳ，Ⅴ，……）是对原始的刻痕计数系统（Ⅰ，Ⅱ，Ⅲ，ⅢⅠ，ⅢⅡ，……）的改造。

这是一个具有完备词法和语义规则，并且能表达潜无穷的计数系统。由于刻痕计数系统显而易见的低效率，罗马人采用一个只能有限表达的简化版本取而代之。在罗马数字系统中，人们引入了"V"（=5）、"X"（=10）、"L"（=50）、"C"（=100）、"D"（=500）、"M"（=1 000）等附加符号。此外，这个系统还显示，"0"符号的缺位是它向位值制系统转变的最大障碍。

自从斐波那契的《计算书》（*Liber Abaci*, 1202）出版后，起源于印度—阿拉伯的位值制计数系统开始在中古欧洲逐渐流行。与此同时，罗马教廷仍明确支持罗马数字系统，虽然这种计数法既不利于数学本身的发展，也不利于数学被应用于现实事务（如贸易中的账目结算、历法中的日期计算等）。在实践中，人们通常使用算盘对数字进行运算，而算盘显然是一个位值制计数设备。右边是一幅采自16世纪哲学著作的著名插图。在这幅图画中，一个被称作"算术"的女性正注视着两个正在比赛的人，左边的人正在利用印度—阿拉伯数字系统进行计算，右边的人正在借助算盘进行计算。这幅图画暗示着那个时代计数系统的微妙变化。

图1 "算法家"与"珠算家"的竞赛
（赖施：《算术女士》，1508年）

（三）算法数学的直觉模式

操作性直觉模式的典型代表是算法，它在欧几里得《几何原本》中已经有所体现。利用算法，人们可以进行尺规作图、寻找最大公约数，等等。已知最早的算法是辗转相除法（《几何原本》卷Ⅶ，命题i和ii）：

　　求最大公约数的辗转相除算法　设两数为a, b（a＞b），现在来寻求a和b的最大公约数gcd（a, b）。步骤如下：用b除a，得$a=bq+r_1$。若$r_1=0$，则gcd（a, b）=b；若$r_1\neq 0$，则再用r_1除b，得$b=qr_1+r_2$。若$r_2=0$，则gcd（a, b）=r_1；若$r_2\neq 0$，则继续用r_2除r_1……如此不断进行直到能整除为止。其最后一个非零除数即为gcd（a, b）。

　　执行算法的人可被称为计算者。20世纪之前，数学家和计算者往往都集中在同一个人身上，例如欧拉、高斯、黎曼既是具有深刻直觉的数学家，同时也是具有高超能力的"人肉计算机"。也就是说，20世纪之前的算法都使用非形式化的自然语言进行表达；而且执行算法的并不是任何机械的或电子的计算装置，而是人。这种分裂人格的并行现象直到图灵给出了严格刻画才告终结。事实上，在图灵所提出的"图灵机"和"可计算性"的一般概念中，词语"computer"所指的仍是一个依照有限指令集上的指令进行机械化操作的人。[1]

　　操作性数学直觉被莱布尼茨寄予厚望，他认为所有的人类知识都能被归约为算法数学。他曾试图设计一种"万有表意文字"：非但数值计算可由算法逐步导出，事实上所有严格的、合逻辑的思想结论都能够从原始公理经由演绎法一步一步地导出。经过了300年的不懈探索，人们终于隐约看到了莱布尼茨理想世界的轮廓。在这个世界里：第一，逻辑演绎等价于计算（图灵的"能行可计算"概念）；第二，真理不一定能被形式地加以证明，甚至不一定能被形式地加以表述（塔斯基的真不可定义定理）；第三，"全部真理"——即便是关于最小的无穷系统（自然数系统N）的全部真理——都不能够由一个有限生成的语言的全部可证定理集所覆盖（哥德尔不完备性定理）。从弗雷格的"概念文字"开始，人们实现莱布尼茨理想世界的核心手段是建构所谓"形式语言"，它同时继承了自然语言（具有固定字母表的书写形式）和算术的位值制数字系统的基本特征。

1　参见 Alan Turing, "On Computable Numbers, with an Application to the Entscheidungsproblem," *Proceedings of the London Mathematical Society* 1937。

综上所述，在数学的发展史中，空间性直觉、语言性直觉和操作性直觉都曾在某一时期或某一地域成为主流。随着历史的变迁，它们交替地成为人类理解数学的主要模式。在下一节中，我们将揭示当代数学中正在发生的直觉转型，它是对以同伦论为引导的一种离散/连续关系的逆转。

三、数学直觉的模式转型

在欧几里得的认识中，整数$\mathbb{Z}$以及某些特定的无理数乃是精神测量的（潜在）结果。这意味着离散量是从连续量中被构造出来的；但这一构造过程并不能反过来进行，即不存在任何形式的"反测量"，使得连续性能够从离散对象中生成。这是对古希腊人空间性/操作性数学直觉的反映。因此，今天为人们所熟知的连续统概念如"直线乃是由点构成的"，在欧几里得所生活的时代是不存在的（甚至这种见解直至康托尔提出集合论之前都是很罕见的）。对欧几里得而言，一个点只能是一条线段的边界，一条线段却不是由点累积起来而构成的。

古代世界的几何学由"测地术"（geo-metry）发展而来，这种实践背景所给出的并不是集合论的几何，而是类型论的几何。换言之，古希腊人将点、线、面、体视为互相独立的几何实体，而不把后三者看作具有维数层级关系的点的集合。在欧几里得的《几何原本》中，"线"的概念出现在"点"的概念之前；在实践中，"点"并不是一个基本概念，因为它绝少独立出现：它通常是作为"线"的边界（端点）、三维物体的顶角或者两条线的相交而被给出的。对欧几里得而言，几何图像不但是数字的来源，亦是逻辑推理的工具。在《几何原本》中，相当一部分演绎论证是由对图像的操作，而非通过文字推演给出的。

（一）笛卡尔—牛顿vs.莱布尼茨—马赫—爱因斯坦

作为物理空间的"空间"概念行而不远。17世纪初期，笛卡尔革命性地发明了坐标法，这是集合论空间观念的开端。在坐标法中，一个几何物体（线、面、体）可由点的坐标加以定义。空间由点构成，点是没有内部结构的理想化抽象实体。几何学的根本问题在于，如何将这些没有内在结构的实体组织起来。正是因为没有内部结构，我们不能直接将它们粘接起来，而必须用已知的数学结构将它们参数化。例如，连续空间就是我们所熟知的实数域R参数化后形成的。欧几里得对于几何的理解，在经历了中世纪漫长的沉寂之后被渐渐遗忘了，只有公理化传统被留存下来。只不过公理化的起点不再是空间直觉，而是集合和建构在集合上的数学结构。

17世纪晚期，微积分的诞生和发展——特别是牛顿式微积分（流数法）在物理学中的成功——强化了集合论几何的地位。在牛顿物理学中，所有的物理客体都可（至少在一阶近似下）被视为质点，这样其内部结构就能被忽略，这一特征与笛卡尔几何学中的点是十分类似的。在人们渐渐熟悉了牛顿式数学后，"空间"一词就渐渐丧失了其原有的"物理空间"含义（而这在欧几里得时代是唯一的理解，见第2.1节），并转义为某个物理过程的参数空间，或者某个数学结构的模空间。[1]这种新空间观发展的一个顶点就是牛顿绝对时空观的提出：上帝所居处的那个"绝对时空"，是一切质点在其中运动的背景空间。

现代集合论数学中，"点"是一个本体论上先在的概念。数学的目标不是理解点，而是把它们有效地组织起来。我们已经看到，笛卡尔、牛顿早就持有相同的观点：空间位置及其坐标都是先在的概念，物质在这个背景空间中运动。

莱布尼茨与牛顿的观点不同，他认为根本就没有一个所谓的"背景"存在，无论是物质的还是精神的存在物，最终均由无窗户的单子提供。19世纪末期，马赫和爱因斯坦则把莱布尼茨的想法发扬光大，他们进一步认为时空实际上是由物质决定的。这能从爱因斯坦的引力场方程

$$R_{\mu\nu} - \frac{1}{2} g_{\mu\nu} R = 8\pi k T_{\mu\nu}$$

1　参见 Liang Kong, "Conformal Field Theory and a New Geometry," arXiv: 1107.3649v1 [math. QA], 2011。

中看得更加清楚：表示物质世界的方程右边完全决定了表示时空的方程左边。对于爱因斯坦来说，一个"点"仅仅是标识一个时空事件的工具而已。然而，爱因斯坦的广义相对论是一种大尺度的几何理论，它仍然保持了笛卡尔时空的许多局部性质，导致微积分以及集合论几何观仍可以被局部地保留和使用。也就是说，莱布尼茨—马赫—爱因斯坦虽然已经试图突破旧有（集合论）几何观的局限，但他们的胜利仍然是阶段性的和小范围的：他们没能打破传统集合论几何以及微积分，仅是创造了微积分的一种整体化推广。这就是"流形"概念和现代几何的起源。

（二）集合论是语言性直觉渗入空间观的媒介

时至19世纪70年代，康托尔出于与几何学家和物理学家（笛卡尔、牛顿、莱布尼茨）不甚相同的理由引入了集合论数学思想。他需要处理的是"无穷"概念。此前的数学家一般从潜无穷的意义上理解这一概念，而康托尔第一次提出了"实无穷"的系统化理论。如前所述，虽然20世纪初的逻辑学家们在集合论以及逻辑主义计划中发现了某些悖论，并引发了关于数学基础旷日持久的大讨论，但他们最后并未放弃将集合论作为一切数学的基础。事实上，康托尔所创造的集合论不久之后就为17世纪以来所有类型的数学——包括几何、代数、分析、数论——提供了一种公共语言。从康托尔的一个离散集合出发，数学家可以在上面增添更多结构，使它成为任何数学分支都可以处理的研究对象。

20世纪40年代，法国的布尔巴基学派毫无争议地接受了康托尔的全部集合理论，并着手建立全部现代数学。在康托尔—布尔巴基的视野内，"空间"概念可以用集合论语言做如下定义：

拓扑空间的布尔巴基定义 拓扑空间是一个集合X和其上定义的拓扑结构 Γ 组成的二元组（X, Γ）。其中拓扑 Γ 是X的一个子集族，它满足如下条件：（1）空集与全集都是拓扑的元素；（2）拓扑对任意运算封闭；（3）拓扑对有穷交运算封闭。

连续性是质点运动的基本属性，我们也可给出"连续性"的布尔巴基式定义。

连续映射的布尔巴基定义　连续映射 f 即是拓扑空间 X 和 Y 之间的一种映射，满足 f 对 Y 中任何开集 O 的原像 $f^{-1}(O)$ 是开集。

这个定义符合我们关于连续映射不会出现破碎或者分离的直观印象，但它是一个明显的集合论式的定义。

集合论语言大大拓展了我们的几何直觉。在集合论帮助下，几何直觉不再限于简单的空间性直觉，我们还能够借助语言性数学直觉形成许多深入的推论，而这在仅仅依赖空间性/操作性直觉的欧几里得那里是远远达不到的。例如，将"连续性"和"可测性"概念区分开，便可让我们远离欧几里得的几何世界。不仅如此，集合论还为我们提供了深度观察有限维对象的机会，例如处处连续而无处可微函数、分形与豪斯道夫维数、巴拿赫—塔斯基悖论，等等。它也为我们提供了对无穷维世界"惊鸿一瞥"的机会：巴拿赫空间、希尔伯特空间作为某些无穷维对象的冰山一角已经显露在世人面前达一个世纪了。

（三）同伦论促成了数学直觉的逆转

20世纪50年代以来，拓扑学一直是引导现代数学发展的核心力量。在拓扑学内部，晚近最重要的成果是同伦论中的一些基本定义和重要定理。"同伦"是拓扑空间之间的一种关系，它允许拓扑空间 X 和 Y 的相互连续形变；同伦也可以刻画拓扑空间中的连续映射之间的关系，设 f, g: X→Y 是连续映射，f 和 g 之间的一个同伦就是二者之间的一个连续形变。我们可以按照同伦等价关系将拓扑空间进行分类，存在同伦映射的拓扑空间被放在一起构成一个同伦型。一个球、单形或者方体都可以连续形变成一个点，它们也因此属于同一个同伦型。

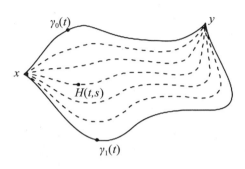

图2 同伦形变的过程

一个同伦型的基本离散不变量是所谓"基本群",我们给出一个较为直观的描述性定义:一个拓扑空间 X 中,从点 x_0 出发并回到该点的闭合曲线 f,称为该点的一个回路。如果一条回路 f 能够连续地发生形变,成为另一条回路 f′(保持起点和终点不动),就称这两条回路同伦等价。我们把彼此同伦等价的回路 f、f′看成是相同的对象,将它们写成一个等价类。对于给定的一点 x_0,所有经过该点的回路等价类全体形成一个集合。这个集合具有加法性质,即两条回路可以相加形成新的回路。这样,此集合形成了一个群 $\pi_1(X,x_0)$,称为以 x_0 为基点的空间 X 的基本群。

上一节我们提及,康托尔—布尔巴基的集合论数学将离散集合作为构筑数学建筑的基本原材料,而"连续性"则成为"离散"概念之上的上层建筑。在这一传统中,弗雷格所提出的自然数构造(概念外延系统外加休谟原理)被证明是不一致的。为了解决这类困难,人们必须对集合论语言施加诸多约束,最后得出公理化集合论。此外,我们在前面曾提到"Ⅰ,Ⅱ,Ⅲ,Ⅲ,……"这一计数系统,其背后的思想就是将离散量(整数)作为某个有限集合的势。但是,将零看成空集的势会导致心理学上的困难。此外,在上述系统中,负数也必须被非常人为地加以引入——人们需要从完全不同的经验背景中将其作为一个非数学的实在来加以理解,如经济学中的负债或欠款。

反过来,如果我们将连续视为直观的起始点,将离散视为衍生的结构,那么零和负整数的引入都将是自然的。这里借助的是"基本群"概念：

$$\pi_1\left(\mathbb{S}^1\right) = \mathbb{Z}$$

这个定理的直观意义是说：从圆周上的一点出发，顺时针运动一周，环绕数增加 1；逆时针运动一周，环绕数减少 1。设静止不动的环绕数为 0，则从这个环绕运动的过程中可以构造出 ±1，±2，…，±n，…。如下图所示：

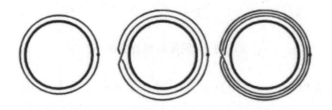

图 3　由圆周的基本群构造的自然数

综上所述，在同伦拓扑学的启发下，"数学家的集体意识中发生了一种逆向反转，关于世界的、右半脑的和同伦的图像变为基本的直觉。如果你要得到一个离散集合（如整数集合 $\mathbb{Z}$），那么你就要到只适合在同伦程度上加以定义的空间的连通分支的集合中去寻找"[1]。

（四）同伦论景观与"新数学"

沃沃斯基（Vladimir Voevodsky）将同伦型的想法加以拓展，提出了同伦型的层谱的概念，其中每一层用一个自然数 h 标记。按此想法，在由所有类型构成的宇宙中有一个由同伦截断控制的分层结构。以下进一步介绍沃沃斯基的基本想法。在沃沃斯基的世界中，如果依值类型 $\sum_{x:T}\prod_{y:T}\mathrm{Id}_T\left(x, y\right)$ 中有至少一个项，则我们可称一个同伦型 T 是可缩的。那么，最底层的同伦型（h=0）表示该类型只含有一个点，它是可缩的。从这一层开始，所有第 k 层的类型都由一些空间构

1　Mikhail Gelfand, "We Do Not Choose Mathematics as Our Profession, It Chooses Us: Interview with Yuri Manin," *AMS* vol. 56, no. 10, 2009.

成，这些空间正是（k–1）类型中任意两点间的道路空间。因此，第一层的类型（h=1）由单点和空集表示，它可被看作命题的真值。第二层的类型（h=2）可以被看作集合。更高阶的类型可以对应于广群、范畴、多范畴等结构。沃沃斯基的构造将集合和范畴等经典数学结构都嵌入一个更大的同伦论宇宙，从而将离散和连续等量观之。

把这个宏大的同伦型宇宙公理化就将出现泛等基础（Univalent Foundation）纲领。[1]泛等基础纲领可为数学提供一套完全不同的基础，是逻辑和数学基础研究近10年来的重要话题。相比于集合论以集合为研究对象，泛等基础纲领处理的基本对象是同伦型。这意味着，我们的基本数学直观也必须随之改变，即由抽象汇集变为抽象空间。泛等基础的特点是它与数学实践密切相关，这一出发点与集合论数学基础不同：集合论基础的目标是为数学对象提供一个严格意义上的分析性背景。

事实上，泛等基础纲领是在抽象同伦论与马丁-洛夫类型论的交互中诞生的。20世纪70年代，奎伦（Daniel Quillen）引入了"模型范畴"概念，这一概念可以作为代数拓扑中同伦论的抽象框架。奎伦的观点是，同伦论的合理框架不应诉诸连续形变的天然直觉，而应诉诸拓扑空间范畴上有关同伦的一些代数信息。奎伦定义了"闭模型范畴"概念，该范畴具有纤射、余纤射和弱等价三类态射，这三类态射满足的公理能由同伦直观容易地给出。奎伦的框架在数学实践中产生了实质性的结果，它也由沃沃斯基在概形上的同伦论，以及乔亚尔（André Joyal）和卢李（Jacob Lurie）在拟范畴和∞-范畴上的工作充分发展。

1998年，霍夫曼（Martin Hofmann）和施特赖歇尔（Thomas Streicher）提出了内含马丁-洛夫类型论的第一个广群模型。10年之后，阿沃迪（Steven Awodey）等人提出了等式类型的一个同伦模型；特别地，马丁-洛夫类型论可在任意模型范畴内找到一个可靠模型。换言之，任意模型范畴都可由马丁-洛夫

1　参见 Vladimir Voevodsky et al., "Homotopy Type Theory: Univalent Foundations of Mathematics," arXiv: 1308.0729 [math. LO], 2013。

类型论提供一种内语言。这也意味着：马丁-洛夫类型论提供了同伦拓扑的一种"逻辑学"。2009年，拉姆斯丁（Peter Lumsdaine）等人证明了一个重要定理：任意给定一个类型 T，其各阶等式类型构成的系统都具有一个弱 ∞-广群结构。至此，同伦类型论作为一个研究领域便发展起来，它所揭示的数学世界景观与过去人们所感受到的有着本质的不同，可以称得上是一种"新数学"。

四、"新数学"及其基础何以可能

在数学史上，分别基于空间、语言、操作的三种数学直觉交替占据着主导地位。离散和连续也以其衍生关系的交替演化形塑着人类的空间观。离散和连续之间并不是单纯的对立关系，而是一种复杂的纠缠关系。借用列维-斯特劳斯的一个有启发性的隐喻来说：χάος（chaos，混沌）象征连续，而λόγος（logos，逻各斯）象征离散。[1] 在结构人类学理论中，神话这一文体的产生标志着对立（离散）的意识从精神混沌中脱胎而出的那个历史性时刻。

在这个隐喻中，我们能够看到数学史上的精彩对应。在2 300年前，欧几里得已经成功地将古人的空间想象力、刚体运动学和操作性数学直觉组织起来，而亚里士多德则创造了逻辑演绎的数学法则。欧几里得—亚里士多德传统中的公理方法和演绎法延续到今天，并被发扬光大。但他们的作品所承载的那个时代对我们所处的空间的理解——从连续中创造离散——却被人类的数学记忆淡忘了。受到笛卡尔、牛顿、康托尔、布尔巴基这些思想家的影响，离散对象——符号、集合、形式语言——在过去300年里成为人类数学观的主流和正统。

新数学和新基础的诞生让我们看到了综合空间观的复兴。这一复兴不是历史的重演，但其基本模式是类似的：欧几里得的直观是从局域经验世界中提取信息的产物，而现代数学的直观是由同伦拓扑和量子场论提供的关于无穷维对象的直

1　参见列维-斯特劳斯：《结构人类学》，张祖建译，北京：中国人民大学出版社，2006年。

观。这一复兴是如下关系的反转：离散/连续、语言/空间想象力、代数/几何拓扑。连续性、空间想象力和几何拓扑渐渐取代了布尔巴基式的形式化数学所占据的位置。在这个过程中，语言（相对于空间想象力）变成次要的，它的地位退回到远古时代的象形文字所代表的那种"内部书写体系"，数学思想的实质内容是由空间想象力直接提供的。

在列维-斯特劳斯的意义上，这种"凯奥斯"和"逻各斯"的复杂纠缠关系在新基础中表现得非常清楚。同伦型的宇宙呼唤新的、过去的康托尔集合论无法提供的书写体系。在内涵类型论中，人们找到了自然的同伦拓扑语义。也就是说，类型不再被解释为集合论对象，而是被解释为同伦型或∞-广群。人们早就知道，外延类型论可以被看作1-范畴（如局部笛卡尔闭范畴或初等拓扑斯）的内语言。类似地，内涵马丁-洛夫类型论可以被看作多种（∞,1）-范畴的内语言。

在集合论基础中，语言、理论与对象宇宙（空间）的关系，可以用下面的三元组来表示：

$$带等词的一阶逻辑 \xrightarrow{表达} ZFC \xrightarrow{描述} 冯·诺依曼宇宙 V$$

而新数学（可称作"同伦融贯数学"）所展示的是下面的景观：

$$内涵 MLTT \xrightarrow{表达} 同伦类型论 \xrightarrow{描述} 无穷广群 \infty\, Grpd$$

最后，应当注意，新数学诞生至今不过10年，我们当前对它的认识很有可能是片面的，甚至是错误的。不过，在新数学中，空间性直觉提供的是对同伦宇宙的直接感知，操作性直觉则使这个宇宙中的许多经典数学对象和定理得以形式化，而语言性直觉在追求对同伦宇宙之"可道"部分的描述。从这个意义上讲，同伦拓扑的语言的确可被视为一种全新的"象形文字"，值得进一步理解和诠释。

儒家理论专题

再论关怀伦理对于儒家思想的影响[*]

——基于比较哲学方法的反思

李明书[**]

自1994年李晨阳在著名女性主义期刊《希帕蒂亚》(*Hypatia*)上发表了一篇论文，比较儒家的"仁"与关怀伦理的"关怀"(care)的相似之处后，儒家伦理和关怀伦理的比较研究开始受到重视，并引发多次讨论。许多学者至今仍陷入对儒家伦理是否是一种关怀伦理的疑问，或是关于儒家伦理与关怀伦理孰高孰低的评判。然而，无论如何评判，皆不能否认关怀伦理被引入中国哲学视野之后对于儒家伦理研究所造成的影响。有鉴于此，我们应该正视关怀伦理究竟使儒家思想的哪些内容被更多地阐发，而非仅止于评判理论的优劣高低。正是由于关怀伦理对于儒家伦理研究的冲击，比较哲学方法、理论适用性、利己或利他的伦理判断等争议又再次引发讨论。

一、关怀伦理与儒家的交会

一般认为，关怀伦理理论的起源是1982年吉利根(Carol Gilligan)出版的

---

* 本文受中央高校基本科研业务费专项资金资助。

** 李明书：浙江大学哲学学院特聘研究员。

《不同的声音：心理学理论与妇女发展》[1]一书，而后由诺丁斯（Nel Noddings）、赫尔德（Virginia Held）等人逐渐发展。李晨阳于1994年在《希帕蒂亚》期刊提出，关怀伦理的"关怀"与儒家的"仁"有相似之处[2]，可以说是关怀伦理和儒家伦理思想比较的起点。该论文后来经过几次修订和出版，将二者的相似之处整理为四点："第一，儒家伦理学和女性主义关爱伦理学都以关系性的人为基础。第二，儒家伦理学的核心概念'仁'和女性主义关爱伦理学的核心概念'关爱'之间有相似的脉络。第三，与西方流行的康德伦理学和功利主义伦理学相比，儒家伦理学和女性主义关爱伦理学都不那么依赖普遍规则。第四，两者都不主张普世主义，而主张爱有差等。"[3]

　　该论文发表之后，陆续有学者提出批评。张容南将主要的批判观点整理为以下三点："第一，'仁'的理想不应被理解为'关怀'，因为儒家之'仁'镶嵌于一种父权制的等级结构中，它是压迫妇女的。……第二，儒家伦理是一种基于社会规范与规则的伦理，它与具有特殊主义气质的关怀伦理并不相同。……第三，儒家伦理与关怀伦理在动力和旨趣上的相异。"[4]据此可以看出，这些批评多侧重于关怀伦理和儒家伦理的兼容性和相似性，亦即作为关怀伦理核心的"关怀"思想和儒家的"仁"有别，并且阐明二者有何差别以至于二者不能直接等同。这些质疑共同构成了一个主要的问题，也就是张容南接着以上三点提出的："儒家伦理是一种关怀伦理吗？"[5]其最后的回答是，儒家也重视关怀，但重视的关怀内容比关怀伦

1　Carol Gilligan, *In a Different Voice: Psychological Theory and Women's Development*, Cambridge: Harvard University Press, 1982.

2　参见Li Chenyang, "The Confucian Concept of Jen and the Feminist Ethics of Care: A Comparative Study," *Hypatia* vol. 9, no. 1, 1994。

3　李晨阳：《比较的时代：中西视野中的儒家哲学前沿问题》，北京：中国社会科学出版社，2019年，第90页。

4　张容南：《什么是好的关怀——儒家伦理对关怀伦理的启发》，载《哲学动态》2019年第5期。这三点分别依据以下文献梳理：Yuan Lijun, "Ethics of Care and Concept of Jen: A Reply to Chenyang Li," *Hypatia* vol. 17, no. 1, 2002; Daniel Star, "Do Confucians Really Care? A Defense of the Distinctiveness of Care Ethics: A Reply to Chenyang Li," *Hypatia* vol. 17, no. 1, 2009; Julia Po-Wah Lai Tao, "Two Perspectives of Care: Confucian Ren and Feminist Care," *Journal of Chinese Philosophy* vol. 27, no. 1, 2000。

5　张容南：《什么是好的关怀——儒家伦理对关怀伦理的启发》。肖巍也曾撰文讨论关怀伦理在儒家思想中的适用性问题，她虽表示自己的观点不同于斯达（Daniel Star），但最终仍同意，儒家的"仁"（转下页）

理的范围更为广泛、深刻，并且更具有实践的价值，可以提供明确的道德判断，解决更多的伦理争议；然而，她最后却又判定，儒家更倾向于美德伦理而非关怀伦理。如此说来，虽然张容南想要建立的是儒家更好的关怀模式，但事实上已如其自己所言，儒家建立的是美德伦理的关怀模式，而不是关怀伦理的关怀模式。那么，这就不是对关怀伦理有所启发，而是启发了美德伦理或儒家伦理。[1]

儒家伦理是否是关怀伦理或者其他的伦理理论，例如康德道义论、功利主义或美德伦理等？这其实是中西比较哲学兴起以来，常被质疑和批评的基本观点。在这一基本的质疑之下，进而比较儒家伦理和西方伦理理论的异同，其常见的结论也往往是孰优孰劣；或是二者有其不同之处，以至于不能轻易将某些概念或观点画上等号。几位西方学者对于儒家伦理和关怀伦理的批判，则仅止于在李晨阳比较相同性的观点中找出显而易见的相异之处；又或者认为，儒家思想必然是不能以西方伦理概括的思想体系，于是试图以儒家思想兼容西方伦理理论，而忽略了有些观点正是在西方伦理的刺激之下才被诠释而出的。

在不同文化背景下产生的理论有别，是可想而知的。也就是说，两种理论之间必定有所差异。基于这样的认知，当两种以上的理论交会时，势必经过一番比较之后才能确定后续的研究走向。是故，我们不能说这样的比较毫无价值。只是随着研究成果的发展和前进，除了不断强调两种理论有别之外，如何将一种理论的价值带给另一种理论，或者说如何借由一种理论的观点将另一种理论中以往未被注意到的内涵激活而出，才是比较哲学能够提供更好的价值之处。就关怀伦理和儒家伦理的交互影响而言，如果研究目标只是要呈现二者的差异，进而分判高低，这其实已经预设了彼此之间的相互影响是有限的，因为这在很大程度上表示，关怀伦理或儒家伦理不需向对方借镜就已经处于高阶的层次。然而，如果能够正视对方的冲击和影响，自身的理论价值才能经由对话、沟通而既在很大程度上符合自身思想的基本观点，又诠释出具有当代意义的特色。

（接上页）之伦理思想不是一种关怀伦理，而应该是美德伦理。Xiao Wei, "Caring: Confucianism, Feminism, and Christian Ethics," *Contemporary Chinese Thought* vol. 39, no. 2, 2007.

1　参见张容南：《什么是好的关怀——儒家伦理对关怀伦理的启发》。

基于以上的评估，下一节即从比较哲学的方法论出发，指出关怀伦理究竟带给了儒家伦理什么思想上的活水；进而指出，通过关怀伦理的观点，儒家伦理可被诠释的空间和思想内涵将更为宽广。

二、从比较哲学的进展评估关怀伦理所启发的儒家思想

早期已有许多学者讨论过中西哲学比较的必要性与适切性。随着黄勇、李晨阳、安乐哲、邓安庆、吴根友等学者的努力，已难质疑哲学比较的必要性。由于学术分科的现代化受西方影响较深，比较哲学在很大程度上扮演着推介中国哲学、使中国哲学为西方学界接受的角色，在这一过程中确实难以避免借用西方的概念、理论、论证形式以解读中国经典文本，再用解读出的内容回应西方哲学提出来的问题。当然，中西方学界是否接受比较哲学，涉及许多主客观因素，无法一概而论。虽然如此，这样的工作仍很有价值，不仅将中国哲学推向海外，也将西方学术引进中国学界。

稍早的港台新儒家如牟宗三、李明辉等人引入康德道义论以解释儒家，引发很大的反响。至今仍有许多儒家研究不能跳脱康德自由意志、道德律令的框架。港台新儒家当时的工作是引介西方思潮至中国，再通过中国思想回应西方的观点，以建立中国哲学自身的主体性。虽然牟宗三证明了儒家的圆善论比康德的理论更为圆满完善[1]，但其影响主要仍在汉语学界，对于西方并未造成太大的冲击。时至今日，有了一定的积累，学者们反而是借由中国思想的资源，开始挑战西方自身的伦理问题，不论是在学术层面，或是在社会、文化层面。例如，黄勇对儒家伦理和美德伦理所做的长期比较研究，其目标在于通过儒家伦理建构西方认可的完美的美德伦理理论。[2]安乐哲吸收了杜威的实用主义和怀特海的过程哲学，

---

1 参见牟宗三：《圆善论》，载牟宗三：《牟宗三先生全集》第22册，台北：联经出版事业股份有限公司，2003年，第322—324页。

2 参见黄勇：《当代美德伦理：古代儒家的贡献》，上海：东方出版中心，2019年，第5页。

建构出儒家角色伦理学，尝试克服西方个人主义和自由主义的弊端，认为儒家角色伦理可以有效地解决美国的问题。[1] 李晨阳通过比较关怀伦理和儒家伦理，发现儒家伦理中同样具有关怀思想，只是"过去的关爱范围太窄，没有把妇女包括在关爱的范围之内"[2]，借此回应女性主义的挑战，认为"现代儒家完全可以重新阐述和发展出一种不歧视妇女的伦理学说"[3]。在佛教和道家方面，也有类似的研究。[4] 由于本文着重比较儒家伦理和关怀伦理，因此不特别征引佛教、道家和西方伦理的比较研究成果。

这些研究均受到一定程度的重视。这也反映出，比较哲学是在接受了西方思想或理论之后，将其用于阐述儒家思想，挖掘儒家思想的意蕴，进而以共通的话语回应西方伦理带来的问题，使儒家思想与西方伦理一样具有国际性、普遍性的意义[5]，而不仅是以比较理论的优劣高低为目标。是故，比较的价值应在于，运用西方伦理的术语、概念、理论来阐述儒家思想的内蕴，进而回应一个共同的伦理问题，而且使回应的过程和结果能够凸显出儒家的特点。

顺着这样的思路，可以将上述三位学者的观点说得更为清楚，以便从中看出什么才是当前较好的从事儒家伦理研究的比较哲学进路。首先，黄勇虽认为，儒家可以建构出完美的美德伦理，但其目标是要回应"何为完美的美德伦理"这一问题，而不是为了论证儒家美德伦理高于亚里士多德和西方当代美德伦理学家的理论。其次，安乐哲建构儒家角色伦理学，是为了解决西方个人主义和自由主

1　参见安乐哲：《儒学价值观与第二次启蒙》，载温海明编：《安乐哲比较哲学著作选》，贵阳：孔学堂书局，2018年，第375—391页。

2　李晨阳：《比较的时代：中西视野中的儒家哲学前沿问题》，第92页。

3　同上。有关儒家歧视妇女的问题并非本文主轴，故暂不展开。笔者曾指出，儒家思想并非歧视女性乃至歧视任何性别，并反思了李晨阳观点的不足之处。参见李明书：《当代儒学对于性别歧视的讨论与回应》，载《哲学与文化》总第544期；《评李晨阳〈比较的时代：中西视野中的儒家哲学前沿问题〉：侧重于儒家与女性主义的评论》，载《哲学与文化》总第567期。

4　例如，Judith White, "Ethical Comportment in Organizations: A Synthesis of the Feminist Ethic of Care and the Buddhist Ethic of Compassion," *International Journal of Value-Based Management* vol. 12, 1999.

5　除了黄勇之外，邓安庆也表达过类似的观点。参见邓安庆：《何谓"做中国伦理学"？——兼论海德格尔为何"不做伦理学"》，载《华东师范大学学报（哲学社会科学版）》2019年第1期。

义的问题，而不是为了强调角色伦理学高于道义论、美德论等。[1]再次，同样地，李晨阳比较关怀伦理和儒家伦理，是为了以儒家思想回应女性主义和性别平等问题，并强调儒家可以通过引入关怀伦理而被诠释为支持男女平等的思想[2]；而不是认为关怀伦理才是唯一的儒家伦理形态，其他儒家伦理理论则非；也并非认为其他的伦理学理论不适用于探讨儒家伦理。[3]这些说法的共同点，都是接受、吸收了西方伦理的内容，再从中提炼出儒家思想的某些精华。

上引的观点当然不能完全代表比较哲学的现状。我们确实也很难定位，究竟谁才是比较哲学方法论的主流或权威，因为有价值的说法可以有多种，且这些学者的研究进路也有一定的相似之处。是故，或可较明确地表达一种立场，就是应正视西方伦理理论究竟激活出了儒家伦理的什么内容。例如，关怀伦理的引入激活了许多关于儒家关怀、情感方面的研究[4]，而且后者有别于传统中文语境中讨论关怀、情感的进路。这样的进路难以避免被误以为是一种"全面西化"的方法[5]，

——————————

1 安乐哲强调，儒家角色伦理由儒家思想建构而出，"角色""关系"等概念都可以在中国语境中找到，只是可能使用的语词不同；因此，它并不借助西方伦理概念或理论来建构，同儒家道义论、儒家美德论等明确运用西方理论来建构的儒家伦理有截然的区别。虽然如此，安乐哲运用杜威实用主义、怀特海过程哲学等观点，以及使用"场域—全息"等概念，仍脱离不了对西方概念的引入。有鉴于此，本文不认为需要特别强调儒家伦理的纯粹性；只要是通过儒家思想回应西方问题或西方带来的问题，皆会无可避免地转化自身的语言，或者多少会借用外来的概念。参见安乐哲：《心场视域的主体——论儒家角色伦理的博大性》，载《齐鲁学刊》2014年第2期。

2 参见李晨阳：《比较的时代：中西视野中的儒家哲学前沿问题》，第91页。李晨阳另文更为清楚地表达了这一立场："我主张儒家与西方关爱伦理学互相借鉴，互相充实，以既批判各个文化传统中存在的性别歧视，也反对西方的极端女性主义。"参见李晨阳：《再论比较的时代之儒学：答李明书、李健君、张丽丽三位学者》，载《鹅湖月刊》第46卷第9期。

   这个说法可能导致有关"儒家思想究竟是本身支持性别平等，还是因为引入了关怀伦理而被诠释为性别平等"之争议。当然，这也是一个诠释经典或思想上的困难。本文不拟在此进行辩护或批判，而是将重点聚焦于关怀伦理对于儒家伦理的启发上。李晨阳这一观点的提出，起于李健君对其说法的质疑。参见李健君：《古今中西视域交融论儒学——对儒家哲学与现代价值之关系的综合辨析》，载《鹅湖月刊》第46卷第8期。

3 参见李晨阳：《再论比较的时代之儒学：答李明书、李健君、张丽丽三位学者》；《比较的时代：中西视野中的儒家哲学前沿问题》。

4 例如，黄玉顺：《情感与存在及正义问题——生活儒学与中国正义论的情感观念》，载《社会科学》2014年第5期；方德志：《关怀伦理与儒家及马克思在感性学上的会通——基于对关怀伦理"移情"概念的追溯》，载《吉首大学学报（哲学社会科学版）》第37卷第3期。

5 参见张丽丽：《比较视阈下儒家与女性主义哲学的关系再探》，载《鹅湖月刊》第46卷第8期。

好似没有了西方伦理，儒家伦理就失去了活力，甚至一定要用一种理论限定儒家伦理系统。面对这种质疑，除了需要研究者尽可能客观地、如实地理解不同理论的观点外，也需要读者具有更大的包容力去接受这种研究进路。

如果我们继续运用关怀伦理的观点来解释儒家思想，就可以从既有的成果之中指出一些缺失；修正这些缺失之后，再重新评估如何理解儒家思想更为适合。以下，讨论前人在运用关怀伦理解释儒家时所出现的问题，进而指出关怀伦理如何更好地启发儒家思想。

三、关怀伦理启发的儒家意蕴

如前所述，关怀伦理的"关怀"思想同儒家伦理的"仁"有近似之处是李晨阳提出的。因此，接续其观点的讨论方向大致有两个。第一个是批评李晨阳的论述，指出关怀伦理和儒家伦理的比较是不兼容的。然而，许多批评李晨阳的说法忽略了其提出比较的本意，而认为他只是要找出一种适合于儒家的伦理学系统。但更重要的或许是，先阐述儒家的关怀特质，再进而评估儒家理论系统的定位。

第二个讨论的方向是试图还原或如实理解关怀伦理的观点，以指出儒家伦理和关怀伦理的不相容之处；当然，更多的时候是要强调儒家伦理高于关怀伦理。这种批评确实有助于以儒家伦理回应关怀伦理所带来的冲击，但却未必是唯一的提高儒家的做法，而且许多批评是建立在对关怀伦理思想的误解之上的。以下，即从关怀伦理的定位与对关怀伦理的不当批评两个方面进行反思。

（一）关怀伦理的定位

关怀伦理的起源已如前述，是1982年由吉利根的《不同的声音：心理学理论与妇女发展》一书开启的。吉利根借由心理实验，证明女性解决伦理问题的方法是借助关怀的自然情感，与男性以理性的正义解决道德问题有很大的差异。但她认为，女性的关怀和男性的正义应互补才能成为好的道德判断。遗憾的是，她并未将关怀伦理和正义伦理整合在一起[1]，并且主要是以心理学的方法进行分析，与本文从哲学伦理学的视角切入有所不同。在女性主义脉络中，关怀伦理也表明了自身与本质女性主义的区别。对于关怀伦理而言，以关系为本质或本体，其实也就相当于消解了本质的意义，使关怀伦理的涵盖层面更广。然而，这也是关怀伦理偏离女性主义立场的原因。其后陆续发展至今，关怀伦理固然起源于女性视角，被视为女性主义的一个流派，但事实上其内部有非常多的差异。在关怀伦理方面，著作较丰富且被讨论较多的是诺丁斯。诺丁斯基于关怀的自然情感，将关怀伦理带入家庭、学校、道德教育、政治等多方面的讨论中，而且其对于关怀的理解已经和吉利根的有根本性的不同。诺丁斯认为，关怀是男女共有的特质，只是通常女性较易发挥，而男性较不显著，是故应通过家庭、社会、教育等方面将男性的关怀特质彰显出来。[2]

或许是由于诺丁斯的理论较为完备，思路较为一贯，所以许多学者在比较关怀伦理和儒家伦理时，较多地引用诺丁斯的观点进行反思和批判。然而，诺丁斯是否能够全面地代表关怀伦理，其实是有争议的，因为当其将关怀视为男女共有的特质时[3]，已经在一定程度上违背了关怀伦理的女性主义立场。[4]姑且不论偏离女性主义立场对于解释儒家是否有影响，正是由于诺丁斯将关怀扩大为男女共同具备的特质，我们才可以借此说明，儒家也是重视关怀特质的；只是以往在强调理性的脉络下，对关怀的运用往往附属于理性的发用。我们至少可以从孔子和宰我论三年之丧中看出儒家对于关怀的重视：

1　参见 Virginia Held, *The Ethics of Care: Personal, Political, and Global*, New York: Oxford University Press, 2006, p. 28. 有关从心理学的道德发展理论出发对关怀伦理与正义伦理进行整合的研究，可参见林远泽：《儒家后习俗责任伦理学的理念》，台北：联经出版事业股份有限公司，2017年。

2　参见 Nel Noddings, *Starting at Home: Caring and Social Policy*, Berkeley: University of California Press, 2002, p. 45。

3　参见诺丁斯：《女性与恶》，路文彬译，北京：科学教育出版社，2013年，第135页。肖巍在最新的一篇论文中也提出了同样的观察："关怀也不仅仅局限于私人和家庭领域，由女性和母亲来提供，而是男女两性和所有人都应当具有的一种品质和行为。"参见肖巍：《女性主义伦理学对于生命的认知：一种整合性思考》，载《求索》2021年第2期。

4　有关"关怀是否为女性特质"的正反论述，可参见游惠瑜：《关怀伦理是女性所独有的道德特质吗？》，载《哲学与文化》第35卷第4期。

宰我问："三年之丧，期已久矣。君子三年不为礼，礼必坏；三年不为乐，乐必崩。旧谷既没，新谷既升，钻燧改火，期可已矣。"

子曰："食夫稻，衣夫锦，于女安乎？"

（子）曰："安。"

（子曰：）"女安则为之！夫君子之居丧，食旨不甘，闻乐不乐，居处不安，故不为也。今女安，则为之！"宰我出。

子曰："予之不仁也！子生三年，然后免于父母之怀。夫三年之丧，天下之通丧也。予也有三年之爱于其父母乎？"（《论语·阳货》）

这段对话表面上是在论守丧之礼应行多久。孔子与宰我的认知不同，而且各有其认为应守丧的固定时间，所以制式的守丧时间并非孔子要同宰我争论的要点。重要的是，宰我究竟依据什么去守丧？如果是依据稻谷升没的自然法则，那么这相当于否认了父母养育子女是以情感为基础的[1]，因为稻谷的升没只是无情感的物质变化而已。从最后的反问可以看出，孔子所依据的是"爱"这种自然情感，而认为应守丧三年。借用关怀伦理的概念，也可以用"关怀"表示父母与子女之间的情感。父母即已代表两性，乃至代表普遍的人。因此，这和诺丁斯强调人类共通的关怀特质有高度相似之处。除非否定儒家所认为的人性之爱，否则至少就这一点而言，以关怀解释儒家所言的人性特质确实对于我们理解儒学有一定程度的帮助，也有助于促进对儒家伦理和关怀伦理的比较。

---

1 以情感解释儒家道德产生的基础是近来的研究热点。例如，王庆节从道德感动的立场出发解释孔子基于道德情感而认为应守丧三年。与其不同，关怀伦理认为，道德的产生是基于自然情感而非道德情感。道德情感的特质在于，人的情感表现在对于道德的尊敬上，后者推动一个人去做道德上正确的事。自然情感则不在道德的层次上保证人必然地依据对道德的尊敬而做正确的事，而是如同父母对子女一般，父母天生就有希望子女好的情感。这一情感推动父母去做有益于子女的行为，当然其行为不一定是道德上正确的，但大多时候至少不是恶的。其中的论证鸿沟是，自然情感未必能证成行为的合理性。只是这并非关怀伦理所重视的问题，因为关怀伦理认为，一般情况下，依据自然情感而做出的行为多是善的，应该充分发挥自然情感而导向善的一面，而不是用理性的思辨告诉人，应依据道德情感而行。参见王庆节：《道德感动与儒家示范伦理学》，北京：北京大学出版社，2016 年，第 39—40 页；Nel Noddings, *Caring: A Relational Approach to Ethics and Moral Education*, Berkeley: University of California Press, 2013, pp. 79–81。

就此而论，如果强调关怀特质在男女上的偏重，以至于其不能和儒家兼容，这其实并未掌握关怀伦理和儒家伦理的共通点。孔子是从父母和子女之间的关怀关系出发，进一步推论出两代之间的相处模式的。如果不将关怀视为专属于女性的特质，而是接受关怀伦理后来的发展，指出两性乃至只要是人皆可以且皆应该发挥关怀的特质，则可以说儒家是绝对重视关怀伦理意义上的关怀的，只是二者的理论背景有差异。

认清关怀伦理的定位及其与儒家伦理之间的关系，当然并不意味着二者的理论完全等同，或者其中一方可以向另一方倾斜。其中还有许多细节有待仔细比较，本文在此暂不展开。此处要强调的重点仍在于，关怀伦理对于儒家伦理的影响是毋庸置疑的。至少，对关怀伦理的思考强化了儒家伦理的关怀特质，以及对儒家伦理是否、应否、如何实践关怀的思考。这些皆是不可否认的事实。

（二）对于关怀伦理的不当批评和运用

有些认为儒家伦理优于关怀伦理的观点，或是认为二者难以兼容的说法，不仅不能正视关怀伦理对于儒家伦理的影响，并且在比较的过程中有误解关怀伦理的倾向。这些说法以其所认为的较为低下的关怀伦理去同儒家伦理进行比较，认为儒家伦理如果依照其所认为的关怀伦理去理解，将成为较为低下的儒家伦理，因此儒家伦理不能成为这样的关怀伦理。有许多讨论值得仔细厘清，但因为篇幅的缘故，以下仅举出两个较为重要的不当批评，以证明关怀伦理对于儒家伦理的影响并不在于因其自身的不足而衬托出儒家伦理的崇高；而是在于，关怀伦理的话语系统或特殊性，以及儒家伦理本身内含的思想底蕴与诠释空间，使得更为丰富的内容被阐发而出。

1. 误解关怀伦理仅重视被关怀者

依据诺丁斯对于关怀的解释，关怀由关怀者和被关怀者构成，二者之间的关系是关怀的基础或本质。[1]当两人相遇时，A对于B产生"动机移位"

---

1 参见 Nel Noddings, *Caring: A Relational Approach to Ethics and Moral Education*, p. 9。

（motivational displacement）。[1]A 接着作为关怀者去关怀被关怀者 B，了解其需求，进而给予其道德或非道德的帮助，这样就形成了关怀关系。[2]由此可知，至少就诺丁斯而言，关怀伦理本身是一种重视关怀者（自我）与被关怀者（他人）的理论；而不是只重视被关怀者，或者仅以被关怀者为重心的主张。如诺丁斯所言：

> 关怀涉及两个主体：关怀者和被关怀者。他们相互满足对方的时候才是完满的。[3]

虽然这个关系的起点可能是关怀被关怀者，或者是被关怀者回应之后才能形成的关怀关系，但关怀者本身的主动性亦不能被忽略。由上可知，诺丁斯不止一次在其著作中强调关怀者与被关怀者同样重要，但却常被认为只重视被关怀者；以至于有人通过关怀伦理理解儒家伦理时，认为儒家伦理和关怀伦理的差异在于，儒家伦理以自我的价值或道德为主，而关怀伦理以他人的需求为主。[4]

然而，从上引的材料即可看出，关怀伦理认为，理想的道德情境或行为必须

1　参见 Nel Noddings, *Caring: A Relational Approach to Ethics and Moral Education*, pp. 16, 32; *Starting at Home: Caring and Social Policy*, p. 17。

2　参见 Nel Noddings, *Starting at Home: Caring and Social Policy*, pp. 18–19。动机移位通常和"专注"（engrossment）一起出现，由于本文仅止于提出以关怀伦理诠释儒家伦理的可能性，故不再更多地探讨专注和动机移位的关系，并专注于如何诠释儒家思想。参见 Nel Noddings, *Caring: A Relational Approach to Ethics and Moral Education*, p. 19；李明书：《原则与美德之后：儒家伦理中的"专注"与"动机移位"》，载《哲学研究》2022 年第 9 期。此外，诺丁斯也曾比较动机移位和斯洛特（Michael Slote）所说的"移情"（empathy）之差别，她认为斯洛特是在男性思维的脉络下提出"移情"这一概念的。对于诺丁斯而言，移情可能比较偏向道德情感，而不同于关怀伦理所说的自然情感。参见 Nel Noddings, *Starting at Home: Caring and Social Policy*, pp. 13–14。

3　Nel Noddings, *Caring: A Relational Approach to Ethics and Moral Education*, p. 68. 中译引自诺丁斯：《关心：伦理和道德教育的女性路径》，武云斐译，北京：北京大学出版社，2014 年，第 48 页（译文略有改动）。诺丁斯在不止一处提出，关怀者和被关怀者的需求皆需被满足，或者说当二者共构的关系被共同满足时，这样的关怀才是好的关怀。参见 Nel Noddings, *Education Moral People: A Caring Alternative to Character Education*, New York/London: Teachers College Press, 2002, p. 2。赫尔德也有相似的观点，参见 Virginia Held, *The Ethics of Care: Personal, Political, and Global*, pp. 34–35。

4　参见张容南：《什么是好的关怀——儒家伦理对关怀伦理的启发》；方德志：《关怀伦理与儒家及马克思在感性学上的会通——基于对关怀伦理"移情"概念的追溯》。

建立在自我与他人皆共同认可的基础上，而非对于其中一方有所偏重。于是接下来的问题就是，如果我们接受了关怀伦理是重视自他关系的学说，而试图运用这个学说来分析儒家的观点，那么后者是否也可以被理解为重视自他关系的学说？抑或如一些学者所认为的，儒家重视自我，他人总是在第二序位；甚至如果一个实践儒家思想的人是为了他人而不是为了自己而实践，那么他将受到孔子的批评。这个道理来自《论语·宪问》中广为人知的这段话："子曰：'古之学者为己，今之学者为人。'"这段话的历代批注和当代诠释非常多，黄勇整理了历来的解释之后，将"为己"解释为修身，并且将关心他人的利益和美德的发展纳入修身的范围[1]；而不是如利己主义者认为的孔子仅重视自身的利益，以至于将其解释成，孔子认为关心自身的利益比关心他人的利益更为重要，因此儒家倾向于利己主义的立场。

黄勇以儒家美德伦理的立场表明，不能以利己或利他的单一立场来衡量儒家。如果非要以"利己"或"利他"的概念解释儒家思想，那么只能说，儒家是融摄了利己和利他的一种不同的思想系统，而且儒家利己（"为己"）与利他（"为人"）的内容也和利己主义与利他主义的内容有别。孔子甚至在发愤时忘记自身的状况。[2]显然，孔子修身的内涵并非"利己"或"利他"可以概括的。当我们非要使用既有的西方伦理概念对儒家思想进行解释时，一方面，需要借用二者共同的话语以便于沟通；另一方面，必须斟酌如何更适切且更合理地将儒家思想的意蕴阐发出来。虽然如此，我们必须认识到美德伦理和关怀伦理之间的根本性区别：美德伦理重视的是有德者的主动行为，而关怀伦理则是将关怀的重点放在关系上。[3]好的关系不需要预设有德者，而只需关怀者与被关怀者共构的关系，二者可以在这段关系中共同成长。

1　参见黄勇：《当代美德伦理：古代儒家的贡献》，第123页。

2　子曰："女奚不曰：其为人也，发愤忘食，乐以忘忧，不知老之将至云尔。"（《论语·述而》）

3　以诺丁斯为代表的关怀伦理学家不是在抽象探讨人的美德后给予其一种原则、理论的说明，而是比美德伦理学家更为实际而具体地关怀对象。参见 Nel Noddings, *Starting at Home: Caring and Social Policy*, pp. 20–21; *Caring: A Relational Approach to Ethics and Moral Education*, pp. 80–81。

由此可见，关怀伦理的观点已先在地打破了自他之间的二元对立，是自他共构的关系思维。在关系中，既不是关怀者或被关怀者其中一方单独获利，也不仅是二者结合之后利大于弊，而是二者皆获利；并且这段关系也能更好地被维系，进而影响更多的人。以这样的思维对比儒家伦理，或许可以避免以其他伦理系统解释儒家伦理时所带来的误解与困扰。若借由关怀伦理阐发儒家伦理的意义，必须先认清关怀伦理对于构成关系的各方的重视，才能认识到儒家伦理也重视这一层含义。

2. 误解关怀伦理仅重视人的外在表现

关怀伦理和康德道义论、功利主义等伦理学理论的一个重要差异，在于其不诉诸抽象的道德原则，而是强调在每一个具体情境下，由自然情感推动关怀行为的产生，进而构成关怀关系。诺丁斯认为，诉诸道德原则无助于道德情境的解决；强化每个人对于他人的关怀，才更能促进道德行为的产生，使更多人受益。[1] 由于关怀伦理重视具体的道德情境的解决，而不诉诸道德原则，因此被误解为较重视外在的行为表现[2]，而不重视内在的情感、动机、人性等。事实上，关怀伦理既重视外在的行为，也重视内在的情感、动机；如关怀伦理强调的自然情感，就是将人天生对于子女的关怀，扩充为对于其他人的关怀。这样的关怀也包含关怀被关怀者的内在情感等心理层面。这一误解导致在借由关怀伦理阐述儒家伦理时，使儒家伦理被认为无法通过关怀伦理阐述出一些内涵。

关怀伦理确实重视一个人的外在表现。其理由在于，普遍的道德原则过于抽象，不能应付所有的情境，并且从来没有一个道德原则能够真的被普遍接受。与其如此，不如直接针对具体情境加以解决。然而，这并不表示关怀伦理忽视抽象的、内在的内容。以上述诺丁斯所说的"动机移位"为例。虽然关怀者在与被关怀者初遇时会依据表面的情况与其进行互动，但是随着关系愈加紧密，关怀者对

1　参见 Nel Noddings, *Starting at Home: Caring and Social Policy*, pp. 215–216。

2　参见 Ellie Hua Wang, "Moral Reasoning: The Female Way and the Xunzian Way," in Ann A. Pang-White ed., *The Bloomsbury Research Handbook of Chinese Philosophy and Gender*, New York: Bloomsbury, 2016, pp. 141–156。

于被关怀者的关怀会越来越深入，此时他才能真正了解对方内心所思，以及内在的情感层面。如果顺着"动机移位"的观点进行推论，理想的情况应该是关怀者与被关怀者在情感、心理层面达到高度一致，关怀者必须深入理解被关怀者的内外表现，而不仅是外在行为而已。

如果以"动机移位"来理解儒家思想，我们很容易发现，儒家圣贤对于他人的教导、关怀与关怀伦理有许多相似之处。例如，孔子对不同的弟子论孝时采取不同的回答[1]，除了传统因材施教的解释之外，孔子究竟是从什么内在的层面看到弟子行孝的方式应该有所不同？是弟子的经济条件、需求、个性或是情感？孔子对不同的弟子论孝时，是否在某些方面与该弟子达成了一致？这是否又反映出孔子与该弟子的关系之亲疏远近？借助"动机移位"，我们就可以理解，因材施教是孔子具体的行为表现。但是，孔子指导不同的人以不同的方法行孝，其理由在于，孔子了解以什么方法行孝对于那个人而言才是好的，也就是了解了那个人的需求。这时，孔子的行为动机就和对方的达成一致，关怀关系因此而产生。

这些文本或许还有很大的诠释空间，但是从中至少可以明确地看出，理解了关怀伦理对于内在的关怀，有助于挖掘出解释儒家思想的独特思路。当然，这必须建立在儒家思想本身就具有这些可以被如此解读的丰富内涵，也可预期儒家思想能够很好地回应关怀伦理的观点的基础上——而不只是强调二者的异同而已。

四、结论与展望

自儒家伦理和关怀伦理的比较开启，即引发了很多有关二者是否契合的讨论。美中不足的是，在比较之后，许多讨论多着力于辨别异同，而未能更多地重视关怀伦理所能带给儒家思想研究的冲击和影响。加上可能受限于关怀伦理的女性主义理论背景，以关怀伦理研究儒家伦理，始终未能达到以康德道义论、美德

---

[1] 孟武伯、子游、子夏与孟懿子向孔子问孝，孔子予以不同的回答，参见《论语·为政》。

伦理视角研究儒家伦理所达到的高度与全面性。目前，仍无人尝试以关怀式的儒家伦理或儒家式的关怀伦理，回应儒家道义论、儒家美德伦理的问题与不足。相较而言，儒家道义论和儒家美德伦理早已有相当全面的建构，于是才出现了反思的研究。殊不知关怀伦理在反思了正义伦理之后，也回应了道义论、功利主义和美德伦理的不足之处，比如辨明"动机移位"和美德伦理所说的"移情"之差别，以及道义论、功利主义的原则为何无助于道德问题的解决；此外，如港台新儒家从康德而来建构的儒家伦理和儒家美德伦理之间也有不断的争论。是故，顺着这个发展脉络，如果要以关怀伦理来诠释儒家伦理，或许应尝试回应儒家道义论和儒家美德伦理遗留的问题。

许多研究否定关怀伦理之于儒家伦理的适切性，并且急于以儒家伦理收摄、吞并关怀伦理，导致关怀伦理的诸多特质未能被更多地尝试运用于儒家伦理研究。是故，本文以善意理解的态度，从比较哲学方法所能带来的启发出发，重视关怀伦理所能激发的儒家伦理研究的观点，进而指出既有的研究对于关怀伦理的误解。在厘清误解之后，关怀伦理对于自我（关怀者）与他人（被关怀者）共同的重视，以及基于被关怀者内外的需求而产生的关怀情感，或可使其更好地与儒家伦理进行比较，或是被用以解释儒家的思想。

本文的研究尚有许多不足之处，鉴于讨论的聚焦性，目前仅集中于学界对于诺丁斯的讨论，以及从诺丁斯本人的思想出发做出的回应。然而，尚有许多关怀伦理学家的思想未被引入与儒家思想的比较，儒家思想内部也有不同的学说可以和不同的关怀伦理理论交互对照，足见这是一个极具潜力的研究方向。如能引发更多的重视，我们有朝一日或可如美德伦理之于儒家伦理一般，以儒家思想建构出比既有的关怀伦理更为完美的关怀理论，并以此回应其他的儒家伦理系统。

平衡与统一 *

——儒家自由与规范关系的两种诠释

冯骏豪 **

　　"五四"时期，儒家被认为是中国现代化的障碍。当时的主流思想认为，传统的礼教限制了人的思想，束缚了人的行为自由，使人变得迂腐，是"吃人的礼教"。要让当时的中国现代化，便需要打倒以儒家为基础的传统礼教，以腾出西化和现代化的空间。在这个背景之下，不少学者思考儒家的规范与自由的关系；并指出，即使儒家是提倡建构规范的学派，这也并不代表儒家本身限制人的自由，自由与规范二者是可以并存的。对于儒家自由与规范关系的诠释可以从两个维度切入：一个是牟宗三指出的儒家对"文质彬彬"的提倡，使自由与规范达至一种协调的平衡，从而统合在儒家系统下；另一个是劳思光指出的建构规范可以突破客观限制，彰显主体性和自由，以此说明规范本身就是自由的表现。这两种诠释均可以回应儒家是否限制了人的自由的问题，同时也可以回应在现代社会的个人主义影响之下，自由出现变质，成为"泛自由主义"，行为规范崩溃而导致价值虚无的问题。

---

* 本文系深圳市哲学社会科学规划课题"二十世纪港台地区中国文化发展观研究"（编号 SZ2022B009）的阶段性成果。

** 冯骏豪：深圳大学人文学院助理教授。

一、牟宗三的"文质平衡"进路

牟宗三从"文"与"质"两个概念入手，说明儒家把自由与规范包含在一个系统之中。牟宗三首先说明，儒家带有西方的自由主义精神特质，并不是束缚人民自由的学派，具有尊重个性、尊重人格价值、宽容和理性的特征。通过文与质两方面的平衡，规范与自由能够同时并存于儒家的系统之中，二者具有同样重要的地位。

牟宗三所诠释的自由主义具有尊重个性、尊重人格价值、宽容和理性四方面内容，集合这四方面的便是健康的自由主义。[1]儒家则具有自由主义的宽容精神。牟宗三言：

> 儒家所表现的宽容精神是根据克己、慎独、明明德而来的，是他们的道德修养所达到的一种通达的智慧与雅量或德量。不是从社会上对某一客观问题，如宗教、如阶级、如专制而发的一种运动。[2]

儒家的宽容精神与西方的自由主义的历史脉络并不一致，西方的自由主义是由对抗宗教、阶级等的压迫而来的，而儒家的宽容精神则来自内在的修养所达到的境界。前者是外在的，为应对客观问题而引发；后者则是内在的，从内心的道德理性自然发展而成。牟宗三借用王船山"即事穷理"和"立理限事"的观念指出，处理人的生存、社会关系等问题，只能以即事穷理的方法解决，根据客观的情况以追求合理性或真理；绝对不能立理限事，凭空立一个理来限制事实，以此理建立规范并强使人的行为符合此理。[3]儒家的价值实现过程是根据情况决定解决方案，而不是直接以理限制他人的行为，强行实现价值。故此，儒家对于他人

1　参见牟宗三：《时代与感受》，载牟宗三：《牟宗三先生全集》第23册，台北：联经出版事业股份有限公司，2003年，第37页。

2　同上书，第36页。

3　参见同上书，第30页。

的主体性和自由是尊重的。良知所带来的限制，即儒家的"克己"精神，只限制人的非理性成分，而不限制外在事物，能够对他人包容，由此反映出儒家具有宽容的精神。而克己不通过自身定立一个理来限制与规范他人的行为，良知所体现的理不在外在的事物上，不在客观的问题上，只在于通过道德自觉实现自身的道德人格。[1] 从"克己"到"慎独"再到"明明德"，儒家从人的良知出发所做的内在反思体现的是一种对他人的宽容精神，并不以自身的理去限制他人的行为，独断地要求他人按照自己的理而行，由此体现了儒家理论中的宽容精神。同时，儒家的宽容精神是其内在自然地包含的，并不需要外在条件的引发。人在自身的道德修养的进程中便会自然培养出这种宽容的精神，它是内在的、实体的；而西方的人权运动中的宽容主义，则是形式性的、社会性的，并不如儒家的圆满。[2]

牟宗三从对恐怖意识与忧患意识的区分入手，说明儒家的忧患意识，承认人的主体性。由此，则显示儒家能够体现健康的自由主义中对个体性与人格价值的承认。在基督教的语境中，从原罪的恐怖深渊中产生一种恐怖意识，只有通过皈依上帝、对自己进行否定以及上帝的救赎，方可以使人从沉沦中解脱。而出于这种恐怖意识的皈依便是一种对人的个体性与人格的否定，人否定了自身的存在，消融了自身的主体性，把自己投身于信仰之中。[3] 儒家的忧患则来自人的正面的道德意识，而这种道德意识可以引发人对主体性的肯定。人的忧患是忧患于自己的德性的境界不够，以此带动人的责任感。天降命于人，人则以道德实践来实现此天命，而人的忧患就在于此实践的不足，故对此天命、天道产生"敬"。这个天命也落到人的主体之中，承认人有实践天命、天道的道德实践能力。故此，儒家的忧患意识所引发的"敬"引导出人对于主体性的肯定。牟宗三言：

> 在"敬"之中，我们的主体并未投注到上帝那里去，我们所作的不是自我否定，而是自我肯定（self affirmation）。仿佛在敬的过程中，天命、天道愈

1　参见牟宗三：《时代与感受》，第32—33页。

2　参见同上书，第40页。

3　参见牟宗三：《中国哲学的特质》，载牟宗三：《牟宗三先生全集》第28册，第15—16页。

往下贯，我们的主体愈得肯定，所以天命、天道愈往下贯，愈显得自我肯定之有价值。表面说来，是通过敬的作用肯定自己；本质地说，实是在天命、天道的层层下贯而为自己的真正主体中肯定自己。[1]

天命下贯于人成为人的真实主体，而对天命的敬，推动人进行道德实践，彰显人的主体。故此，忧患意识中的"敬"源于人的主体性与人格在天命下贯之中获得肯定。通过上述恐怖意识与忧患意识的对比，牟宗三说明了儒家有肯定主体性与个体人格的传统，符合健康的自由主义的特征。

在对自由与规范关系的诠释上，牟宗三从"文质彬彬"的概念入手进行诠释，说明儒家强调的是自由与规范的平衡，并非只是强调规范，更不是以规范压制、剥夺人的自由。《论语·雍也》中，孔子言："质胜文则野，文胜质则史。文质彬彬，然后君子。"在牟宗三的诠释中，"文"是指社会团体活动之中的"礼法文制"，而"质"则是人自由、淳朴与自然的层面。[2]"质胜文则野"所指的是，人的淳朴、自由的面向脱离了礼法的约束；这种失去约束的自由会成为极端的"泛自由主义"，危害社会的稳定。牟宗三言：

> 自由主义表现在社会日常生活上就不免于泛滥，变成了所谓的泛自由主义（pan-liberalism）。子女抗拒父母管教，学生不服老师教导，一切不正常的社会现象，都以自由主义为籍口。[3]

这种泛自由主义并不是牟宗三和儒家所承认的自由。自由需要礼法的制约，但是礼法制约过度，礼法就会成为单纯的条文，失去价值内涵，流于形式主义，造成"文胜质则史"的情况。[4]

1　牟宗三：《中国哲学的特质》，第16页。
2　参见牟宗三：《时代与感受续编》，载牟宗三：《牟宗三先生全集》第24册，第430页。
3　同上书，第265页。
4　参见同上书，第430—431页。

虽然在上述的"文""质"关系诠释上，礼法一面的"文"是用于制约自由淳朴的"质"的，但是牟宗三认为，在儒家的立场上，二者并不是冲突的，而是中间需要取一个合适的平衡，使自由可以合乎理性，避免走向礼崩乐坏的泛自由主义。牟宗三言：

> 人之社会性、群居之组织性也是人之自然要求，根本上是不与"自由"相冲突的，即文化文明根本上不与自由相冲突。只是发展到过甚，有许多矫饰纤巧出现，始与自由自然相冲突，故须随时调整，随时清醒，随时于理性以保持自由自然之真精神，此即孔子文质损益之道路。[1]

儒家的目标并不是要以礼法与文制来限制自由，而是要使礼法和文制达到一个适当的平衡点。文化可以具有生命力，同时亦可以朝着正确的方向健康发展，达至社会的和谐与稳定。故此，儒家的"礼法"与"自由"并不是互相冲突的概念，而是相互平衡、同等重要的概念，礼法与自由的相互平衡才能推动个人道德与文化的健康发展。儒家的文明并不只是着重于礼法，而是同时着重于礼法与自由。

不论是礼法还是自由，二者都有理性的基础。儒家要求礼仪法度包含由内在于人的仁义发出的道德价值，以使礼法能够健康发展，不会成为虚文，此中便需要"质"方面的自然、自由来调整礼法。故此，不论是礼法还是自由，均来自人内在的仁义，即道德理性的阐发。自由与礼法二者均是来自理性的。牟宗三言：

> 孔子文质中道之原则既可以正视自由，亦可以正视文化，自由与文化都是理性的。自由既不蹈空，亦不流于放纵；而文化则既非虚文，亦非矫饰。然而这亦只是圣贤智慧所发之原则而已。[2]

由此，在牟宗三的诠释下，作为规范的礼法与自由统合在儒家的系统之中，二

1　牟宗三：《时代与感受续编》，第431页。

2　同上书，第432页。

者取得了缺一不可、同等重要的地位。个人的道德修养或者文化的健康发展，均需要消解规范与自由之间的矛盾，使二者取得适度的平衡。从上文的诠释之中可以看出，儒家已经具有牟宗三所指的尊重个性、尊重人格价值、宽容和理性的健康自由主义的特质。

二、劳思光的"规范即自由"进路

劳思光从文化的建构开始，指出文化建构和价值规范需要通过自由意志而成立，自然世界以外的人文世界及其内部的价值规范的建立，均是因为人具有自由意志，能够为事物赋予意义与价值，而行为规范则是由维持与实践这种意义而产生的文化成果。以孔子为首的儒家则强调，人的意志的主宰性不受任何客观条件决定，具有浓厚的人文精神。确定道德意志的主宰性，能够突破客观环境的影响，划定人能够控制的范围，从而通过建构价值规范而彰显自由，使自由与规范是同一且统一的。

价值与规范的建构，必须借助意志的自由才能够成立。只有意志的自由才能让人决定自身的行为，如此人才能为自身的自由负责，而使行为产生善恶的道德价值。如果行为只是由一连串的条件控制的，那么在特定的条件之下，行为的发生是必然的，则责任与价值无法得到说明。劳思光言：

> 一切价值问题必假定一"主宰性"；因为离开主宰性便不能有选择，如不能有选择，则无所谓责任；价值判断便无着落，价值本身便无从说起……价值判断离开责任及选择，即无着落；价值判断无着落，则一切价值问题无从说起。而再解析责任与选择，我们很容易看出来，责任与选择又皆以自由意志为基础。倘不能肯定自由意志，则无从肯定责任与选择；无从说任何价值问题，也不能有价值判断。[1]

---

1 劳思光：《自由、民主与文化创生》，香港：香港中文大学出版社，2001年，第203页。

从以上引文可见，在劳思光的理论之中，意志的自由是价值问题的必要条件。进行价值判断必须基于该行为是选择的，而不是被特定的条件所控制的结果。自由意志便是选择的基础。人具有自由意志带来的主宰性，方能够选择做出什么行为。而在这种情况之下，方有谈论这些行为的善恶价值的可能。

以意志自由为基础的价值问题，则是人的文化领域的基础。人的行为领域因为意志自由的主宰性而能够被判断善恶，而行为领域加上人自身的价值判断能力，组成了人的价值领域。这个价值领域则成为人的文化领域。人类会通过自由意志而做出各种行为，同时人也会为这些行为以及客观世界赋予价值。事物除了直接呈现的性质之外，还有人类所赋予其价值的一层，而这一层便是文化活动所讨论的层级。在劳思光的语境之中，文化是客观的物理世界以外的一种"外加结构"，它是人类为物理世界赋予附加价值之后所建立的。文化属于意义的层次、意义的维度，而这意义的来源便是人的意志自由与价值判断的能力。劳思光言：

> 文化活动、文化理论所牵涉的东西，并不是每样都在时空里实际存在的，它可以代表一种理想性，代表一种极限性，代表思维中的东西……所以我们应该把文化这个观念当作一个意义的领域来看，事实上它指涉到什么东西，这是另外的问题。[1]

以人的自由意志与主宰性为起点，劳思光说明，人的意志自由与主宰性是创立文化领域的基础条件。人只有能够具有选择行动的意志自由，方能进行道德判断，其行为方能具有价值意义，从而建构行为规范与文化世界。故此，在劳思光的理论中，意志自由与主宰性是行为规范与文化世界成立的关键因素。

劳思光认为，以孔子为代表的儒家能够肯定这种主宰性，通过道德价值的创造与实践来呈现此主宰性。这种主宰性可以从正反两面来说明，正面是对此主宰性的直接说明，反面则来自当客观条件与主宰性冲突的时候人所表现出的态度。

1　劳思光：《文化哲学讲演录》，香港：香港中文大学出版社，2010年，第67—68页。

在孔子的理论之中，主宰性的正面说明便是"仁"与"义"的理论：人在世界上可以立"公心"、求"正当"、创造道德价值以及在生活世界之中实践。[1]"为仁由己，而由人乎哉？"（《论语·颜渊》）孔子通过"仁"与"义"的理论彰显人的自由的道德意志，说明道德理性内在于自身，并不依赖于任何外在条件，同时也不被外在的条件决定。

关于反面的说明，则由劳思光诠释的"义命分立"理论展开。《论语·宪问》中"道之将行也与？命也。道之将废也与？命也。公伯寮其如命何！"一句明确地说明了孔子对于"义"与"命"的区分。道能够行于天下是合乎"义"，道废于天下则"不义"。但是，道的"行"与"废"并不影响道是否"应行"。劳思光言：

> 道之"应行"是一事；道之能否"行"，或将"废"，则是事实问题，乃受客观限制所决定者。故孔子谓道之行或不行，皆非人自身所能负责者，亦非反对者所能任意决定者。换言之，道之"行"或"不行"，是成败问题；道之"应行"，则是价值是非问题。人所能负责者，只在于是非问题，而非成败问题也。[2]

"行"与"废"并不是人能够完全控制的，受到客观条件的限制和决定，而人能够为之努力的就是坚持价值上的是非善恶问题。成败属于事实的领域，是人不能控制的领域，属于"命"的范畴；而价值善恶则是人能够完全负责与实践的。由此，孔子划定了"义"与"命"的领域，说明人应该追求自身理分的完成，而不要计较成败，提出"义命分立"的主张。孔子通过这一"义命分立"的主张，回应了主宰性与客观限制冲突的问题，指出人可以在"义"之中努力，而不用计较结果的成败得失，由此确定了在未能完全受到控制的世界之中人的主宰

1　参见劳思光：《新编中国哲学史》一卷，桂林：广西师范大学出版社，2007年，第100页。

2　同上书，第101页。

性，彰显出一种"命中显义"的人文精神。劳思光言：

> 对"自觉主宰"与"客观限制"同时承认，各自划定其领域，然后则就主宰性以立价值标准与文化理念，只将一切客观限制视为质料条件……即在"命"中显"义"……孔子则不奉神权，不落物化，不求舍离，只以自觉主宰在自然事实上建立秩序，此所以为"人文主义"。[1]

孔子同时承认未能控制的"客观限制"与人能够控制的"自觉主宰"，认为人应该在有限制的生活世界之中建立其道德价值与规范秩序，即使最终因为客观限制未能成功，也不会影响规范秩序建立的应然性。通过"义命分立"和"命中显义"，孔子承认了人的意志自由，确立了人的自觉的主宰。

在劳思光的"义命分立"和"命中显义"诠释之中，孔子不但承认了人的自觉主宰性，即人的意志自由，同时也以"自由即规范"的思路把自由和规范二者统一起来。孔子承认人的主宰性，并非指人可以"为所欲为"，而是追求"从心所欲不逾矩"，明确地关联着道德规范的建立。自由的主宰性的活动，其目标便是建立理想人格，让人成为能够建立道德规范的人。同时，人在建立道德规范的时候，能够脱离客观限制的影响，而关注应然的道德价值问题。由此，当人在建构规范的时候，同时也是在彰显自由。劳思光言：

> 中国肯定自我主宰性的精神方向，又与肯定"规范"或尊理的精神方向相连。由于自我的主宰性并非表示自我乱活动，所以有主宰性的自我同时亦是一能建立规范的自我：这样使"自由"与"规范"统一。[2]

由于在孔子的理论中，彰显自由的自我与建立规范的道德自我是同一个自

1　劳思光：《新编中国哲学史》一卷，第103页。
2　劳思光：《中国之路向新编》，香港：香港中文大学出版社，2001年，第56—57页。

我，道德自我在建立道德价值与规范的时候，便会突破客观的限制，展现自身的主宰性的自由。在这一诠释之下，自由的彰显与规范的建立指向的是同一件事，由此达到了自由与规范的统一。

三、分析与总结

以自由与规范并存或合一的角度进行诠释，不但可以说明儒家并不是钳制人的自由的学派，同时也不会忽略儒家强调社会规范建构的特色。在牟宗三的诠释中，自由来自儒家对于他人的宽容，不会以霸权的态度要求他人跟随着儒家认为的"理"行事，不会控制他人的思想与价值观。故此，儒家对于他人的个体性是尊重的，由此说明儒家并不钳制他人的自由。劳思光的诠释则从主体性出发进行说明，指出儒家的自由来自"义命分立"的主张，能够突破受客观环境限制的"命"，建立价值理想的"义"，以此彰显人的主体性，达至人的自由。在牟、劳二人的诠释之中，儒家的自由来自不同的层面：前者来自对他人的包容，着重于社会性的互相尊重，即尊重他人的个体性；而后者来自对限制的突破以及主体性的彰显，说明人可以不受客观环境的限制而自作主宰，由此说明儒家规范的建构同时是主体性与自由的实现。牟宗三对自由的诠释进路，主要回应当时对于儒家"钳制他人自由"的指控，故此采取了宽容他人的进路，强调儒家的道德理论只是限制自身的欲望，而不是控制他人的行为。劳思光的诠释则着重于理论说明，直接从个人的主体性出发指出，在儒家的理论中，自由来自人的价值判断与实践。

在对自由与规范关系的诠释上，牟宗三通过"文质彬彬"的诠释强调自由与规范在儒家系统中的平衡关系，指出儒家不只着重于规范的一面，还有自由、淳朴的自然生命力层面；自由使文化能够具有生命力地发展，而不是只有生硬的条文。劳思光的诠释则指出，儒家的规范建构本身就是主体性与自由的实现，突破客观限制的束缚，呈现人的意志自由，直接指出儒家的建构价值即是自由的呈现。牟宗三的进路倾向于指出，儒家的理论系统之中同时兼具自由与规范两面，二者互相制约与平衡，使自由与规范并存于儒家的系统之中。这个进路虽然把原本被认为是冲突双方的自由与规范统合在内在于人的仁义之中，但是自由与规范本身依然是互相制衡的关系；二者的对立性并没有被消除，只是通过这一制衡关系达到了一种平衡的状态。劳思光的进路则直接说明"规范即自由"，指出儒家系统之中的规范的建构同时也是自由的实现，由此把自由与规范完全地"同一化"，使二者成为一体两面。规范建立，自由也同时呈现，如此自由与规范的对立性直接消融。自由与规范在劳思光的"同一"诠释之下实现了圆融的统一。

不论是哪一种诠释，都强调自由并不是没有界限的。牟宗三的诠释强调，自然质朴的自由需要与规范达至平衡的状态，否则人便会变得过度放纵，破坏社会伦理，使文化无法健康发展。劳思光则以主体性诠释自由，而这种主体性是通过规范的建立而实现的，如此则可以避免过度强调解放束缚的自由，让道德价值和社会制约失效，走向价值虚无，使文化往满足个人欲望的方向发展。这两种维度的自由与规范诠释，不但回应了"五四"以来对儒家"钳制他人自由"的批评，甚至可以让儒家回应现代社会因为强调自由与个人主义而令文化精神丧失与道德价值虚无的问题；提出彰显自由并不需要破坏规范，而应该维持自由与规范的适当关系。不论是相互平衡还是二者合一的进路，都可以避免彰显自由的时候失去应有的行为规范与道德价值，使文化能够在具有方向性与规范性的状态中健康地发展。

纪念《逻辑哲学论》发表100周年专题

论维特根斯坦的宗教观[*]

——兼论维特根斯坦与路德的关系

江 怡^{**}

2021年底，我收到来自上海大学黄保罗教授的邀请，在他组织的"马丁·路德与第三次启蒙论坛"上就维特根斯坦与路德的关系做一场讲演。虽然我对维特根斯坦其人和思想的研究已经有了30多年的时间，但却没有注意到维特根斯坦与路德之间有什么关系，也很少关注维特根斯坦的宗教思想。但盛情难却，我想，或许这正是给我一个机会，让我系统了解一下维特根斯坦在宗教上的看法。为此，我反复阅读了维特根斯坦在20世纪30年代关于宗教问题的讲演，以及他在《论文化与价值》中对宗教的论述，并结合国内外学者对维特根斯坦宗教观的分析评论，逐渐形成了对维特根斯坦宗教思想的基本认识，特别是他与路德的关系引起了我的集中关注。我首先被维特根斯坦的这句话所吸引："我不是一个宗教信教，但我不能不从宗教的角度看待每一个问题。"[1]如何理解这里的"宗教的角度"呢？维特根斯坦为何会认为他只能从宗教的角度看问题呢？这就不得不让

* 本文是作者于2022年2月23日在上海大学黄保罗教授主持的"马丁·路德与第三次启蒙论坛"系列讲座第5季第44讲所做讲演的部分内容。作者非常感谢黄保罗教授的盛情邀请和全程主持，感谢讲座评论人山西大学梅剑华教授的精彩点评和建设性意见，感谢该讲座的所有参与者的问题和讨论。

** 江怡：山西大学哲学社会学学院教授。

1 转引自 Rush Rhees ed., *Recollections of Wittgenstein*, Oxford: Oxford University Press, 1984, p. 94。

我首先去审视一下他的宗教观；然后，再通过他对路德的认识，反观他的哲学究竟包含了哪些为常人无法发现的洞见。最后，我想说的是，与16世纪的路德相比，维特根斯坦应当被看作当代的马丁·路德。

一、问题背景

让我们先来考察一下维特根斯坦的家族背景。维特根斯坦的传记作者麦吉尼斯和蒙克都曾在他们的传记中记录了，维特根斯坦年轻时在宗教问题上受到了家族的深刻影响。据麦吉尼斯记载，小路德维希在学校科目中成绩最不好的是宗教知识课，他缺乏当时普遍采用的基督教学习的方法，缺乏对基督教教义训练的论述和定义的自我意识。但后来他在回忆中反省自己的学校表现时认为，唯有道德真理背后的意义问题，才是基督教应当思考的问题。在18岁之前，维特根斯坦讨论和思考他所熟悉的著作时大量地使用了宗教术语，部分原因是这些著作都涉及宗教问题，但这一现象有更深的家庭和个人背景。事实上，维特根斯坦接受过正规的宗教指导，并由当时在维也纳社会声誉极高的牧师做了洗礼。然而，不久后，他与二姐玛格丽特的交谈使他放弃了最初的宗教信仰。[1] 蒙克提到，玛格丽特对基督教教义的批评使他开始转向叔本华哲学。[2] 的确，根据维特根斯坦的学生和朋友马尔康姆的记载，维特根斯坦小时候接受了罗马天主教的正式指导。后来，自从与玛格丽特谈话后，他就对宗教信仰变得漠不关心，甚至是轻蔑以待。然而，当他大约21岁时，发生了一件对他产生持久影响的事情。他在维也纳看了一出平庸的戏剧，但其中有一个场景深深打动了他：一个生活极度悲惨、以为自己快要死了的人，突然觉得他自己在说："你什么都不会发生！'无论世界发生什么，都不会伤害到他！'"维特根斯坦被这个想法深深打动了。这时，他

1　参见 Brian McGinness, *Wittgenstein's Life: Young Ludwig, 1889–1921*, Berkeley: University of California Press, 1988, p. 51。

2　参见蒙克：《维特根斯坦传：天才之为责任》，王宇光译，杭州：浙江大学出版社，2011年，第18页。

第一次意识到宗教信仰的可能性。[1]从这些记录中，我们可以看出，维特根斯坦早年对宗教问题的态度是有起伏变化的。从最初受到基督教信仰教育，到放弃基督教信仰，这是他被动接受外在灌输的结果。但成年后，他从对基督教信仰的拒斥到最后再次接受信仰的作用，是他主动服从内心愿望的结果。由于他的这种态度转变，就连罗素也无法理解他的这个学生的宗教观了，并对他后来着迷于宗教思考感到非常不解。[2]当然，罗素的这种不理解并非出于他真的不知道维特根斯坦所做的工作，而是在于他不理解维特根斯坦的思维方式，即从宗教的观点出发去看待一切问题。严格地说，这里的"从宗教的观点出发"，在维特根斯坦那里，应当是"从道德的观点出发"。罗素认为，维特根斯坦与他之间的根本分歧不是哲学观点上的，而是道德情感上的。[3]但我认为，他们之间的分歧更应当是思维方式上的。罗素的思维方式主要是科学的，试图以冷静客观的态度对待一切事物，即理性主义的；但维特根斯坦的思维方式则更多的是非科学的，总是力图在科学之外寻找哲学解释的真正意义，即寂静主义的。[4]

在我看来，维特根斯坦的这种思维方式主要包括三个方面：一是从宗教的观点出发去看待一切事物，二是从经验的观点出发去审视事物的意义，三是从常识的观点出发去思考所有的问题。在这里，"从宗教的观点出发看待事物""从经验的观点出发审视意义"和"从常识的观点出发思考问题"不仅是维特根斯坦在宗教问题上的思维方式，更构成了他整个哲学的思维方式。

首先，从宗教的观点出发，是维特根斯坦看待宗教作用的独特方式。当他把宗教理解为一种看待事物的视角时，一方面，他放弃了传统哲学中追问真理的基本思路，强调从事物的相似性上去理解事物之间的相互关系；另一方面，他放弃了传统认识论不断追问的探究方法，为一切解释活动确定了不可解释的最后

---

1 参见 Norman Malcolm, *Ludwig Wittgenstein, A Memoir*, Oxford: Oxford University Press, 1958, p. 58。

2 参见蒙克：《维特根斯坦传：天才之为责任》，第53页。

3 参见同上。

4 关于维特根斯坦的寂静主义思维方式，可参见陈常燊：《维特根斯坦式的寂静主义：解读与批判》，载《山西大学学报（哲学社会科学版）》2019年第4期；David M. Finkelstein, *Wittgensteinian Quietism*, PhD Dissertation, University of Pittsburgh, 2006。

根基。在从《逻辑哲学论》到《哲学研究》的转变过程中，维特根斯坦的确放弃了许多哲学观念，但他的思维方式却始终未变，他总是希望能够直接看到事物的整体，并确保一切解释的基础是不可解释的。从他给出的"家族相似""语言游戏""生活形式"等概念中，我们就可以读出这种思维方式的作用。"家族相似"就是相同家族成员之间在许多方面具有的相似性，但我们很难用某种统一性或本质去规定家族的性质。而且，这种相似性是无须解释的。即使我们今天把家族的相似性归结为基因的结果，但在维特根斯坦那里，基因的存在仅仅是在生物学意义上解释了家族相似性的生物学原因，但没有说明家族相似得以存在的社会心理原因。事实上，维特根斯坦对"家族相似"概念的讨论，并不是要用这个概念去反对传统的本质主义思想观念。相反，他是为了表明，当我们试图用某个统一的东西去解释不同的事物时，我们就回到了本质主义的巢穴。当他用"家族相似"概念去说明语言游戏的相似性时，他是在以某种宗教的观念去理解不同的语言游戏，而这种宗教观念就是去发现某个无须解释的最后根据。"语言游戏"概念就是这样的无须解释的最终命题，它们是我们的一切命题系统中的"枢轴命题"（hinge propositions）。同理，"生活形式"概念也是维特根斯坦用来说明寂静主义思维方式的有效方式。当维特根斯坦用这个概念解释语言游戏背后的根据时，我们不会把这个概念理解为"语言游戏"概念的本质。相反，我们只会想到，维特根斯坦在这里向我们提出了这样的要求：应当把生活形式看作支配各种语言游戏的东西，但这种支配作用并非在于生活形式规定了我们的语言游戏，而在于语言游戏向我们显示了生活形式的存在。这种显示作用，就类似于宗教教义总是希望用宗教仪式向我们显示教义背后的更为重要的东西——虽然我们都不知道那些重要的东西是什么，但我们都坚信那些东西的存在。生活形式就是这样重要的东西。

其次，从经验的观点出发，就是一种描述主义的方式，也是维特根斯坦对待一切事物的方式。这里的描述主义类似于寂静主义，是一种让事物以自己的方式展现自己的方式。这里没有解释，甚至没有理由，只有描述，让我们把语言游戏按照其自己的样子展现在我们面前。这一思维方式在他的少年时代就已经有所表现，正如他在学生时代逐渐形成的一个看法，即生活中的许多东西只能显示而无法说出。[1] 维特根斯坦从他的小学教学经验中得到启发，认为学习语言的过程就是熟练掌握现有语言用法的过程，对待语言用法应当采用描述主义的方式，即不对语言用法加以任何解释，而只是描述它们的具体使用。这就是他提出的"语言游戏"思想的主要来源。更为重要的是，这种从经验观点出发的方式，在维特根斯坦那里，其实就是一种显示意义的方式。这就意味着，事物以自我存在的方式向我们显示了意义，而经验则是以一种直接的方式向我们显示了事物存在的意义。所以，维特根斯坦才会说："神秘的不是世界如何存在，而是它就在那里。"[2] 这就向我们表明，维特根斯坦真正关心的不是事物的存在方式，而是事物的存在本身。但这种对存在本身的追问不是通过建立某种关于事物存在的理论完成的，而是通过摆出事物的实际样子，并说出"事物就在那里"完成的。在《哲学研究》中，他明确地说："哲学只是将一切摆在那里，既不解释什么，也不推论出什么——所有一切都公然地摆在那里，没有什么要解释的了。因为我们对隐藏的东西不感兴趣。"[3] 这种处理事物的方式，应当说在维特根斯坦的哲学中是贯彻始终的，其中包含的"显示意义"的意图也是非常明显的。

最后，与前面的两种思维方式相同，从常识的观点出发，就是对我们熟视无睹的事情做出真正的观察，不断转换我们看待事物的视角；不去追求对事物的解释，而只是强调看待事物的不同方式。这就是他后期哲学中提到的"看作"（seeing-as）的观点。这种看待事物的不同方式，正源于维特根斯坦早年便已养成的阅读习惯，也是他不断从人们惯常接受的常识理解中发现问题并提出追问的方式。他的好友冯·赖特在评价维特根斯坦的性格特征时，认为他的本质特点是"极端纯正的严肃性和高度的智慧"。而我则认为，维特根斯坦对问题有着过人的洞察力和准确敏锐的领悟力。这表现为他对任何感兴趣的问题都有一种认真专注

1　参见江怡：《维特根斯坦传》，南京：江苏人民出版社，2018年，第19页。

2　Ludwig Wittgenstein, *Tractatus Logico-Philosophicus*, trans. D. F. Pears and B. F. McGuinness, London: Routledge & Regan Paul, 1961, 6.44.

3　维特根斯坦：《哲学研究》，楼巍译，上海：上海人民出版社，2019年，§126。

的态度，有一种"打破砂锅问到底"的精神，能够从常人熟视无睹的平常现象中发现和提出问题。[1]这特别明显地表现在他对待哲学的态度上。早在中学读书期间，维特根斯坦就对当时流行的哲学理论嗤之以鼻，认为它们并不能给我们提供任何有价值的思想，因为它们都没有真正解决形而上学问题。在他看来，与那些流行的哲学理论不同，当时的自然科学只是对自然现象和事物的说明，没有包括任何解释工作。他当时对马赫反对解释在科学中的作用深表赞许，但对于马赫的自由式论证方式略感不满。他转而对赫兹和玻尔兹曼更为关注。"玻尔兹曼认为，截然不同的假设可以同等地适用于世界。维特根斯坦把这种思想用于说明语言，认为不同的语言描述在适用世界方面是相等的。他还特别喜欢赫兹的名言：'哲学的全部任务，就是要赋予我们的表达式这样一种形式，即某些焦虑（或问题）消失了。'"[2]在《逻辑哲学论》中，维特根斯坦对哲学的性质和任务的规定被看作他的哲学观的主要表述，即"哲学的目的是从逻辑上澄清思想。哲学不是一门学说，而是一项活动。哲学著作从本质上来看是由一些阐明构成的。哲学的成果不是一些'哲学命题'，而是对命题的澄清。可以说，没有哲学，思想就会模糊不清：哲学应当使思想清晰，并且为思想划定明确的界限"[3]。在《哲学研究》中，维特根斯坦则把哲学的性质和任务解释为对理智疾病的治疗。他说："哲学的成果即是揭示出某些清楚明白的胡说，揭示出理智顶撞语言的界限时产生的肿块。它们，这些肿块，让我们认识到这种揭示的价值……哲学问题具有这样的形式：'我找不到路了。'……哲学不能以任何方式妨碍语言的实际用法，因此它最终只能描述这些用法。因为它也不能为这些用法奠定基础。它让一切如其所是。"[4]正是这里的"让一切如其所是"，让维特根斯坦能够大胆地提出"放弃哲学"的口号；也正是这种从常识出发的思维方式，使得维特根斯坦能够在宗教问题上提出与众不同的观点。

1　参见江怡：《维特根斯坦与当代哲学的发展》，北京：北京师范大学出版社，2022年，第16—18页。

2　江怡：《维特根斯坦传》，第22页。

3　Ludwig Wittgenstein, *Tractatus Logico-Philosophicus*, 4.112.

4　维特根斯坦：《哲学研究》，§119、§123、§124。

二、维特根斯坦的宗教观

那么，维特根斯坦在宗教问题上究竟有哪些主要观点呢？我们下面就来仔细分析一下。在这里，我们先要区分一下维特根斯坦对基督教的看法和对一般宗教的看法。虽然他对待基督教的看法有前后不同的变化，但他对一般宗教的看法却是始终如一的。当然，正如前面所述，他对宗教的一般理解有着很强的伦理学色彩，但我们在下面的分析中也将看到，他对宗教的理解依然带有他的哲学特点。也就是说，我们可以把他的宗教观与他的哲学观做一个深入的对比，由此就可以看到他的宗教观的真实内容。

首先，维特根斯坦对基督教的态度存在着明显的矛盾心态，他也有着复杂的宗教身份。从宗教身份上看，维特根斯坦早年受过基督教的传统洗礼，也接受了基督教的正统教育。他的家族在历史上就有着天主教背景，在维特根斯坦的祖父接受洗礼时就已经皈依了基督教，这也使得维特根斯坦一家在德国纳粹统治时期免遭迫害。但维特根斯坦本人从小就对基督教的繁文缛节产生了厌倦，特别是对在教堂里下跪最为反感。他在学校里的宗教知识课程成绩最差，不仅是因为任课教师的教学方式无法引起他的兴趣，更主要的是因为他对基督教教义本身没有兴趣。正是这种身份上的错位，使得维特根斯坦对待基督教的心态也存在矛盾冲突。这表现为：一方面，他接受《圣经》的教诲，特别是其家庭生活严格遵从《圣经》教义履行责任的教导，使得他不得不顺从《圣经》教诲；但另一方面，他又无法接受"上帝"的观念，无法理解诸如"三位一体""灵魂拯救""基督复活"等《圣经》教义。这些都使他内心对基督教的态度始终处于矛盾之中。

其次，维特根斯坦不仅对基督教持有这样的矛盾心态，他在对待一般宗教的态度上也存在着内在的冲突。从形式上看，维特根斯坦对所有的宗教仪式都是非常反感的，但在内心深处，他终生不渝的强烈道德感中却包含明显的宗教情怀。在他看来，个人的罪恶感绝不仅仅是社会伦理所能解释的，更需要超越伦理的、带有宗教成分的解释；而且在他看来，这种解释正是自然表达了道德的要求。他在1916年7月8日这样写道："相信某个上帝就意味着理解了人生意义的问题。"[1]
他在1929年这样写道："善的就是神圣的。虽然奇怪，但这就概括了我的伦理学。
只有超自然的东西才能表达超自然的东西。你不能将人们带向善，你只能将它们
带到某个地方，善处于事实的空间之外。"[2]这些论述表明，维特根斯坦从年轻时
起就意识到了道德具有的宗教意义，并努力把这种宗教式的道德观念运用于解释
一切经验现象，特别是关于语言用法的经验之中。

最后，虽然维特根斯坦对一般宗教的态度存在这样一种矛盾心态，但他依然
做了许多宗教方面的思考——虽然这些思考并没有出现在他对哲学问题的详细处
理中。在《论文化与价值》中，我们就可以看到维特根斯坦是如何思考宗教问题
的。从20世纪30年代起，维特根斯坦在许多地方都谈到宗教问题，无论是在他
的个人笔记还是在他与朋友们的谈话中。例如，1930年，他写道："事物直接呈
现在我们的眼前，上面没有面纱——宗教和艺术在这里分道扬镳。……所有仪式
性的东西（仿佛与大祭司有关的东西）都要被严格避免，因为它们马上就会变
质。"1931年，他写道："宗教的疯狂是来源于非宗教的疯狂。"1937年，他写道：
"基督教不是一种学说，我的意思是它不是一种理论（这理论和已经发生或将要
发生在人的心灵中的事情有关），而是对某些在人的生活中实际发生的事件的描
述。""宗教说：这样做！——这样思考！但是它无法为其提供理由，而且只要
它试图这样做，它就会令人生厌。因为对于它给出的每一个理由，都会有一个令
人信服的反理由。神恩的选择：只有在最可怕的痛苦中，才允许这样写——于
是它意谓的就是一些完全不同的东西。但这样一来也就没人可以将其作为真理
来引用了，除非他自己是在痛苦中这样说的。——它根本就不是一个理论。——
或者也可以说：就算它是真理，它也不是那种第一眼看上去就貌似被说出的真
理。比起理论，它更像是一声叹息或呐喊。""宗教中的情况必须是这样的，在
信仰的每一阶段都有一种与之相符合的表达形式，这种表达形式在更低的阶段是

1　维特根斯坦：《战地笔记》，韩林合译，北京：商务印书馆，2019年，第122页。

2　维特根斯坦：《论文化与价值》，楼巍译，上海：上海人民出版社，2019年，第5页。

无意义的。对于那些仍然处于更低的阶段的人来说，那种对于更高阶段的人来说有意义的教导是毫无价值和意义的。它只能被错误地理解，因此那些语词并不适用于这些人。""信仰就是去相信我的心和灵魂需要的东西，而不是相信我那思索着的理智。"1944年，他写道:"'信仰'意味着:屈从于某个权威。一旦你屈从于它，你就无法在不反抗它的情况下对它再次产生疑问并重新发现它是可信的。""基督教只是为那些需要帮助的人，也就是说为那些感受到无限痛苦的人而准备的。……我相信基督教的信仰就是这种极度痛苦的避难所。"1946年，他写道:"宗教可以说是最深层的平静海底，不管洋面上的浪有多高，它都是平静的。"1950年，他写道:"一种对上帝的证明实际上应当是这样的东西，人们可以借助它来让自己相信上帝的存在。但是，我认为那些给出这种证明的信徒想要的是用他们的理性来分析他们的'信仰'并为其提供根据，尽管他们自身永远不能借助这种证明而达致信仰。""我们完全无法想象上帝是怎么对人作出审判的。倘若他这样做的时候真的考虑到了诱惑的强大和本性的虚弱，他又能审判谁呢？但是，倘若不是这样，那么这两种力量的合力恰恰会给出一个终点，而且人注定要走向这终点。因此，人被创造出来，就是为了在两种力量的相互作用下要么胜利要么毁灭。这根本就不是一种宗教的思想，毋宁说是一种科学假设。因此，如果你想要留在宗教中，你必须斗争。"[1]

这些冗长引文的目的就在于说明，维特根斯坦对待一般宗教的态度，其实就是他对待哲学的态度；或者说，他的宗教观体现的就是他的哲学观。这就意味着，当维特根斯坦谈到"从宗教的角度"看待问题时，他似乎并不是把哲学问题看作宗教问题，而是说在他的哲学概念与具有宗教思考特征的东西之间存在着某种可以类比之处。例如，维特根斯坦在《哲学研究》中揭示了简单与复杂之间的区别的流动特征，这对《逻辑哲学论》中关于"实在""语言"和"思想"的水晶般精致的理论是致命的。但《逻辑哲学论》这本书只是一次在哲学分析的网络

1　以上引文，分别参见维特根斯坦:《论文化与价值》，第10、13、21、46、49—50、53、55、78—79、92、143、144页。

中捕捉"实在""语言"和"思想"等这些基本概念的尝试。一次失败的尝试并不能证明，哲学分析的古老目标是不可实现的。马尔康姆指出，维特根斯坦在其后期思想中提出，哲学的任务是描述。那么，描述什么？描述概念。如何描述一个概念？通过描述表达概念的词或那些词的使用。这就是哲学应该"摆在我们面前"的东西，而这也正是维特根斯坦看待一般宗教的基本方式。[1]

那么，在维特根斯坦看来，哲学问题与宗教角度之间究竟是存在相似还是仅仅为一种类比呢？从以上的引文中，我们可以明确地看到，虽然维特根斯坦试图用他的哲学观去解释他对一般宗教的看法，但在他的哲学观与宗教观之间似乎并不存在任何相似，而只是一种类比。马尔康姆提出了在维特根斯坦的语言语法观念与他的宗教观之间的四个类比："首先，二者都存在一个解释的终结；其次，二者都有一种对某个东西感到惊讶的倾向；再次，二者都提到了'疾病'概念；最后，二者都认为行动、活动优先于思想理解和推理。"[2]我认为，这种类比应当有更深层的原因。

首先，维特根斯坦后期哲学的目的是要如其所是地描述一切事情，反对一切解释和说明。这与宗教信仰本身没有任何相似之处。因而，他从没有把宗教讨论引入他的哲学思考之中。在他的哲学思考与宗教讨论之间，我们看不到任何相似之处。但这二者之间的确存在一种类比：维特根斯坦把不做解释的理由陈述为，一切解释最终都有一个终点，即在解释链条中，总会存在一个无须解释的终点，否则任何解释都会成为自我循环；这个无须解释的终点，在维特根斯坦思想中，可以被类比为一种宗教上的信念，即上帝的意志。在这里，"上帝"的观念似乎可以被类比为维特根斯坦的"生活形式"或"语言游戏"的观点。这一类比的根据在于，维特根斯坦把世界的存在看作一种神秘，即一种不可说的奇迹（miracle），我们只能描述它，却无法解释它；以此类比，生活形式和语言游戏也是这样一种神秘的存在，我们无法解释它们从何而来以及为何而来，只能按照

1　参见 Norman Malcolm, *Wittgenstein: A Religious Point of View?*, London: Routledge, 1997, p. 74。

2　Ibid., p. 92.

它们本来的样子把它们摆出来。当然，更为深层的根据在于，维特根斯坦始终相信，宗教问题触及的是人们内心最深层的部分，这与哲学处理问题的方式有可比之处。哲学研究的最终目的就是要揭示隐藏在我们的理智活动背后的东西，这些东西在我们的日常活动中隐而未现，但我们似乎又对它们熟视无睹；哲学研究就是要把这些东西揭示出来。可以说，正是这种类比使得维特根斯坦坚信，他对哲学的看法完全可以被用于对宗教的看法。

其次，我们还可以进一步看到，维特根斯坦把宗教与哲学进行类比的另一个重要原因就是，在他看来，宗教信仰与哲学信念都无须解释和理由，更不需要争辩。在宗教信仰上，不争论是基督教教义的一个重要要求。对此，维特根斯坦明确指出："如果你问我是否相信审判日，就像信教的人有某种信仰一样，我不会说：'不，我不相信会存在这种东西。'在我看来，这样说简直是疯了。于是，我就会给出一种解释：'我不相信……'但信教的人绝不会相信我所描述的东西。我不能说。我不能与那个人相冲突。在某种意义上，我理解他所说的一切——英文词'上帝''分离'等等。我理解它们。我可以说'我并不相信这个'。这是真的，是指我并没有这些想法或其他与之相关的想法。但这并不是指我可以与这个东西相冲突。"[1]与这种态度相同，维特根斯坦认为，在哲学上我们也需要追问有关最后基础的问题，即一切不确定的东西都需要一个确定的东西作为基础，而这个基础本身是无须解释和理由的，否则它也是可以被质疑的了。这个不可怀疑的确定的基础就是我们的信念，也就是我们一切知识的最后根据。我们对这样的作为基础的信念是无法提出质疑和理由的，正如我们对作为解释世界存在之根基的宗教信仰无法提出质疑和理由一样。在《论确定性》中，维特根斯坦把这种无须解释和无须提出质疑与理由的最为确定的命题称为"枢轴命题"，也就是我们将其作为一切知识基础的关于信念的命题，而不是关于知识的命题。

最后，我们必须看到，维特根斯坦的宗教观与他的哲学观之间的最大可比性

1　维特根斯坦：《维特根斯坦论伦理学与哲学》，江怡译，张敦敏校，杭州：浙江大学出版社，2011年，第117页。

在于，他基本上是从哲学观出发来谈论他对宗教问题的理解的。也就是说，他对宗教信仰表达方式的重视多于他对宗教信仰内容的关注。甚至可以说，他对宗教信仰的分析完全建立在他对这些信仰表达所使用的用语，也就是对"相信""知道"等这些语词用法的分析上。例如，他说："如果提出了诸如神的存在或上帝的存在这种问题，它所起的作用完全不同于我所听到过的某个人或某个对象的存在这种问题。人们说过而且是不得不说，人们相信存在，而且如果不相信的话，就会被看作是糟糕的事情。在一般情况下，如果我并不相信某个东西的存在，那么就没有人会认为这里有什么错了。"[1]他还说："同样，存在'相信'这个词的特别用法。人们谈到'相信'，同时又不在通常的意义上使用'相信'。你会说（在通常的用法中）：'你只是相信——嗯，好吧……'这完全是不同的用法；另一方面，这不是像我们通常使用的'知道'这个词的用法。"[2]显然，维特根斯坦在宗教信仰问题上主要关心的是表达信仰的语词的用法，而不是这些信仰的真实内容。其实，他在不同时间和不同地方都表达了同样的关切。这正表明了，他对宗教信仰的讨论完全是基于他的哲学观的。

不仅如此，维特根斯坦对宗教信仰的讨论还直接使用了他对私人观念的批评，反对把宗教信仰理解为一种具有图像性质的观念。他这样说道："如果有人问你'你怎么知道这是如此这般的思想'，你立即想到的是一个影子，一个图像。你并没有想到一种因果关系。你所想到的这种关系最好表达为'图像''影子'等。'图像'这个词是完全正确的——在许多情况中，它在最通常的意义上就是图像。你会把我的话翻译为一个图像。"[3]显然，按照维特根斯坦的看法，把自己相信的东西看作一幅图像的观念，导致了我们以为自己所信的东西就一定存在，并由此推出对这种存在之物进行否定是错误的。然而，这显然是非常荒谬的，因为当我们谈到信仰的时候，我们并不是在断定某个东西真的存在，而只是在劝导自己或他人去相信它的存在。这样，信仰问题就不是在解释世界的存在，

1　维特根斯坦：《维特根斯坦论伦理学与哲学》，第121页。

2　同上。

3　同上书，第128页。

而是在给出对自己所相信的东西的描述。他说："最重要的意义是这样的——如果你谈到绘画等等，你的想法就是，这个联系现在就存在，所以似乎是，只要我想到这个，这个联系就存在。然而，如果我们说这是一个约定的联系，那么说我们在想到它时它就存在，就是没有意义的。存在通过约定的联系——我们是指什么？——这个联系是指在各个不同时间发生的事件。首先，它是指一种技术。……如果这是指一种技术，那么在某些情况下它就不足以解释你用一些语词所指的东西；因为有些东西可能会被看作与从7到7.5之间进行的观念相冲突的，也就是与使用它（这个词）的实践相冲突的。"[1]这样，在维特根斯坦看来，我们所说的所有关于宗教信仰的内容，其实不过是我们在某个特定条件下使用这些信仰命题的方式，也就是他在这里说的一种技术，这种技术是我们使用语词的一种方式。例如，他说："拥有不同的死亡观念是什么情况？——我的意思是——有一种死亡观念就像有某个图像，所以你能说'我有一个从5到5.1的死亡观念'吗？'人们无论用什么方式来使用这个词，我现在都有某个观念'——如果你把这叫作'拥有一个观念'，那么这就不是通常所说的'拥有一个观念'，因为通常所说的'拥有一个观念'是指这个词的使用技术等。"[2]他接着说："我们所有的人都在使用'死亡'这个词，这是一个公共手段，有一个完整（用法）技术。于是有人说，他有一个'死亡'的观念。这很奇怪的；因为你会说：'你是在使用"死亡"这个词，这是以某个方式起作用的手段。'如果你把这个（你的观念）看作某种私人的东西，那么你有什么权利把它叫作'死亡'的观念？——我这样说，是因为我们也有权利说什么是'死亡'的观念。"[3]同样，维特根斯坦指出，我们在哲学上使用"存在"一词也会面临这样的困惑境地。在把"存在"一词用于宗教信仰，比如说"上帝存在"时，同样会使人们产生无法理解的困惑。他说："如果你对我说——'你不再存在了吗？'——我就会感到不知所措，不知道这究竟是指什么。'如果你没有停止存在，你就会死后受难。'我开始把思想赋予

1　维特根斯坦：《维特根斯坦论伦理学与哲学》，第129页。

2　同上书，第129—130页。

3　同上书，第130页。

其中，也许是伦理学上的责任观念。关键在于，虽然这些话都是名言，虽然我可以从一句话理解另一句话，或理解图像（我并不知道你从这个陈述得出的结果是什么）。假定某人说：'你相信什么，维特根斯坦？你是个怀疑论者吗？你知道你是否会逃离死亡吗？'我会说（事实上我也是这么说的）：'我不能说。我不知道。'因为我并不清楚当我说'我没有停止存在'等时我究竟是在说什么。"[1]显然，维特根斯坦始终是以澄清语词意义的方式处理宗教信仰问题的，这与他的哲学观完全是一脉相承的。正是在这种意义上，皮特·温奇认为，马尔康姆关于维特根斯坦的哲学观与宗教观之间的类比说法是错误的，因为维特根斯坦明确表达了，他是"从宗教的观点出发看待一切问题"的，其中就包括了哲学问题。[2]所以，这里就不存在任何的类比，而是维特根斯坦以宗教观对哲学观的进一步说明。

从以上分析中可以看出，无论是对待基督教还是对待一般宗教，维特根斯坦都采用了一种寂静主义或自然主义的态度，反对基督教的繁文缛节，反对一切非自然的崇拜，强调观察我们在宗教讨论中使用的语词用法，让一切都按照其自然的状态行事，避免解释和争论。这种寂静主义态度正是维特根斯坦对待哲学的基本方式：在观察语言的日常用法中去发现由于错误地使用语言而产生的理智混乱。

三、维特根斯坦心目中的路德

了解过维特根斯坦的宗教观后，我们就来看一下维特根斯坦的思想与路德的思想之间究竟有什么关系。

作为西方近代思想的启蒙者之一和现代基督教文化的开创者之一，路德在整个西方文化中自然占有极其重要的地位，他的启蒙思想是西方现代文明的重要奠基石。路德在西方文化中的存在，犹如王阳明在中国儒家思想中的存在，体现了

---

[1] 维特根斯坦：《维特根斯坦论伦理学与哲学》，第131页。

[2] 参见 Norman Malcolm, *Wittgenstein: A Religious Point of View?*, p. 97。

其对人类的主体性能力的极大重视和提倡，潜移默化地影响了他们所在的文化传统的发展。维特根斯坦对路德应当并不陌生，在他早年浩瀚的阅读书目中就不乏路德的著作，特别是路德翻译的德文版《圣经》更是他少年时代学习的必备指南。然而，有趣的是，在维特根斯坦的现存文字中，提及路德的地方仅有一处，但他在与朋友的谈话中曾多次提及路德。从维特根斯坦提及路德的地方，我们可以看出，路德在维特根斯坦的心目中并非高大完满的圣徒，而更多的是一个文化使者或文化符号。

据他的学生和朋友德鲁里记载，维特根斯坦曾在与他的交谈中这样评价路德："我最近一直在读路德。路德就像是一棵粗壮的老橡树。这不只是一个比喻……不要误解我：路德不是圣人。的确，他不是圣人。"[1]这是我们可以看到的维特根斯坦对路德的最为直接的评价。他在这里理解的圣人，是类似圣方济各这样的献身基督的人物。在他看来，路德肯定不是这样的圣人。接着，维特根斯坦谈到了路德对《圣经》的翻译。他说："就整体而言，与《圣经》的权威英文版相比，我更喜欢路德的德文翻译。英文版过于遵从文本，在他们不理解的地方依然保留着无法理解之处。但路德有时就会变换一下意义，以适合他自己的观念。比如，路德在翻译天使对马利亚的称呼时，就从日常语言中选取了一个通常的词，读上去就像是'我亲爱的马利亚'。"[2]在这里，我们看到，维特根斯坦重视路德的原因应当是路德对经验生活的推崇，特别是后者对日常语言用法的充分肯定。不仅如此。我认为，维特根斯坦更多的是把路德视为一种文化的代表，把他的宗教思想看作一种文化符号。这种文化就是对他所在的宗教传统的反叛，是对他认为不合时宜的启蒙思想的提倡。

有趣的是，维特根斯坦在他的著作中唯一一次提及路德的名字，却是以如下这样的方式呈现的。[3]在《哲学研究》的第589节里，维特根斯坦这样写道："'我

1　转引自 Rush Rhees ed., *Recollections of Wittgenstein*, p. 143。

2　转引自 ibid。

3　当然，维特根斯坦在他的剑桥讲演录中也提到过路德的名字，但这些讲演录是他的学生们记录整理的，并不能算作他的正式出版著作。参见维特根斯坦：《维特根斯坦剑桥讲演录》，周晓亮、江怡译，杭州：浙江大学出版社，2010年，第52页。

在心里做了这个决定。'与此同时人们还喜欢用手指着自己的胸口。从心理学上说，这种说法应被认真对待。为什么比起'信念是一种心灵状态'，这个看法更不应该被认真对待呢？（路德：'信仰在左边的乳头下面。'）"[1]维特根斯坦是在讨论心理状态与语言表达之间的关系时谈到这个观点的。在维特根斯坦看来，当我们说出一些看似在表达心理状态的语词时，我们错误地以为我们是在表达心理状态，但实际上并非如此；我们只是在使用语言说出我们想要说出的内容，而这个内容与我们心中所具有的心理状态（例如相信、怀疑或犹豫等）并没有直接的关系。这就像是说，当我指着我的心脏的位置说"我把你记在心里啦"，仿佛是我真的把你放到我的心脏里一样，虽然我们都知道这不过是一种比喻性的说法。维特根斯坦正是用这样的方式说，路德所说的"信仰在左边的乳头下面"不过是一种比喻性的说法，与我们所说的"信念是一种心灵状态"是一个道理。显然，维特根斯坦在这里提及路德，当然并不是因为他的这个说法本身如何重要，而是表明这个说法非常普遍、众所周知，所以他才用路德的这个说法作为一个例子。在这里，对维特根斯坦来说，重要的是澄清这样一个会经常出现的错误，即说出一个心理状态就是在描述这个心理状态，如同一个人说出"我希望他会来"时就被看作他在描述心中的希望一样。维特根斯坦把这种错误叫作哲学上的"偏食"："人们仅仅用一种例子来滋养自己的思想。"[2]路德的这句名言（不知道它是否应当被看作一句名言）就是被这样的偏食病所误导啦！

当然，就对路德的理解而言，维特根斯坦绝不仅是把路德的说法当作一个例子而已；相反，他更看重的是路德思想的反叛性，推崇的是路德思想的清晰性。从这种反叛性和清晰性中，我们也可以感受到路德思想与维特根斯坦思想的共同特点。他们共同的反叛性表现在对传统的深恶痛绝上：正如路德对自然理性的批判开启了十字架神学（即"因信称义"），维特根斯坦对传统本质主义的批判则开启了现代哲学的语言批判（逻辑分析和语言游戏）。他们共同的清晰性则表现为

1　维特根斯坦：《哲学研究》，§589。

2　同上书，§593。

他们对日常语言用法的执着坚守，也就是他们认为，能够透过人们对其熟视无睹的日常语言的使用，看到这些语言用法背后的东西。

首先，维特根斯坦明确地把自己的观点看作不合时宜的。所以，他认为自己必须与流行的观点相抗衡。他说："我的思维方式在这个时代是不受欢迎的；我必须逆流而上。"[1]维特根斯坦在许多地方都表达了同样的态度。值得注意的是，维特根斯坦思想的这种反叛性并不是来自某种外在观念的刺激或内在理论的需求，而是来自他对哲学性质的不同理解，正如路德的反叛性来自对基督教教义的不同解释一样。《逻辑哲学论》对哲学性质的重新界定，在当时的欧洲哲学界引起了一场哲学革命；《哲学研究》对哲学活动的说明，则试图彻底革掉哲学的性命，即最终使人认识到放弃哲学是研究哲学的最后目标。这有些惊世骇俗的哲学革命（维特根斯坦真的是要革哲学的命！），在当代哲学中只有尼采做到了；而在16世纪的欧洲大陆，则是路德在宗教领域做到了。（我们需要记住，基督教神学在16世纪欧洲的地位就相当于黑格尔哲学在19世纪欧洲的地位，而科学在20世纪的地位则相当于宗教在16世纪的地位。因而，维特根斯坦革命的意义非同一般。）但是，当维特根斯坦"轻松地"把哲学投入历史的故纸堆时（这里的"轻松地"出于他对"天才"的基本判断，即"天才是让我们忘记才能的东西"[2]），他并没有忘记宗教的意义。

其次，维特根斯坦试图把宗教理解为一种道德，或者说，他是从道德价值追问的角度去讨论宗教的意义的。他说："我不是一个宗教教徒，但我不能不从宗教的角度看待每一个问题。"[3]这里的"宗教信徒"（religious），就是指"谦卑的"（humble）、"顺从的"（dutiful）人。维特根斯坦一生都没有真正成为这样的"谦卑""顺从"之人，他对宗教仪式的反感使得他不可能接受一切宗教教义。马尔康姆也认为，维特根斯坦一生都反对基督教会这样的宗教组织，当然也不会加入这样的组织或任何这种形式的宗教团体。我们知道，他年轻时曾在修道院里做

1 转引自 Rush Rhees ed., *Recollections of Wittgenstein*, p. 94。

2 维特根斯坦：《论文化与价值》，第73页。

3 转引自 Rush Rhees ed., *Recollections of Wittgenstein*, p. 94。

工，询问过自己是否可以修道入门。修道院明确拒绝了他的请求，原因就是他对基督教教义的"不敬"。当然，这里的"不敬"，根据我们对维特根斯坦生平的了解，应当是指他对基督教教义的质疑和批评。这完全符合他的"打破砂锅问到底"的性格。马尔康姆称，"他有着严厉的批评标准"[1]。但也正是这种性格，使得他可以对所有问题都执着地追问下去，最后发现它们都有一些无法继续追问的东西。这就是"思想的河床"，也就是宗教的底线。但他并不把这种河床和底线完全理解为宗教上的诉求，而是理解为道德上的要求。他说："很难正确地理解你自己，因为你能够基于宽容和善意而去做的事，你也能够基于胆怯或冷漠去做。你的某种表现当然可以出于真爱，但也可以出于欺骗和冷酷。类似地，并不是所有的谦虚都是善的。只有当我能够沉浸在宗教中的时候，这些怀疑才会停歇。因为只有宗教才能摧毁那种自负，渗入所有的裂缝。"[2]这就是他所说的"从宗教的角度出发"包含的意义。

四、结语：维特根斯坦——20世纪的马丁·路德

从以上分析中，我们可以看到，维特根斯坦对待宗教的态度似乎处于一种矛盾的心态之中：一方面，他坚决地反对一切宗教神学，特别是反对基督教教义；但另一方面，他又从宗教的角度出发去看待一切事物，试图把宗教问题道德化，或者是用宗教的方式化解道德问题。这就解释了，为何他在中学时代就放弃了宗教信仰，后来却还会在许多地方讨论宗教问题。蒙克认为："决心不隐藏'自己之所是'成了维特根斯坦总体人生态度的一个核心。"[3]应当说，正是这种人生态度使得维特根斯坦在他的一生中都致力于追问"自己之所是"的根据，而这个根据只能存在于关于道德价值的宗教式理解，也就是对待道德价值的一种特别的态

---

1 Norman Malcolm, *Wittgenstein: A Religious Point of View?*, p. 22.

2 维特根斯坦：《论文化与价值》，第84页。

3 蒙克：《维特根斯坦传：天才之为责任》，第17页。

度之中。他这样写道："如果一个相信上帝的人看着周围的事物然后问道：'我看到的这一切是从哪里来的呢？''所有一切是从哪里来的呢？'他所渴望的不是一种（因果）解释。他的问题的关键就在于它表达了他的渴望。因此他表达了一种对于所有解释的态度——但这如何在他的生活中显示出来呢？是一种严肃地对待某一件特定的事情的态度，但这样一来这某个特定的点上他仍然没有严肃地对待这个事情，而是宣布另一些东西是更加严肃的。……我真正想说的是：这里重要的不是人们说出的话语或者说话时想到的东西，而是那种区别，那种他们在自己生命的不同阶段作出的区别。"[1]在这里，我们读出的是这样一种态度：严肃地对待某个特定的事情，而超出这一点之后，就不再当它是严肃的了，而是认为某个别的事情更为重要。这就是一种"在更深的意义上"的事情。蒙克认为，维特根斯坦所说的这种"更深的意义"，就他个人而言，应当是指"他与上帝的和解"。[2]的确，维特根斯坦理解的"更深的意义"，应当是指他能够以宗教的方式践行他在道德上的最高理想，"那是一种伦理上的严肃和忠实的状态，那种状态甚至将经受住那位最严厉法官的详尽审查，那位法官便是他自己的良心：那住在我胸中的上帝"[3]。这样一个经受了道德法庭审判的哲学家，最终依靠心中的上帝而发出生命的最后感叹："告诉他们，我度过了极好的一生。"

如果可以对维特根斯坦与路德做一个跨越时空的比较，我们就会看到，路德是以《圣经》捍卫者的姿态挑战罗马教宗的荣耀神学，并以"因信称义"开创了路德新教，引领了近代欧洲的思想启蒙，而维特根斯坦则是以时代弄潮儿的形象批判传统哲学的认识论和当代的科学主义，以两种哲学图景塑造了当代哲学的整体格局，引领哲学回归常识。可以说，他们都是自己时代的战斗者和引领者，是社会发展和思想变革的弄潮儿。在更深的意义上，他们都是以伦理上的执着和忠诚践行着他们的最高理念，即让思想回到人间，让理性还原为实践。路德在罗马教会一统天下的时代，勇敢地把《圣经》从荣耀神学的殿堂拉回到世俗的人间社

1　维特根斯坦：《论文化与价值》，第142页。
2　参见蒙克：《维特根斯坦传：天才之为责任》，第578页。
3　同上书，第584页。

会，让十字架永远地铭刻在普通人的心间；而维特根斯坦则是在科学主义盛行的今天，大胆地放弃自己曾视之为水晶般剔透明亮的逻辑世界，回到由复杂多样的语言游戏构成的"粗糙"的日常生活。但他们所做的这一切，都是为了实现这样一个更高的理想，即更为清晰地展现日常经验和实践背后的深奥真理。路德新教不仅开启了欧洲的思想启蒙运动，而且改变了西方近代社会的文化格局；维特根斯坦的哲学不仅造就了20世纪英美哲学的两大流派，而且描绘出了21世纪西方哲学的发展走向。在这种意义上，我们可以把维特根斯坦看作20世纪的马丁·路德！

维特根斯坦式先验唯心论 *

黄　敏 **

一、康德与先验唯心论

作为第一个先验唯心论者，康德在对知识的哲学解释中引入了先验唯心论。它是康德对休谟怀疑论的回应。如果我们把休谟关于归纳推理与因果推理的怀疑论放在一起看，就会发现这些怀疑论的一般形式关系到观念连接的必然性。[1] 我们可以把这种一般形式的怀疑论看作关于必然性的归谬论证。显然，就是这个归谬论证打动了康德。康德从中学到的教训就是，从经验中不能得到必然性，而只能从先于经验的领域中去寻找。[2] 这启发了先验唯心论。

以休谟为起点来理解，康德的"哥白尼革命"就具有了更加自然的内涵。康德说，解决怀疑论的关键在于把心灵与对象的关系颠倒过来，不是让心灵去符合

---

* 本文系国家社会科学基金项目"基于'使用'概念的维特根斯坦哲学研究"（编号21BZX018）的阶段性成果。

**　黄敏：中山大学哲学系教授。

1　在《人性论》中，休谟是以因果推理作为主体提出自己的怀疑论，而在《人类理智研究》中则是以归纳推理为主体表述怀疑论。这意味着它们是同一种怀疑论的不同形式。

2　参见康德：《纯粹理性批判》，邓晓芒译，杨祖陶校，北京：人民出版社，2004年，第2页。

对象，而是让对象来符合心灵。[1]的确，他也经常说，对象是心灵所构造出来的。这当然不是说，心灵凭空制造出了对象；而是说，对象是心灵按照某种方式去"看"的结果。构造就是一种投射，而投射，则是心灵对来自事物的刺激所做出的反应。心灵之所以具备那种让对象符合自己的主动性，在于做出这种反应的方式受制于心灵本身。这样，心灵在获得经验之前就已经具备了对于知识的约束能力，而这构成了先天知识的来源。同时可以看出，康德实际上接受了休谟看问题的框架。休谟把必然性解释成心灵的习惯，解释成这种习惯带来的"错觉"。错觉本质上就是投射。康德所做的是向前推进一步：如果必然性是心灵本身所带来的效果，那么只要保持从心灵的角度来看世界，那么必然性就通过限定我能够看到什么而具有客观性。这种客观性在休谟那里阙如，休谟所理解的必然性只是主观必然性。

如果这就是先验唯心论，那么它很容易滑向休谟的自然主义。看起来，它似乎接受了自然主义，区别只在于它要求从第一人称视角看待心灵与世界的关系，而自然主义则保留了第三人称视角。视角上的区别不是本体论上的。因此，先验唯心论与自然主义的区别不是"实质性的"。仅当第一人称视角能够充分地区别于第三人称视角，康德的"哥白尼革命"才能有效地回应休谟的怀疑论。康德应该意识到了这个问题。他认定，只有来自对象的经验材料与来自心灵的概念组合起来才能构成知识。这样看起来，只有实际上进入对象与心灵之间的因果链条，因而成为第一人称主体，心灵才能真正获得经验材料，从而有所知。但是，经验并不表明自己来自何处，这就让这个解释显得力不从心。康德想了一种可操作的防御策略，即二律背反论证，以此把知识限定在现象界，即限定在向主体的第一人称视角显现的范围内。但是，这个策略显然无法打动对"无限"这个概念已经相当熟悉的当代人了。[2]康德应该没有有效的方法在自己的基础框架中捍卫先验唯心论的有效性了。本文提出的维特根斯坦式的先验唯心论或许能够达成这

1　参见康德：《纯粹理性批判》，第15页。

2　从当代角度对二律背反论证的讨论，参见罗素：《我们关于外间事物的认识》，陈启伟译，上海：上海译文出版社，2006年，第六讲。

一目标。

康德的确搭建了一个先验唯心论的框架。这是一个关于表征关系的框架。心灵与对象间的表征关系是由两种关系构成的。这两种关系体现为两个方向相反的过程：一个是心灵接收来自对象的经验材料；另外一个则是心灵主动施加于对象的概念，概念构成模态约束，它与经验材料一起构造了对象。在接收与构造这两个过程中，出现的对象是不同的。提供经验材料的那个对象是物自体，对经验材料的接收是个因果过程，被构造的则是经验对象。物自体与经验对象的区分只有对第三人称视角来说才存在，对第一人称来说世界中只有经验对象。由于现象接受概念的约束，心灵可以判断经验对象的实在性，因而我们会有一种经验实在论。

在康德那里，这种表征关系为什么是先验唯心论的，而不是经验唯心论的？这还是比较清楚的。康德原初的考虑是，把使得经验对象成为可能的条件与经验对象的实际出现区分开，前者被归于先验。[1] 这样，当就先验条件而言经验对象依赖于心灵时，我们就得到了一种先验唯心论。由于经验材料来自物自体对象，我们还不能说，使经验对象成为可能的所有条件都来自心灵。经验材料是物自体与心灵发生因果关系的结果，这个过程也属于经验对象的先验条件。因此，康德实际上引入了先验实在论的要素，因为经验材料的存在预设了独立于心灵的物自体对象。康德在意的显然是概念条件而非经验材料，先验唯心论是关于表征的概念条件的哲学解释。至于先验实在论要素具有何种知识论价值，这一点还不清楚——物自体对象并不是经验对象，而知识仅仅对经验对象负责。

既然先验唯心论可以被视为关于表征关系的哲学解释，我们就可以从康德原来提供的心灵哲学框架中解脱出来。如果是别的东西而不是心灵来充当表征者，那么只要表征内容所接受的概念约束来自表征者或者表征行为本身，我们也会有一种先验唯心论。在这个一般性的形式下表述休谟的怀疑论论证是容易的，因此这种一般形式的先验唯心论也可以得到同等的支持。

这样，我们就为讨论维特根斯坦式的先验唯心论提供了空间。这种形式的先

---

1 这就是为何"transcendental"与"a priori"是两个不同的术语。参见康德：《纯粹理性批判》，第19页。

验唯心论之于康德式先验唯心论的核心区别是，它引入了语言，心灵通过语言的使用来表征对象。在康德那里，语言并不是表征关系的必要条件。弄清语言的引入对于表征关系来说究竟意味着什么，对于理解维特根斯坦式先验哲学来说是至关重要的。

接下来，我们将先从维特根斯坦前后期的著作中挖掘出先验唯心论的要素，同时揭示其相关思想与康德式先验唯心论的区别；然后通过解释这些区别何以构成融贯的图景，来说明维特根斯坦式先验唯心论的特色。

二、先验唯心论与界限

一方面，在《逻辑哲学论》中，读者很容易识别出一种唯我论观点。比如"我的语言的界限意味着我的世界的界限"（5.6）[1]，"主体不属于世界，而是世界的界限"（5.632）。我们可以认为，这里表达的观点就是，主体是什么样的这一点决定了世界总体上是什么样的。这种唯我论当然是一种唯心论。另一方面，维特根斯坦又表示，犹如眼睛不在视野里出现，这里的主体并不在世界中（5.633以下），而且这样得到的唯我论与实在论是一回事（5.64）。这看来是因为，维特根斯坦希望读者站在那个"我"的视角上，从第一人称角度来看待唯我论眼中的世界。尽管世界实际上依赖于"我"，但从"我"的角度来看，这种依赖关系不会落入视野；在"我"面前唯有世界，而这个世界与实在论者所看到的世界别无二致。这里，唯我论与实在论的关系可以直接对应于康德先验唯心论与经验实在论并行的双重立场。

这种唯我论是一种先验唯心论，因为不是世界在经验的层次（即在被表征的范围内）上依赖于主体或语言，而是在使表征得以可能的层次上，即在概念条件下，主体和语言为世界施加了约束。5.6所提到的界限就是模态上的约束。这一

1　本文所引用的《逻辑哲学论》正文均只注明原文的十进制数字编号。

点随后就得到了说明：

> 逻辑遍布世界。世界的界限也就是逻辑的界限。因此在逻辑中我们不能说："世界中有这个，有这个，但没有那个。"因为这看起来就预设某些可能性被排除了，而这不可能。因为这就要求逻辑超出世界的界限，只有那样才能从另一边来看界限。（5.61）

然而，也就是在这段说明里，我们看到一个奇怪之处。这里强调的是世界的界限与逻辑的界限相重合，因此主体所施加给世界的界限就是逻辑。但是，从直观上看，似乎只有当世界本来可以不如此，而界限则通过把不是如此的情况排除掉，界限才成其为界限。这里的奇怪之处是，维特根斯坦立即指出，当逻辑作为界限时，并没有什么可能性被排除掉。这意味着逻辑并不是界限。

需要澄清一点。如果把这里提到的世界理解为与其他可能世界相区别的这个现实世界，那就可以找到一种约束，比如时空关系，它会把不属于这个世界的情况排除掉。但这不是维特根斯坦所理解的世界。如果世界只是现实世界，那么依据1.11，现实世界就是所有事实的总体，而其他的可能世界则是通过加入不存在的情况而得到的。但是，在1.12中，维特根斯坦说，"事实的总体既决定哪些情况存在，也决定哪些情况不存在"。在这种意义上，可能有哪些可能世界，是由现实世界决定的。这样被理解的现实世界仍然会以模态约束而不是时空为界限。因此，我们不能用现在的"可能世界"概念来解释这里提到的世界。

回到我们的问题上。直观上看，逻辑的界限是通过排除不可能的东西被划出来的，而世界的界限则是通过排除不存在的东西被划出来的。因此，只有当存在不可能的东西时，我们才能排除它们；这意味着世界的界限把逻辑的界限包含在内，就像两个同心圆一样。此外，只有当不存在的东西是可能的，我们才能将其排除；而这意味着逻辑的界限要把世界的界限包含在内。这样，世界的界限与逻辑的界限重合，而这是不可能的。

回顾一下问题是怎么产生的。这里假定了一种"界限"概念，我们不妨称之为对界限的排除式解释。按照这种解释，"界限就是边界，它把可以包含在里面的和不能包含的东西分开"[1]。从直观上讲，如果一个界限并不排除什么，界限外面什么都没有，那么只需要给出所有东西，也就给出了由界限所确定的总体，而无须划出界限。而如果无须划出界限就可以确定总体，那么这里实际上就没有界限，一个不起作用的界限就不是界限。然而，5.61却说这里有界限。如果这不是意味着维特根斯坦心目中所想的界限不能这样解释，那还意味着什么呢？这个问题关系到应该如何理解由此得到表述的先验唯心论，我们需要在此停留一下。

按照排除式解释，界限的这种排除应该不会是通过枚举的方式进行的。而如果按照某种标准进行排除，那么说某个对象位于界限之内，就相当于说它满足这一标准，而这就是某种事实。这样就出现了一个问题，即这个事实本身是否位于世界的界限之内；或者说，这个事实本身是否属于被表征的范围。在摩尔那里，对这个问题的不同回答决定了人们采纳的是经验唯心论还是先验唯心论：

> 按我的理解，唯心论就是认为，我们的表征所接受的约束（limits），即表征所基于的本质特征，部分地是由表征本身的某种特征所决定的。经验唯心论就是在此基础上加上，这些约束是在表征之内设定的，它本身就属于表征所针对的东西。先验唯心论则要加上，这些约束的基础超出了表征，它不属于表征所针对的东西，而约束对它来说就是一种界限。[2]

这个划分可以通过参照康德的框架来理解。事实上，它表现了康德式先验唯心论的哲学动机。在摩尔看来，这个动机就是对这样一个"公理性"的洞见做出反应：

1　Peter Sullivan, "Idealism in Wittgenstein: A Further Reply to Moore," in Peter Sullivan and Michael Potter eds., *Wittgenstein's Tractatus: History & Interpretation*, Oxford: Oxford University Press, 2013, p. 258.

2　Adrian W. Moore, "Wittgenstein and Transcendental Idealism," in Guy Kahane, Edward Kanterian, and Oskari Kuusela eds., *Wittgenstein and His Interpreters: Essays in Memory of Gordon Baker*, London: Blackwell Publishing Ltd., 2007, p. 187.

我们被抛到这个世界中，它非我们所造，它独立于我们；如果我们拥有知识，那么我们所知道的就是这个世界；由于我们的知识依赖于并且受限于我们在世界中的特定位置，在一种深刻的认知论意义上，我们是有限的。[1]

我们的有限性在于我们受制于"我们存在于世界中"这一事实，这一点构成了我们的界限。而当我们成为认知主体，这种界限就构成了我们所知道的这个世界的模态约束。在摩尔那里，如果对我们的这种约束起因于我们在世界中的这种存在主义处境，那么界限就是可以表征的，而这就意味着接受经验唯心论。的确，我们所认识到的世界依赖于我们的认知能力，这一点可以是一种经验发现，特别是一种心理学发现。但是，如果制约我们的认知能力的就是我们所表征的那个世界，那么由此导致的逻辑循环是让人难以忍受的。[2]康德的反应则是，他认为制约我们的认知能力的是物自体世界，而这不是我们所表征的那个现象世界。这个反应解除了逻辑循环，同时把界限置于了表征的范围之外。按照摩尔的定义，这就意味着接受先验唯心论。

按照摩尔的阐述框架，先验唯心论是对我们的存在主义处境的存在主义反应——既然经验唯心论是不融贯的，我们能够接受的也就只能是先验唯心论。在把界限排除出表征以后，我们就可以解释维特根斯坦在5.61中的奇怪表现，因为在表征范围之内，我们已经没有什么可以排除了。在这种情况下，我们就处于第一人称视角，用受到自己的本性制约的眼睛来直接看世界。虽然能够看到的范围有限，但对我们来说，我们的视野是不会出现边界的（5.6331）。从康德到维特根斯坦的过渡，就在于引入了显示的维度。表征的范围就是可言说的范围。言说与显示的区别是，显示的东西不可言说，它把界限逐出表征，界限就是显示出来的东西。这样，康德那里的先验层次与经验层次的区别，就对应于维特根斯坦那

1　Adrian W. Moore, "On Saying and Showing," *Philosophy* vol. 62, no. 242, 1987.

2　摩尔从伯纳德·威廉姆斯那里获得了关于经验唯心论的这种定义，后者则以相似的方式指出了经验唯心论所带来的不融贯。参见 Bernard Williams, "Wittgenstein and Idealism," in Myles Burnyeat ed., *The Sense of the Past: Essays in the History of Philosophy*, Princeton: Princeton University Press, 2006, pp. 361–380。

里的显示与言说的区别。这样，维特根斯坦就持有一种康德式的先验唯心论。这种唯心论包含了一个先验实在论的要素，即在先验层次上制约了主体认知能力的，是独立存在的物自体世界；它之所以成其为先验唯心论则是因为，如果考虑的是现象世界，那么我们就会看到被表征的东西依赖于作为表征主体的心灵。

追溯到康德那里，问题就显出了新的层次。如果对界限给予排除式解释，进而在此基础上解释主体对于表征的贡献，那就会让先验唯心论预设一种先验实在论。摩尔不是说，我们之所以以特定的方式认识世界，是因为我们在世界中处于特定处境吗？关于主体的事实决定了主体怎样认识世界。而这是因为，在对世界的认识中起作用的那种模态约束，本身就是用关于主体的事实来解释的。当试图说清什么东西为界限所排除时，我们就在陈述这些事实。让摩尔用康德来解释维特根斯坦的，恰恰就是对界限的排除式解释。

然而，这种解释在一个基本的问题上不能成立。它不能解释为什么那些先验的事实不能被言说。在摩尔的框架中，要解释这一点，唯有用一种归谬论证：如果言说这些事实，就会导致经验唯心论；既然经验唯心论是不融贯的，那就不能去言说这些事实。但是，这个归谬论证显然乞题了。而如果有独立的论证来支持显示与言说的区分，那么先验唯心论很可能就会获得另外一种理解。后面我们会证明这一点。

的确，这个框架不能被用来解释维特根斯坦在《逻辑哲学论》中给出的那些表述。像沙利文（Peter Sullivan）这样有见地的学者就在接受摩尔对先验唯心论的解释的前提下，否认《逻辑哲学论》持有先验唯心论立场。沙利文最为基本的理由是，先验唯心论与5.634所述相冲突，而维特根斯坦在那里说，"事物没有先天的（a priori）秩序"。[1] 这是一个非常有针对性的理由。如果先验唯心论预设了先验实在论，那么否认先验实在论的结果就是拒绝先验唯心论。沙利文因此选择了一条不同的解释路线。他认为，维特根斯坦确实表述了先验唯心论，但他这

1　参见 Peter Sullivan, "The 'Truth' in Solipsism, and Wittgenstein's Rejection of the A Priori," *European Journal of Philosophy* vol. 4, no. 2, 1996。

样做是为了拒绝它。这条解释路线要求人们识别出正方观点和反方观点，但文本中没有明确的标志；它还要求在同样缺乏文本支持的情况下赋予这场论辩以动机，并最终裁决出胜负。这相当艰难。当然，在对维特根斯坦的绝然式解读（resolute reading）已经流行的背景下，这条解释路线是可以理解的。但如果有一个解释方向，让我们可以不用进行这种复调式的阅读，而是按照字面意思，以标准的哲学文本的方式来阅读《逻辑哲学论》，那么这种阅读方式只要能够形成融贯的理解就可以表明，这个方向比绝然式解读更为可取。

确实有这个方向。这就是不接受摩尔对先验唯心论的解释，至少是否认这种解释适用于维特根斯坦。我们可以有一种不预设先验实在论的先验唯心论，只要拒绝对界限的排除式解释就可以做到这一点。我们可以在康德那里找到这样的解释，这就是把界限解释成自主性。如果主体的界限是主体自我约束的结果，而不是由其存在主义处境所决定的，那么先验实在论承诺就成为不必要的了。康德用理性的自我立法功能，通过阐发认知主体的规范性本质来达到这种自主性。[1] 如果主体能够为自己立法，那么约束就不是来自外面，而是来自界限之内，而界限则是基于一种约束机制实现的。这不是一种排除候选者的机制，而是为在界限之内的东西建立一致性的机制。这种机制应当具有积极的内容，或者至少应当能够生成这样的内容，以此确认某些东西确实在界限之内。

很难说在康德那里就有这样的机制。理性的立法功能似乎主要体现在否定的方面，即消除先验幻象上。二律背反论证就是理性约束的一种手段。界限的积极内容仍然仰赖于主体所分享的人性，因而可以追溯到哲学人类学。先验实在论的作用也就难以摆脱了。同一种人性结构决定了欧式几何的普遍客观性，这使康德式的先验哲学几乎要被当代科学所证伪。

而在维特根斯坦那里，《逻辑哲学论》一开篇就提供了这种自主性界限的例子。1.11说，"确定了这些事实，并确定了这就是所有事实，世界也就确定了"。

1　关于对先验唯心论的这种解读，参见黄敏：《知识之锚》，上海：华东师范大学出版社，2014年，第5章第5节。

但是，在列举了所有事实之后，我们不需要承诺另外一个需要"从外面"确定的事实，即"这就是所有事实"，否则就进入了无穷后退。这是因为，"这就是所有事实"之所以成为事实，按照 1.12，是因为"事实的总体既决定哪些情况存在，也决定哪些情况不存在"。这就是说，世界的界限是"从里面"确定的——给出世界中的事实，这本身就决定了哪些情况不存在，即决定了什么东西在世界"之外"。我们不需要去排除它们。世界的界限不是在世界之外划出的一条把一些东西排除在外的线，排除那些东西的是世界中的东西。在这种意义上，世界没有先天的秩序，因为世界的界限是通过给出世界中的东西划出来的。

这个界限就是逻辑。1.13 说，"逻辑空间中的事实就是世界"。在这里，逻辑空间表明，我们可以通过有哪些事实来确定哪些不是事实；也就是说，世界的界限业已确定。这样，逻辑的界限和空间的界限就重合了。这种界限上的重合需要对界限给予自主性解释。否则，如果按照排除式解释，那么，要为世界划出界限，就需要世界中不存在但逻辑上可能存在的东西，而这意味着逻辑超出了世界的界限；而如果要为逻辑划出界限，就需要借助世界中存在但为逻辑所排除的东西，这意味着世界超出了逻辑的界限。现在，既然两条界限重合，界限就只能从内部划出，从而是自主性界限，而不能是排除式界限。这样，5.61 所包含的奇怪之处就消失了。

"自主性界限"的概念让我们有理由认为，有某种维特根斯坦式先验唯心论存在。不同于康德式先验唯心论，它摆脱了先验实在论。这样一来，就需要另外解释，模态约束即我们所说的自主性界限是如何建立的。从前面关于摩尔的讨论中已经可以看出，这取决于显示与言说之分是如何建立的；特别是，取决于显示是怎么回事。这是因为，把界限从表征中排除出去，从而让先验唯心论区别于经验唯心论的，正是显示与言说的区分，而先验性的要素也正是被显示的东西。

三、先验唯心论与私人性

简单地说，先验唯心论就是承认表征在总体上依赖于表征主体，从而，被表征的世界所接受的模态约束是相对于表征主体的。这是一种相对主义的观点。如果这里的表征主体是个人，那么表征对于主体的依赖性就体现为表征的私人性。[1]如果表征主体是群体或者语言共同体，我们仍然会得到一种复数版本的私人性，这就是一般意义上的相对主义。这样，着眼于表征对于主体的依赖关系，我们就可以同时处理私人性和相对主义。而这让我们注意到后期维特根斯坦的一个引人注目的现象：一方面我们看到维特根斯坦关于私人语言的讨论，他否认表征的私人性；但另一方面，我们似乎很容易在他的论述中看到相对主义。这二者如果不相容，那么这种不相容性就不会因为把表征主体从个人扩大到群体而被消除，因为即使把"我"换成"我们"，私人语言论证仍然不受影响。这样，我们就得检讨这里的相对主义。

一种可能的反应是，相对主义的观点本身是不融贯的。比如威廉姆斯指出：

> 最大的困难是，既假定拥有不同世界观的不同文化群体的存在，又认为我们对它们的理解（access）不可避免地受到我们自己的世界观的实质性制约。这是因为，一开始的那个关于不同世界观存在及其相对可理解性（accessibility）的问题，本身就是一种世界观作用的结果。[2]

也就是说，如果我们对世界的看法受制于我们是谁，那么我们关于不同的复数主体与不同世界观存在的论断本身也就受制于我们的世界观。因而，我们的相对主义表述就未能表述事实，我们不会发现不同世界观的存在。这个困难可以被看作针对的是复数的经验唯心论，因而还可以被看作对复数的先验唯心论的一种支持。它表明，我们只能接受先验唯心论。有趣的是，这种先验唯心论仍然可以以先验实在论的方式出现。一种使上述相对主义观点变得融贯的方法是，从第三

1　哈克认为，私人语言论证是对唯心论的一般意义上的批判，参见 P. M. S. Hacker, *Insight and Illusion: Wittgenstein on Philosophy and the Metaphysics of Experience*, Oxford: Oxford University Press, 1972, pp. 59ff.。威廉姆斯则对此予以了反驳（Bernard Williams, "Wittgenstein and Idealism," pp. 361–380 ）。

2　Bernard Williams, "Wittgenstein and Idealism," p. 374.

人称视角来断定不同世界观的存在；也就是说，不是让作为不同群体之一的"我们"来断定不同世界观的存在，而是让不属于这些群体的人、一个旁观者或者上帝来做出断定。这样，如果相对主义是真的，那么我们对世界的看法就在事实上受制于"我们"是谁。这个表述中出现的"事实上"不是表示强调，而是意味着，表征对于主体的依赖性需要用关于主体的事实来解释，并且这种事实并不取决于其是否得到表征。在这种情况下，相对主义就意味着交流实际上是不可能的——那个旁观者就可以做出这个判断。

的确，读者很容易把相对主义的观点加给后期维特根斯坦。在《哲学研究》中，维特根斯坦坚持要通过语言游戏来解释意义；而生活形式则与语言处于同等的位置上[1]，它决定了什么是可以理解的，从而决定了可能性的范围。如果上面的先验实在论解释成立，那么这种相对主义就意味着，对于特定的生活形式来说，总是可以断定存在一个确定的界限，超出这个界限的语言将是不可理解的。

把这个结果与私人语言论证相对照将是有启发意义的。私人语言可以被区分为偶然的私人语言与逻辑的私人语言，其中偶然的私人语言是指恰好不被人理解但原则上可以被他人理解的语言，而逻辑的私人语言是其他任何人都不可能理解的语言。一种通行的看法是，私人语言论证是说，逻辑的私人语言是不可能的，它对偶然的私人语言是否可能则保持开放。[2]考虑到私人性与相对主义的关系，我们就可以看到，私人语言论证将排除先验实在论解释下的相对主义；也就是说，它将否认，对特定生活形式而言，总是存在原则上不可能逾越的界限，这个界限之外的语言将是不可理解的。而私人语言论证将放过这样一种意义上的相对主义：语言依赖于生活形式，因而特定的语言需要在适合的生活形式下得到理解，但这不意味着对于生活于特定生活形式中的主体来说，存在原则上不可能理解的语言。

事实上，后期维特根斯坦非常喜欢谈论不同的生活形式，谈论生活形式不同

1　参见维特根斯坦：《哲学研究》，楼巍译，上海：上海人民出版社，2019年，§19。

2　关于这个区分的一个有启发意义的讨论，参见程炼：《思想与论证》，北京：北京大学出版社，2005年。

的人的语言。《哲学研究》第一部分第2节关于建筑工人的语言游戏，就是被作为一种生活形式的一部分加以描述的。这是一种与我们的语言不同的、原始的语言。在第282节中，维特根斯坦设想了一种陌生的语言或者世界观，这就是神话里会说话的瓦罐。而在第二部分的第327节中，出现的则是狮子的语言。这时，维特根斯坦说，"如果一头狮子会说话，我们也无法理解它"[1]。而关于颜色词以及色盲部落的讨论，则在《关于颜色的评论》中经常出现。在那里，有些时候相应的语言是可理解的例子，有些时候则被认为是难以理解的。在《字条集》中也有散见的例子。需要指出的是，维特根斯坦对于陌生的语言或世界观是否可以理解持有一种开放的态度。[2]我们可以说，他并不认为可以先天地断定一种语言是无法理解的；而是认为，可理解与否是一件需要尝试的、偶然的事情，而可理解性则往往是程度上的，而不是实质性的。这与他关于语言与城市的类比[3]是合拍的。城市的扩张是一个自然的过程，城市能否扩展到某个特定的位置，取决于特定时期的城市状况。

在大多数情况下，他都是以问题的形式提到需要考虑的情况，把读者的注意力聚焦到可以如何理解某种语言上，而不是给出某个结论。他要求读者设想相应的生活形式、语言游戏，或者说，某种语法。这些构成了理解的支点。如果说，表征因为受限于主体的状况而具有相应的界限，那么这种界限就应该像上一节所说的那样，是自主性的界限。当结合私人性与相对主义来理解时，这种界限，或者说界限的这种自主性，就呈现出了新的面向。

应当说，用先验实在论来解释表征对于主体的依赖关系，其哲学动机是解释这种关系的确定性，解释这种依赖关系是怎样达成的。后期维特根斯坦应当不是在事实的层次上而是在规范的层次上来解释这种确定性的。在这个层次上，表征不是被看作主体与对象的关系，而是被看作主体所做出的行为。这样，表征以

1　维特根斯坦：《哲学研究》，II §327。

2　参见 David R. Cerbone, "Wittgenstein and Idealism," in Oskari Kuusela and Marie McGinn eds., *The Oxford Handbook of Wittgenstein*, Oxford: Oxford University Press, pp. 312–333；这篇文章给出了同样的结论。

3　参见维特根斯坦：《哲学研究》，§19。

某种方式依赖于主体，就不是由关于主体的事实来解释，而是由主体的何种表征行为是正确的来解释的。用威廉姆斯的方式来说，就是从"断言得到辩护的条件"（conditions which justify assertion）的角度而不是从"'真'这个概念"的角度来看待表征的最终基础。[1] 从"'真'这个概念"的角度来看待，色盲只有以某种（非色觉的）方式感知了颜色，才能算是理解了颜色；而若从辩护的条件来看，他只要在正确的条件下使用颜色词，就算是理解了颜色。私人语言论证正是通过说明不能建立这样的辩护条件起作用的。[2]

那么，私人语言论证与界限的自主性关系如何呢？如果私人语言论证意味着对表征行为的辩护必须是可以公开进行的，那么表征行为就必须具有一个公共可见的面向。而如果这个面向可以公共可见，那就可以让主体本人进行自主辩护，此时他就像一个旁观者一样评判自己的表征行为。如果公开进行的辩护与评判是稳定的、确定的，那么主体自己就可以以稳定、确定的方式进行自我辩护与评判。这样，他对于表征所施加的界限就是自主性的。对此，我将在下一节做出说明。

四、显示与自主性界限

在维特根斯坦的后期著作中，"显示"这个说法似乎消失了。这可以解释为维特根斯坦的思想发生了变化，关于"显示"的思想遭到了否定；也可以解释为相应的思想并没有发生变化，只是这个术语的某些早期的特征不再成立，因而需要做出术语上的调整。我认为情况是后一种。后期出现的"语法"与早期的"句法"概念有对应关系，但其实质是一样的。"显示"是一个与之相关的概念。早期的"阐明"被后期的"描述"所取代，但并没有实质性的变化，我们可以很清

1　参见 Bernard Williams, "Wittgenstein and Idealism," p. 373。

2　参见维特根斯坦：《哲学研究》，§258。

晰地追踪其变化的脉络。在这个背景下，"显示"也可以得到类似的理解。

我们是在摩尔对先验唯心论提供的解释框架中把"显示"这个主题纳入考虑的。摩尔把显示与言说的区分解释为把表征的先验条件排除出表征范围的那个界限。他对界限的排除式解释意味着，在界限之外存在需要被排除的东西。因而，他自然就会接受，存在一些可供显示的东西。而显示与言说的区分则表明，这些东西不合乎言说的条件。至于显示的东西为何不能被言说，则需要单独得到解释。摩尔并未提供这种解释。前面我建议把先验唯心论里的界限解释为自主性界限，到此为止只是论证了这一建议是可行的，而没有论证它应当被接受。由于界限的性质取决于如何解释显示与言说的区分，这里我们就在此基础上论证界限的自主性。这个解释我已经另文详述过[1]，这里只是简述。

我把自己对显示与言说之别的解释称为"意向性解释"，是因为它借助表征关系的框架进行，而这个框架本质上是一个意向性结构。通常，对表征关系做出的解释可以被纳入语义学框架，也就是说，可以用表征物与对象之间的对应关系来刻画；与此不同，我选取的框架是意向性框架，而表征关系是意向行为所构建的结果。

表征关系不能脱离意向行为，而在语义学框架里得到充分解释。这一点可以借助康德为先验唯心论搭建的基础结构来说明。这个基础结构不涉及先验实在论的要素，因此可以用在这里。意向性框架实际上是在康德那里起作用的表征关系框架。表征在他那里就是经验知识的构建过程，表征本质上就是判断行为。表征关系存在于主体与经验对象之间，而经验对象作为主体构建的产物，受制于主体的认知能力，这种制约就体现为对象所遵守的模态约束。如果脱离与主体的关系，这种模态约束就将不复存在。物自体就是以独立于主体的方式得到理解的对象，而物自体之所以不能被认识，就是因为这种模态约束不起作用。如果脱离对于对象的模态约束，表征关系也就无法建立，因为剩下的就只是偶然的对应关系。这种模态约束就是通过判断行为的意向性特征建立的，因为意向性就是与对

1　参见黄敏：《分析哲学导论（修订版）》，北京：商务印书馆，2021年。

象的相关性，主体在行为上的特征将被投射到对象上，而这是建立模态约束的底层机制。

显示的要素是通过在先验唯心论的基础结构中引入语言形成的。当用语言而不是观念或者表象这样的心理实体作为表征物时，主体使用语言来表征对象，就是用语言来固定主体"看"对象的方式，从而从语言中识别出关于对象的事实。这样看起来，语言就好像是表征关系中的"中介"一样，位于主体与对象之间。即使所要表征的情况并不存在，语言也可以表现它。语言的这种作用，在《逻辑哲学论》中通过逻辑图像论得到表达。语言就像图像一样被用来表征对象，图像通过显示自己是什么样的，来表征对象是什么样的。显示与言说就在主体、语言（或图像）以及对象这三者之间建立的表征关系，即主体使用语言表征对象这样一种复合关系中被区别开来。主体作为使用语言的人在语言中识别出的东西就属于显示，而借助这种识别出的东西所完成的事情，就是对于"对象是怎样的"进行的言说。我们可以说，言说就是对关于对象的事实的表征，而显示则表明这种表征是怎样进行的，是表征的方式。

虽然说语言是表征的"中介"，但这并不意味着，作为图像的语言是除了被描绘的对象之外的另外一个对象，并不意味着对于对象的描绘是由两个步骤完成的行为，即先画出一个图像，然后看图像与什么东西相似，从而确定图像所描绘的是什么东西。相反，使用图像的过程是一个统一的、不可分割的过程。图像的使用，其目的是要求在不知道所要描绘的情况是什么时，观众通过观看图像可以知道这种情况。但这不意味着，在对所描绘的情况完全没有概念的情况下，观众就可以看懂图像。如果不知道所描绘的是风景还是肖像，那我就不知道该怎么看图像。看图像的方式取决于图像所画的是什么东西。也就是说，图像不能脱离使用目的，不能在使用活动之外来得到看待。而这意味着，显示必须是使用活动的一部分，它内在于作为表征的意向行为。

此外，对象作为所表征的东西，却是独立于表征行为的。维特根斯坦说的"图像从外面表现事物"（2.173），也就是这个意思。这似乎与先验唯心论相冲突，先验唯心论主张对象是由主体或者表征行为所建构的。对此稍做区分，就可以看出事情不是这样的。独立于表征行为的，是所表征的事实，也就是说，是一种情况是怎样的；而为表征行为所建构的，则是这种情况所受的模态约束，即它可能是怎样的以及不可能是怎样的，而这体现为所要表征的东西是什么。在《逻辑哲学论》中，我们读到，"逻辑的使用决定了有什么基本命题"（5.557）。由于基本命题是由名称构成的，我们可以决定，哪些对象（《逻辑哲学论》中所说的"对象"）取决于使用行为；进而，在表征时起作用的何种模态约束（逻辑形式）也取决于使用行为。应当说，来自主体的模态约束不是对事物进行某种改变或塑造，而只是以特定方式"看"事物的结果，即让它以某种方式呈现给主体，从而成为主体的意向对象。按这种模式理解，实在论的成分和唯心论的成分可以自然地协调起来。

由此可以看出，显示的东西的确不能被言说。比如，逻辑形式作为被显示的东西，就不能被言说。一个表征行为肯定不能言说自己的逻辑形式。要言说它，就意味着让它位于言说时的表征行为之"外"。但是，逻辑形式作为被显示的东西，必须在这个表征行为中才成其为对于事物的模态约束，因为它是意向行为的投射效果。从直观上也可以看出，显示的东西甚至不能被其他表征行为所言说。比如，对于"广州比杭州大"这个句子，其所显示的特征是它与另外一个句子"杭州比广州大"的排斥关系，即如果一个为真，另一个就不为真。但是，如果我们单纯地描述这个句子，而不是将其结合到使用行为中，用一个说汉语的人应有的方式来使用它，我们就不能在这种描述中体现出这种特征。显示的东西具有模态特性，这源于语言被用来表现对被表征的东西施加的模态约束，而这种模态约束就是表征行为的意向性特征的体现。

那么，引入显示的层次，对于表征关系的建立是否必要呢？显示的层次就是语言的层次。任何被用来表征世界的工具都是语言，这就要求赋予语言以相应的逻辑特性。前面说过，建立先验实在论的动机是解释表征关系的确定性。如果表征关系有先验实在论基础，那么显示的层次就没有必要被引入；而如果拒绝先验实在论，转而坚持先验唯心论，那么显示的层次就是必要的了。显示的层次被用来确保某次表征行为沿用了以前的表征关系。这样，通过表征关系的可追溯性，我们仍然可以解释其确定性。语言就是通过在这种追溯的过程中具有的稳定性而达到这一目的的。语言之具有一种基本的稳定性，不是因为符号在物理上具有稳定性，这里没有承诺实在论。语言的稳定性在于，会用语言的人能够在不同的物理符号甚至符号的不同的物理形态中认出同一个语言符号。因此，虽然符号的物理属性参与确定了符号的语言属性，但其语言属性仍然作为使用符号的行为模式的构成成分起作用。使用符号的能力连接了符号所属的物理世界与表征关系在其中起作用的逻辑领域。符号构成了建立确定表征关系的锚点。它在一种意义上独立于表征关系，即，即使不知道所表征的事实是怎样的，符号或者与之关联的行为也可以被确定下来，并体现为使用行为的模式性的特征。这样，人们就可以在这个基础上判断表征关系是否正确。显示的层次为这种判断，特别是为这种判断是否可以得到辩护，提供了余地。

与之对照，如果不借助语言，不借助这个显示的层次，而对象本身只有通过表征才能被固定下来，那么对于表征关系本身是否被确定地建立起来，也就无法判断了，因为这需要先预设表征关系已经被确定地建立起来了。[1] 在这里，可以看到显示如何与私人语言论证联系在一起。如果没有显示的层次，主体与对象的关系就只存在于主体与对象之间。即使是对于同一个对象，不同主体与之建立的关系也是不同的，而这意味着表征是私人性的。私人语言论证表明了，显示的层次是表征的必要条件。它所论证的是语言的公共性。但论证中所设想的私人语言如果被理解为逻辑的私人语言，那它就可以被看作如同包含康德在内的近代哲学家所理解的观念或表象，即心灵原生的表征物，因而属于抛开了显示层次的那种表征关系。显示层次的加入，使得表征关系成为可共享的。这是因为，公共性可以由显示的层次来承担。显示的东西内在于表征行为，但不属于单个的特定行为，而是表征行为的模式。表征行为的个例（instance）不能由不同的主体共享，但行为模式可以。这样，通过按照既定模式做出表征行为，不同的主体就可以从事能相互比较的表征活动。显示的东西不仅使表征关系以可辩护的方式被确定下

1　参见维特根斯坦：《哲学研究》，§265。

来（而这意味着这种关系是规范性的），而且使其以公共可见的方式被确定下来。这两件事是同时完成的。语言对于融贯的表征关系的建立，是本质性的。

显示与言说的区别在于，显示的东西不能言说，这是由表征行为本身的意向性结构决定的。《逻辑哲学论》中的句法描述，《哲学研究》中对语言游戏的描述，以及在其他地方出现的"生活形式""语法"概念，都在显示的层次上工作，都是对于行为或者说行为方式的描述。这种描述向有所理解的人表明，行为者会如何看待事物，什么对于他来说是可能的，什么是可以理解的。这展示了世界观的先验面向，是维特根斯坦式先验哲学所要求的哲学活动。正如《逻辑哲学论》前言所说的那样，这是在进行划界活动。由于所划出的是自主性的界限，它因此表明了逻辑可以以何种方式"自己照顾自己"（5.473）。而让逻辑自己照顾自己，是维特根斯坦在《笔记本 1914—1916》的第一句话中就为自己设定的任务。[1]

---

1 参见 Ludwig Wittgenstein, *Notebooks 1914–1916, 2nd Edition*, eds. G. H. von Wright and G. E. M. Anscombe, trans. G. E. M. Anscombe, London: Blackwell Publishing Ltd., 1979, p. 2。

论维特根斯坦前后期哲学的连续性问题[*]

——一个概略式考察

代海强^{**}

本文主要阐述维特根斯坦前后期哲学发展中的连续性，但并不否认维特根斯坦哲学发展中存在着重要变化，也不想消除其不同时期思想的差别。本文旨在表明：与这些差别相呼应，他的哲学发展表现出了变化和改变，呈现为具有不同特征的历史阶段；与这些差别相对应，他的哲学发展中也存在着可追溯的相似性，表现为他对某些核心内容和方法的继承和修补。文章第一部分介绍连续性问题的研究现状，第二部分对不同的观点进行反思批评，第三部分指出连续性特征的意蕴，第四部分简要介绍构建连续性的几条线索。

一、连续性问题的研究状况

一般来说，维特根斯坦的哲学主要以前期《逻辑哲学论》和后期《哲学研

---

* 本文系国家社科基金青年项目"前后期维特根斯坦的连续性研究"（编号17CZX046）、中央高校基本科研业务费专项资金项目（编号2020NTSS41）的阶段性成果。

** 代海强：北京师范大学副教授。

究》为代表，分成了前后两个不同时期（中期出现的《哲学语法》《蓝皮书》《褐皮书》等著作被看作其前后期哲学的过渡阶段）。对于维特根斯坦不同时期哲学观点之间的关系，学术界存在着很大分歧，主要分为两派：一派认为，前后期维特根斯坦代表了截然不同的两种哲学主张；另一派认为，尽管其前后期哲学差异很大，但在本质上存在着统一性或连续性。这种解释现象并非空穴来风，是由维特根斯坦哲学本身的特点所决定的。概括起来，出现上述争论的原因有以下几点。第一，维特根斯坦的创作风格问题。前期维特根斯坦采用简单明晰的概念表述方式，通过严格的逻辑结构展现他的哲学观点；从中期开始到后期，他不再使用这种逻辑方法，转而运用大量的描述、评论式的语言，通过对语言的实际使用的评述表达他的哲学观点。第二，维特根斯坦的创作方法问题。前期维特根斯坦推崇逻辑分析，采取揭示现象背后的本质的方法，用对现象的解释获得普遍有效的逻辑形式；在其中后期哲学中，他不再认为语言中存在普遍的共性，而认为语言分析应该是描述而不是解释，因而他更加看重对具体问题的分析。第三，维特根斯坦的创作目的问题。前期维特根斯坦想通过逻辑分析，为语言和思想的表达划定界限，以此澄清有意义命题和无意义命题，从而消除哲学幻象；而在此后，他虽然还是在继续着"哲学治疗"的事业，但是为语言和思想表达划界的愿望不再那么强烈，转而专注于对哲学疾病的诊断和治疗。第四，维特根斯坦的创作手段问题。前期维特根斯坦向往逻辑上清晰透明的理想语言，力图创建出理想完美的逻辑语言，以此构建一个完整的哲学体系；但是此后，他认为日常语言才是哲学研究的对象，哲学体系的构建逐渐被语法"综观"的考察方式取代。上述因素的存在，使所有接触维特根斯坦哲学发展的解释者都不得不思考其前后期哲学之间的关系。

比较早期的解释者通常将维特根斯坦的前后期思想看作截然相反的。一种倾向认为，这里的不同体现在对语义的不同处理上：前期哲学认为语言是实在的图像，命题的意义依赖于其所表达的事实；后期哲学将语言看作具有家族相似特征的游戏，命题的意义取决于语言的使用。例如，达米特将前后期维特根斯坦的差别看作意义概念的实在论（realism）和反实在论（anti-realism）的区别[1]；这种区别显示出，维特根斯坦的语义学观点发生了重大转变，因而体现了两种截然不同的哲学思想。克里普克认为，其前后期的差异主要表现为成真条件（truth-conditions）和断定条件（assertibility-conditions）的区别[2]；命题意义的条件直接决定了语义学的态度，成真条件依赖于与命题相对应的外部实在，而断定条件则对外部实在没有那么高的诉求，仅仅需要在语言游戏活动之中去寻找意义的决定因素。

另一种倾向认为，维特根斯坦前后期哲学的不同是方法论的不同：前期哲学提供了一种解决传统哲学问题的意义理论；而后期哲学采取了一种非理论构建的方式，通过将人们的注意力转向语言使用的事实来消解构建哲学理论的企图。[3]这种观点从哲学手段与目的的角度，解释了维特根斯坦前后期哲学的差异，在一定意义上有其内在的道理。

此外，还有一种倾向认为，维特根斯坦前后期哲学的区别主要表现为对认识论问题处理方式的不同。这种观点认为，维特根斯坦前期并不关注认识论问题，仅仅将其看作心理学的附属物而将其排除在哲学考察之外；而后期主要关注认识论问题，与认识论最紧密相关的又是标准问题，它为语言的使用提供了优先证据。[4]这种观点旨在表明，维特根斯坦的哲学处理对象发生了转变，因而其前后期哲学具有不同的视域和相应的不同立场。

随着大量维特根斯坦手稿的出版，从20世纪90年代开始，越来越多的研究者不再满足于早期解释者的观点，维特根斯坦的前后期哲学彼此对立的观点因而

1　参见 Michael Dummett, *Truth and Other Enigmas*, Cambridge: Harvard University Press, 1978。

2　参见 Saul Kripke, *Wittgenstein on Rules and Private Language*, Cambridge: Harvard University Press, 1972。

3　参见 Walter Goldfarb, "I want You to Bring Me a Slab: Remarks on the Opening Sections of the *Philosophical Investigations*," *Synthese* vol. 56, no. 3, 1983; David Stern, "Review Essay: Recent Work on Wittgenstein, 1980‒1990," *Synthese* vol. 98, 1994。

4　参见 Norman Malcolm, "Wittgenstein's *Philosophical Investigations*," in Norman Malcolm, *Knowledge and Certainty*, Englewood Cliffs: Prentice-Hall, 1963; Stanley Cavell, *The Claim of Reason*, Oxford: Oxford University Press, 1979; Robert Albritton, "On Wittgenstein's Use of the Term 'Criterion'," in George Pitcher ed., *Wittgenstein: A Collection of Critical Essays*, Garden City: Doubleday, 1966; P. M. S. Hacker, *Insight and Illusion: Wittgenstein on Philosophy and the Metaphysics of Experience*, Oxford: Oxford University Press, 1972。

受到了挑战。尤其是新维特根斯坦学派的出现，为这一主题的研究注入了新的活力。新维特根斯坦学派大多主张，维特根斯坦的前后期哲学中贯穿了统一的目的论方法，即通过诊断各种哲学问题治疗各种哲学疾病，并且反对任何理论建构。[1]新维特根斯坦学派将人们的视角从差别拉回到统一，其所采取的目的论解释方式在一定时期内具有相当大的影响力。

不过，虽然新维特根斯坦学派注意到了维特根斯坦前后期思想的连续性，但是他们的研究大多比较分散，并未对这一主题进行系统研究。这一研究空白被克特（John Koethe）的专著《维特根斯坦思想的连续性》弥补。克特认为，维特根斯坦的哲学总体上是由特定的宽泛主题构成的：语言的语义属性和人类生活的心灵属性通过言语和非言语的结果显示出来，但是它们不能被归入直接的事实领域。尤其是，在他看来，"语义是通过使用显示出来的"这一方法在《逻辑哲学论》中只是初步显现，但在《哲学研究》中得到了广泛的发展。[2]克特对维特根斯坦前后期哲学连续性的研究是针对这一主题的决定性推进，他的解释让人们看到了维特根斯坦哲学的连续性特征的内核；尤其是他对意义与显示的关系的说明，使得维特根斯坦哲学的内在理论基调得以展现。

以克特研究为转折点，后来的解释者开始从具体内容角度发掘维特根斯坦前后期哲学的连续性的内涵。值得一提的是，梅迪纳（José Medina）从另外的视角对维特根斯坦哲学的统一性给出了系统阐释。他认为，维特根斯坦哲学的核心是由两个相互关联的主题即必然性和可理解性组成的，且他的哲学思想的统一性表现为：第一，维特根斯坦并不关注世界的形而上学结构的必然性，而是关注语言规范结构的必然性，认为所有关于世界必然性的哲学幻象都可以通过对语言的考察清除，这一工作就是要区分出可说和不可说的界限；第二，维特根斯坦哲学

1　参见Cora Diamond, *The Realistic Spirit: Wittgenstein, Philosophy, and the Mind*, Cambridge: MIT Press, 1991; Edward Minar, "Feeling at Home in Language (What Makes Reading *Philosophical Investigations* Possible?)," *Synthese* 102, 1995; Marie McGinn, *Wittgenstein and* Philosophical Investigations, London/New York: Routledge, 1997; Alice Crary and Rupert Read eds., *The New Wittgenstein*, London/New York: Routledge, 2000。

2　参见John Koethe, *The Continuity of Wittgenstein's Thought*, Ithaca: Cornell University Press, 1996。

中贯穿了一种紧缩论的方法论，这一方法以语境论的方式展现出来，而语境论在维特根斯坦的整个哲学中依次表现为三种形式（前期是逻辑语境，中期是语法语境，后期是实践语境）。[1]梅迪纳的研究具有一定深度，显得更具有系统性，为进一步理解这一问题提供了很大的启示。

通过上述分析可以看出：比较早期的维特根斯坦解释者大多倾向于将维特根斯坦的前后期哲学看作迥然有别的，这些解释者从各个角度论证了这种差异性；然而，最近二三十年以来，解释者逐渐意识到维特根斯坦哲学发展的连续性特征，他们抓住某些重要线索对其进行系统研究，力求把握这种连续性的脉络。这种现象表明，用连续性的视角看待维特根斯坦哲学的发展逐渐成为一种趋势。这种趋势的发展可以从以下几点中得到支持。

首先，从学术研究的主题来看，早期解释者对维特根斯坦前后期哲学的关注往往集中在某一特定领域，这种研究有助于消化吸收维特根斯坦哲学的特定思想，是进入维特根斯坦哲学的必经之路。但是我们也看到，这种考察方式存在"只见树木不见森林"的弊端，人们往往满足于理解维特根斯坦所说的某些特定观点，比如命题意义的图像论与命题意义的使用论、逻辑的一般本质学说和家族相似学说，但是缺乏对这些貌似迥然有别的思想的深入剖析和比较研究。而后来的解释者在前人对维特根斯坦哲学的研究已经获得的成果的基础上，逐渐对某些特定主题的比较研究产生兴趣。他们通过比较研究发现，虽然表面上维特根斯坦表现出两种不同风格的哲学思想，坚持两种彼此有别的哲学立场，但是在这些问题内部，一些相似的痕迹逐渐被解释者挖掘出来。从这个意义上来说，学术史的发展是随着问题的深入和扩展而被推动的。

其次，从学术研究的材料来看，早期解释者大多关注最具代表性的《逻辑哲学论》和《哲学研究》这两部著作，而对于其他手稿或者讲稿等材料没有给予充分重视。这种偏向有其客观理由，因为维特根斯坦成熟的哲学思想的确表现在这两部著作之中，而其他材料不过是他的思考过程，某些重要观点要么处于探索阶

1　参见 José Medina, *The Unity of Wittgenstein's Philosophy*, Albany: State University of New York Press, 2002。

段，要么显得前后矛盾。解释者对于未成熟著作的态度，导致他们忽视了维特根斯坦前后期哲学发展的过程。对于后来的解释者而言，他们不再仅仅满足于维特根斯坦哲学的成熟观点，而且对其发展变化时期的思想给予了特别的关注。这种关注使得维特根斯坦哲学的真实面目逐渐显现出来。即是说，维特根斯坦并非突然改变了他之前的哲学立场，而是在对其早期哲学观点的不断反思和修改中逐渐过渡到了后期的思想。这种趋势的发展表明，要想正确处理维特根斯坦前后期哲学思想的关系，既需要深入研究他对特定主题所抱有的观点和立场，也要注意到他的哲学发展的事实，并运用分析比较的方法将其哲学发展的主线显示出来。

最后，从学术研究的历史来看，到20世纪末，维特根斯坦哲学已经渐渐淡出主流哲学话语圈，其哲学思想的角色已经慢慢从哲学问题本身沉淀为哲学史研究对象。在他的哲学思想影响的鼎盛时期，人们更多关注的是他的哲学问题，讨论的范围集中于问题本身。但是随着维特根斯坦哲学影响的式微，对其哲学问题的探讨让位于对其哲学地位的探讨，人们更多的是希望对他的哲学思想有个准确的历史定位。而对于其前后期哲学发展的研究，正符合对其哲学的历史性研究趋势。本文正是在承接以往解释研究成果的基础上，用比较和发展的视角来研究维特根斯坦前后期哲学的关系这一主题的。

二、对连续性问题的反思

前面梳理了对维特根斯坦哲学发展的研究成果，它们分别从不同角度显示出了各自的立场。不过，我发现，这些解释中存在着很多问题亟须解决，这就使得对连续性问题的研究有必要继续进行下去。在此之前，对这些解释者的成果进行概括性的评论很有必要。接下来，我将对这些研究分别做评论。

主张维特根斯坦前后期哲学不具有连续性特点的评论者，其立场显然不符合维特根斯坦哲学发展的事实。更为重要的是，他们的解读只是采取片面的视角，专注于某些特定主题的研究。这种研究对于深入理解维特根斯坦的哲学显然具有重要的价值，但是同时也招致了很多困难。

一方面，这种解读方式不能把握维特根斯坦哲学发展的脉络，而这些脉络体现了维特根斯坦哲学的方法和观点的内在线索，是理解其哲学发展的核心内容。比如，维特根斯坦将"看见"和"显示"当作其哲学思考的重要方法。无论是在前期还是后期，"看见"与"显示"对于命题的意义的考察都具有重要的辩护作用。通过"看见"和"显示"，我们能更好地理解维特根斯坦对语言意义的实际表现形式的理解，这种理解直接贯穿在维特根斯坦对语言实践和生活实践的理解这条脉络之中。

另一方面，这种解读方式人为地割裂了维特根斯坦哲学发展的整体性，其结果是夸大了其不同时期哲学思想之间的差别。我们看到，这种解读方式导致的重要后果是，将维特根斯坦思想发展的不同阶段孤立出来，将本来只具有时间特征的发展阶段实质化，从而得出前期维特根斯坦、中期维特根斯坦、后期维特根斯坦甚至第四个维特根斯坦的结论。一旦这种结论被加深，形成牢固的观念，那么人们距离总体把握维特根斯坦哲学的目标会越来越远。比如，维特根斯坦对语境主义的利用始终存在于其哲学发展的不同时期，无论是形式的语境还是实践的语境，都是维特根斯坦贯彻语境主义的不同尝试，其哲学的整体性就体现在语境主义的立场之中。从这个意义上说，主张维特根斯坦前后期哲学思想截然不同的解释，无法满足我们理解维特根斯坦哲学的整体性和一贯性的要求。

对于认为维特根斯坦前后期哲学存在连续性的评论者的观点，我们应从正反两面看待。从积极意义上来说，这些评论者开启了对连续性问题的研究，从而使得这个问题获得了实质性发展。并且，他们在内容上分别给予其不同维度的关注，在操作上将这种研究发展到了相当深入的阶段，为我们理解连续性问题提供了重要的指引。但是，这些研究还存在很多问题和困难，这主要表现在以下几个方面。

第一，这些评论者的视角往往比较单一，他们只根据特定的线索进行研究，而缺乏对连续性问题的整全把握。比如，他们要么从维特根斯坦哲学的目的出发，得出"其前后期哲学的连续性在于哲学的治疗目的"的结论；要么从维特根斯坦哲学的某一方法出发，得出"其前后期哲学的连续性在于显示和使用"的结论；要么从维特根斯坦哲学的某一特征出发，得出"其前后期哲学的连续性在于必然性要求"的结论。如果单独来看，这些视角在一定意义上的确把握住了维特根斯坦哲学的连续性特征，但是这种连续性还是孤立的，甚或随意的，无法从整全的角度得到把握。其结果要么是以偏概全，要么是挂一漏万。

第二，这些评论者单一的视角，也决定了他们无法将维特根斯坦哲学发展中的诸多线索有机统一地贯穿起来。我们谈到连续性，并非仅仅看到一种事件或者线索的简单罗列，而是要进一步看到这些连续性线索之间的内在关系。由这些内在关系形成的统一体将能帮助我们更加有效地理解维特根斯坦哲学的总体发展状况。因此，我们要问的问题不仅仅是，维特根斯坦哲学在目的上有什么连续性、在方法上有什么连续性、在具体观点上有什么连续性；更是要进一步追问，他的哲学发展的连续性是否能体现哲学目的、哲学方法、哲学观点之间的内在必然联系，他的哲学的治疗目的是否能始终通过语境主义、显示和看见的方法、必然性和可能性的划分、有意义与无意义的标准等实现。以往的评论者对这些问题还没有形成系统的研究。

第三，上述评论者的研究还存在缺乏连贯性的问题。他们对某一线索的梳理，往往只是抓住特定主题的一些突出的特征，而没有将这种线索的历史发展连贯地展现出来。这种连贯性的缺失使得他们在看待某些连续性线索时，不能准确地理解它们的发展脉络和一些隐含的因素。同时，这种缺失导致对相关线索的理解缺乏深度，从而无法客观再现维特根斯坦哲学发展中的连续性特征。

同时，我们通过上述分析可以发现，对维特根斯坦前后期哲学发展的连续性问题的研究存在着很大的解释空缺，而这种空缺将通过把握其连续性特征的整体性、连贯性和统一性得以弥补。同时，我们也应该注意到维特根斯坦前后期哲学发展的连续性问题研究的解释张力。由于不同评论者的解释方式和理解角度存在着很大不同，因而我们对这种张力很难给予精准的刻画，实际可用的方法就是到文本中去展现这种张力的不同程度和层面。

除此之外，我也会对维特根斯坦的某些重要论点给予不同的解释。这种解释将遵循前面强调的连续性特点，展现维特根斯坦哲学思想的不同维度。基于上述理由，本文将选取几条重要的线索，来构建出维特根斯坦前后期哲学发展的整体框架。这种框架的建立将会以以下几个方面为支撑：以反实在论为核心的意义思想，以看见和显示为着眼点的手段，以语境论为保证的哲学观点。从这几条线索中，我们将能够重现维特根斯坦哲学发展的原貌。

三、连续性的意蕴

在《哲学研究》的序言部分，维特根斯坦说道："四年前我有机会重读我的第一本书（《逻辑哲学论》）并解释其思想。那时我突然有了这样一个想法，即我应该把新旧观点放在一起出版：只有与我的那种旧的思考方式相对照并且以它为背景，这些新的观点才能得到正确的阐明。"[1] 从这段话可以看出，维特根斯坦在《哲学研究》中思考的问题在《逻辑哲学论》中可以找到相应的对照，前者包含了意义、理解、命题、逻辑、数学基础、意识状态等问题，而后者也对这些问题做出了重要思考。由此可见，维特根斯坦的思考范围没有发生重大变化，改变的只是对此前所思考问题的解答方式。这种特征可以被概括为：维特根斯坦的哲学视域并没有发生根本的转变，他所思考的问题始终是语言、思想、世界这三者之间的关系，他一直使用语言分析的方法处理各种哲学问题。正如他自己所承认的："自从我十六年前重新开始从事哲学以来，我没法回避我在第一本书里提出的看法中的那些严重的错误。"[2] 这表明，他是在参照之前著作的基础上重新进行思考，而绝非对以往思考的主题弃置不顾，重新开辟一片新的领域。但是，能否说因为之前存在着错误，就相当于说他完全提出了一种新的哲学呢？在本文看来，答案是否定的。

第一，从宏观角度来说，维特根斯坦前后期的哲学观点并没有发生本质改

1　维特根斯坦：《哲学研究》，楼巍译，上海：上海人民出版社，2019年，序言。
2　同上。

变。维特根斯坦在《逻辑哲学论》中的一般哲学观是：哲学问题需要通过澄清语言的意义得以解决。他在该书前言中这样说道："这本书讨论哲学问题，并且表明——我相信——这些问题之所以提出，乃是基于对我们语言逻辑的误解。这本书的全部意义可以用一句话概括：凡是可说的东西都可以说得清楚；对于不能谈论的东西必须保持沉默。"[1]虽然《逻辑哲学论》提出了命题意义的图像论以及围绕在这个观点周围的逻辑本质、一般命题形式、世界的逻辑构造等观点，但是从更广阔的视域来看，其主要的哲学观在后期并没有发生实质性改变，表现为：通过对语言的语法进行考察从而解决哲学问题。以《哲学研究》为代表的中后期作品，以哲学语法、规则、意义与使用、家族相似和生活世界等观点作为其思想的主体部分。这些观点并非与《逻辑哲学论》中的思想风马牛不相及，而是存在着内在的联系。这种联系要么表现为继承发展，要么表现为批判修改。维特根斯坦前后期哲学的转变并不是截然的对立，也不是突然的转向，而是经历了具有决定性意义的过渡。

第二，从哲学方法上来说，维特根斯坦始终认为，对语言本质的揭示就是对语言的逻辑形式或者语法规则的探讨。在其前期思想中，揭示语言本质的方法是对语言进行逻辑分析，得出其背后的逻辑构造和逻辑本质。在其中后期思想中，揭示语言本质的方式是对语言进行语法分析，从表面语法中挖掘出深层语法。维特根斯坦采取这种手段，源于他对语言意义的关注：意义并非从语言的指称物中直接得来，而是受制于语言的逻辑或者语法。以这种方法为引导，维特根斯坦的不同哲学思想虽然并非完全相同，但都具有家族相似的特点。

第三，从具体的哲学观点和方法来说，维特根斯坦前后期哲学思想的连续性十分突出。《逻辑哲学论》中的一些重要观点在后期得到了继承，比如看见与显示的区分、必然性和可能性的分界、因果联系的偶然性属性等。这些观点在其前后期思想中都是一脉相承的。中后期维特根斯坦或者对其前期思想加以继承，或者对这些思想进行修改，而没有在绝对意义上完全抛弃它们。在这些观点背后的

1　维特根斯坦：《逻辑哲学论》，贺绍甲译，北京：商务印书馆，2010年，前言。

是一些具体方法的应用，比如通过显示来表达不可说之物或者隐藏之物的方法、运用意义的两重性来判断命题合法与否的手段、设定意义的标准来检验命题真假的方式。这些方法在其前后期思想中表现出不同的样态，只不过由于其处理的视角发生了变化，由这些方法导致的观点显示出了不同的样态。

此外，我们发现，维特根斯坦在《哲学研究》序言中说，他的思考汇集了他十六年以来的思考成果，这一思考历程应该追溯到1929年。考察这一思考历程，我们发现，《哲学研究》中间部分的很多段落是从写于1934年的《哲学语法》中摘取出来的，并且《哲学研究》的前189节完成于20世纪30年代中期。[1]而且，深入研究维特根斯坦的中期思想，其前后期哲学之间的联系会变得更加明显，中期思想昭示了前后期哲学的重要过渡。从这些方面来说，维特根斯坦并非全然否定《逻辑哲学论》中的所有观点，也不是运用截然不同的方法转向了全新的哲学立场。毋宁说，后期维特根斯坦对《逻辑哲学论》时期的一些重要问题的回答给出了替代方案，而这些替代方案在一个更大的框架下早已蕴含于前期思考的范围之内。这就好比一个旅行者，他的最终目标是前往喜马拉雅山；他开始选择了马车，随后发现这个选项存在问题，于是后来他选择了步行；但是这不等于说他后来的目的地不是喜马拉雅山，也不等于说他选择了与地面交通方式不同的轮船。从这个意义上来说，维特根斯坦的前后期哲学之间实际上存在着紧密的联系，其思想的发展表现出明显的连续性。下面我们简要地以三个脉络来说明这种连续性。

四、连续性的三个脉络

维特根斯坦思想的连续性特点，实际上展现在诸多不同的脉络之中，构成了一个有机的整体。由于篇幅所限，这里只选取三个比较突出的脉络，展现其哲学

---

1 关于维特根斯坦20世纪30年代的作品与《哲学研究》之间的关系，参见John W. Cook, *Wittgenstein's Metaphysics*, Cambridge: Cambridge University Press, 1994。

连续性的粗略样貌。

（一）语言与经验实在的关系。维特根斯坦前后期思想的核心内容，都主要表现在他对语言意义的研究中。有关意义考察的一个重要方面是语言与实在的关系，它的重要问题是语言的意义究竟是符合实在还是独立于实在，语言的规则是先于实在还是从属于实在。对于这些问题的回答，直接关系到维特根斯坦是实在论者还是反实在论者。一般来说，实在论有两种模式。第一种认为，外部对象是存在的；第二种认为，外部对象的存在独立于我们的语言或者思想。与此对应，反实在论也有两种模式。第一种认为，除了心灵存在以外，没有任何外部对象存在；第二种认为，外部对象的存在不能独立于我们的语言实践或者概念框架。[1]在本文看来，前后期维特根斯坦在本体论层面并不反对第一种实在论，而在语义层面反对第二种实在论。值得注意的是，坚持第一种实在论不必然意味着坚持第二种实在论。语义反实在论和本体实在论之间彼此共融，可以称之为温和实在论。

实际上，维特根斯坦的温和实在论与他关于语言意义的思想密不可分。维特根斯坦的这种反实在论立场在其哲学发展中没有发生实质性改变，但是他对相关问题的处理却有着不同的态度。但是，我们也应该看到，反实在论并不等同于取消经验事实或者实在，而是将它们在语言中的位置梳理清楚。经验实在或者事实在命题中所发挥的作用，不是对意义的决定作用，而是对意义的支撑作用。维特根斯坦对经验的双重态度，是他的反实在论的要义所在。他并不是在极端立场上反对经验的存在，而是划定经验在命题中起作用的界限，澄清经验与命题意义的关系。从这个意义上来说，维特根斯坦的立场是温和反实在论。只不过我们还需要注意到，维特根斯坦在其哲学生涯中不断修改着反实在论的内容，他所思考的语言与世界的关系，从开始彼此分离的阶段，逐渐走向了彼此融合的阶段。这种趋势也表现为他对经验世界的不断增加的重视。

1　关于实在论与反实在论的讨论，参见Alexander Miller, "Realism," in Edward N. Zalta ed., *The Stanford Encyclopedia of Philosophy*, 2021。

在其早期思想中，维特根斯坦从逻辑与经验事实、逻辑与世界存在两个维度入手，分别表达了语义反实在论和本体实在论的观点。这里的语义反实在论是指他坚持的逻辑先于经验实在的观点，而本体实在论是指他认为世界存在先于逻辑。由此可见，在本体论意义上，维特根斯坦坚持认为世界存在于逻辑之前。综上可知，在逻辑与经验事实、逻辑与世界存在这两个维度上，维特根斯坦分别表达了语义反实在论和本体实在论的观点。这种看似矛盾的立场在他的思想中被合理地调和在一起。

到了中后期，维特根斯坦依然坚持上述版本的反实在论，并没有表现出摇摆不定的立场。此时，维特根斯坦的重点是考察语言的规则。从语言规则的形成角度来说，维特根斯坦承认，规则得以建立的自然条件是不能被忽略的事实。可以说，这就是在本体论层面的实在论。但是我们看到，一旦谈论这些事实，便不能离开语言的规则，而后者并非来源于与之具有对应符合关系的外部实在，而是来源于语言实践活动。因而，在语义学层面，维特根斯坦仍然是反实在论者。作为规则产生条件的经验事实，从规则的规范性角度看来实际上不具有任何地位。不能说一个规则之所以能建立，是因为它符合某些独立于语言活动的物理事实或者心理事实；毋宁说，这些事实是语言规则的形成基础而不是形成材料，它们是前提而不是原因。在这个意义上，维特根斯坦本体论层面的实在论与语义学层面的反实在论相辅相成。

（二）多元的语境主义。语境主义在维特根斯坦前后期哲学中有继承和变化。在维特根斯坦哲学的发展中，一个重要的指导原则是语境主义。有关语境的问题涉及意义、逻辑、语法、规则等内容。从《逻辑哲学论》发展到《哲学研究》，维特根斯坦思想中的语境主义经历了从形式语境、约定语境到实践语境的过渡发展。这一发展线索展现了维特根斯坦对使用和经验实践的不断增加的重视。

维特根斯坦在《逻辑哲学论》时期倡导形式层面的语境主义，这和他当时的哲学立场有很大关系。在他看来，语言和世界的本质是逻辑形式。在这种观点下，考察语言和世界，只需要用抽象的方法分析其内在的逻辑结构即可。在这种分析下，他尝试用语境主义来解释语言的意义、逻辑的结构、世界的构成。这里的语境涉及命题语境、逻辑语境和世界语境。此时他认为，逻辑形式的语境保证了命题与世界之间的表达关系。此时的语境处于高度形式化的层面，语言、逻辑、世界这些层面的语境具有单一性、静态性特征。

20世纪30年代早期，维特根斯坦开始思考语言在实际生活中的具体应用。这些具体的考察使得他逐渐认识到，语言的形态是多种多样的，并且语言也并非在形式层面独立自足，考察语言还需要分析它们在具体情境中的使用。日常语言中的语境具有多重性和动态性特征。在这种情况下，他的语境主义也相应地发生了变化，开始从形式层面朝着形式与内容相结合的方向发展。为了解决语法与语言使用的关系问题，维特根斯坦用约定的语境主义来建立规则与使用、形式与内容之间的统一关系。尽管如此，此时的语境主义还没有完全向实践层面发展，约定的语境还无法完全实现多重性和动态性要求。

30年代中后期，维特根斯坦开始思考实践活动与语法规则的关系，这时他将实践语境纳入了问题的核心，认为语法规则是在实际使用之中建立并实行的。虽然维特根斯坦之前的语境主义隐含了实践因素，但那时还处在萌芽阶段。在其后期思想的发展中，这种实践因素日益凸显，直到完全发展为实践语境。随着维特根斯坦对语言的实际使用的关注，他对生活形式、经验世界、实践技能等内容进行了深入考察。以此为出发点，他的语境主义逐渐发展为实践语境主义。

总体而言，维特根斯坦的前后期语境思想的发展，除了表现为从形式语境、约定语境到实践语境的过渡，还表现出单一语境向多重语境的变化、宏观语境向具体语境的变化、语法语境与生活语境的结合等特点。

（三）看见与显示的方法。这是贯穿在维特根斯坦哲学发展中的一组重要方法。"显示"与"看见"是一对相辅相成的经验概念，被显示的东西通过看见得以呈现，看见的对象正是显示出来的东西。他对显示的看法从开始的静态显示逐渐发展为动态显示，看见在命题意义中的地位也从开始时的附属作用逐渐发展为核心作用。命题的意义最终体现为，在语言游戏的活动中被看见并显示出来。

在维特根斯坦前后期哲学的发展中，他对"看见"和"显示"这两个主题有着特殊的关注。看见与显示这两种活动类型是他哲学中的一个重要方法。命题的意义表现在"看见"这一主动行为和"显示"这一被动行为之中。对这两个方法的运用，体现了维特根斯坦对语言活动实践的发展。在其早期思想中，维特根斯坦对显示和看见的运用中所蕴含的实践因素还处于萌芽阶段。在中期阶段，维特根斯坦尝试了一种现象学路径。不过，随着他对现象学路径表现出不满，他开始向着更为完善的实践路径发展。到了《哲学研究》时期，这种经验论思想逐渐成熟。显示和看见不仅相互作用，它们还同图像、使用、内在、外在等问题相互关联，从而成为维特根斯坦哲学思想整体中不可或缺的部分。这种发展线索表明，维特根斯坦对语言与实在的调和最终落在了实践活动之中。同时，我们也可以看到，在显示和看见中呈现出来的意义，使维特根斯坦能够依靠经验中的实际活动消除由解释和说明带来的意义膨胀。由此可见，他的实践视域下的显示和看见完全契合于他的紧缩论主张。总体上来看，他对这一思路既有保留的部分，也有修改的部分。维特根斯坦在这方面的保留，实际上表明他一直将显示和看见当作与意义相关的核心要素；而他在这方面的修改，受到他的命题意义思想变化的影响。

实际上，上述三条线索并不是彼此分离、毫无关系的，而是相辅相成、协调发展的。维特根斯坦哲学的发展沿着"实践活动"这条主线，在不同的时期分别展现了不同的面向，分别由特殊的反实在论、语境主义、看见和显示等分支脉络充实并展开。

五、结　语

研究维特根斯坦哲学的发展及其思想的连续性，能为我们深入理解维特根斯坦哲学整体提供有益启示，具有重要价值。

首先，对维特根斯坦前后期哲学的连续性的关注，可以使我们在更广阔的视野中看待他的哲学发展。这种视野是由哲学研究的方式产生的，即从全局的视角来看待他的哲学思想。面对相同的研究材料，不同的研究策略和方式必定产生不同的研究结果。全局视角的选取，一方面能够使我们把握住维特根斯坦哲学的全貌，对其哲学发展形成整体性认识；另一方面能够使我们把握他的思想发展的脉络，尤其是如果顺着某一线索追根溯源，可以对其特定观点形成连续性认识。

其次，认识到维特根斯坦哲学发展的连续性，从而对其连续性的因素进行研究，有助于深化对其哲学思想内核的理解。这些思想内核能够帮助人们形成更好的问题建构，获得更清楚的哲学方法，掌握更深刻的思想源泉。在这一基础上，我们能够进一步获得对维特根斯坦哲学更为精准的历史定位。认识到其哲学发展中的紧缩论、实践取向等特点，一方面使我们能够在其所在的历史背景下追溯其哲学来源，另一方面又使我们能够跟踪其思想的后续影响。更为重要的是，这种历史定位也能为解决当下的哲学问题提供思想资源。例如，表征主义、心身关系、规范性来源等问题，在维特根斯坦哲学的发展中都被深入讨论过；通过与当今哲学问题的研究进行对比，能够让其思想发挥更为有效的作用。

最后，研究维特根斯坦前后期哲学的连续性问题，更加符合维特根斯坦哲学的发展事实。综观其哲学的发展可以看出，他在不同时期对解决问题的方法和相应的哲学观点都有修改的痕迹，这表明了他的哲学发展的真实状况。忽略或者消解这种历史事实，都会造成对其哲学的误解或歪曲。对维特根斯坦哲学的解释，如果只采取孤立考察其某一时期特定主题的方式，那么这一方面会忽略这一主题的历史发展过程，导致理解上的偏差甚至谬误；另一方面会割裂维特根斯坦哲学的不同发展阶段，造成解释上的断裂，从而无法解决某些解释上的困难。

总之，用连续性的视角来研究维特根斯坦哲学的发展，在操作上可行，在价值上亟须。

再谈维特根斯坦哲学的"连续性"

梅杰吉[*]

维特根斯坦哲学因其前后期的断裂而备受学界关注。近年来,对维特根斯坦哲学的"连续性"的讨论日益频繁,专家学者们在不同的层面上试图弥补前后期的分裂造成的鸿沟,提出了不同的解决方案。当然,不管哪种解决方案,都要从维特根斯坦哲学的一般分期开始。

一、维特根斯坦哲学的"经典分期"

一般来说,学界将维特根斯坦哲学分为以1929年为界的前后两个时期,即以《逻辑哲学论》为代表的"前期维特根斯坦"和以《哲学研究》为代表的"后期维特根斯坦"。按照这种划分,"后期与前期的一个重要区别,是抛弃了用逻辑分析的手段建构世界和命题的逻辑结构的理想,从对命题意义的静态分析转向了对语言用法的动态分析"[1]。这种看法颇为流行,甚至构成了关于维特根斯坦哲学分期的一种经典表达(以下简称"经典分期")。当然,更细致的分期还会区分出"中期维特根斯坦",即以《大打字稿》(TS 213)为代表的所谓"实证主义的

维特根斯坦"。此一时期的维特根斯坦据说放弃了《逻辑哲学论》中对作为世界
本质的逻辑结构的先验要求，转向了对有意义的原子命题的证实标准的或多或少
具有经验意义的探讨；在这个意义上，"中期维特根斯坦"具有明显的过渡性质，
被视作为"后期维特根斯坦"的语用转向所做的准备或铺垫。[1] 此外，围绕《论
确定性》在维特根斯坦哲学中的特殊地位，以莫雅-夏洛克（D. M.-Sharrock）为
代表的维特根斯坦学者还提出了"第三阶段维特根斯坦"（相对于"经典分期"
中的前后期两个维特根斯坦而言）的概念。[2] 这个概念的一个重要特征是，强调
1946年以后的维特根斯坦的思想已经超出了《哲学研究》，并认为维特根斯坦发
展出了一种更为传统的哲学方法。

　　显然，这三种分期之间的关系并不是并列的。"中期维特根斯坦"是对"经
典分期"在细部上的延续，而"第三阶段维特根斯坦"则多少是对"经典分期"
的修正。可以用如下图示来表示三者之间的关系：

"经典分期"———"第三阶段维特根斯坦"

|

（"中期维特根斯坦"）

　　不难看出，不管是所谓的"中期维特根斯坦"，还是"第三阶段维特根斯
坦"，它们都建基于前后期维特根斯坦的"经典分期"之上，因为它们可以被分
别理解成从内部和外部对"经典分期"的进一步修饰（当然，"第三阶段维特根
斯坦"的修饰强度要比"中期维特根斯坦"更大，因为它甚至改变了"经典分
期"的外貌）；同理，如果我们揭示出"经典分期"本身所具有的问题，那我们
就同时揭示了后两种分期方法的多余，尽管这并不一定导致我们放弃"经典分
期"（以及其他分期方式）。

1　关于"中期维特根斯坦"的相关论述，可参见韩林合：《维特根斯坦〈哲学研究〉解读》，北京：商务印书
　　馆，2010年；徐强：《论魏斯曼对"中期"维特根斯坦语言哲学的阐释与发展》，北京：中国社会科学出版
　　社，2020年。

2　参见楼巍：《轴心命题与知识——第三阶段的维特根斯坦与知识论重塑》，载《哲学研究》2012年第1期。

对维特根斯坦哲学的"经典分期"包含以下三个缺陷。首先，也是最重要的一点，不难看出"经典分期"的立足点是研究方法而非研究对象。然而，从方法论的角度看，维特根斯坦的立场实际上可以说是前后一致的，即用语言分析的方法来解决哲学问题，不管这种方法是所谓的前期的"逻辑分析"，还是后期的"对语言用法的动态分析"。在语言学转向（linguistic turn）的光照下，所谓前后期维特根斯坦的分期显得并不重要。换言之，维特根斯坦前后期哲学的分期只有在语言学转向的大背景下才能凸显其价值，而毫无准备地谈论维特根斯坦前后期哲学的转变只能造成割裂。其次，如果我们承认维特根斯坦前后期哲学在方法上的一致，并且依然想要谈论其前后期哲学的差异的话，那唯一的出路就是把这种差异归结为风格上的差异（因为从对象上来看，维特根斯坦前后期哲学关注的焦点都是语言和实在［reality］之间的关系）。风格上的差异意味着它并非是一种价值判断，尽管《哲学研究》时期的维特根斯坦认为《逻辑哲学论》包含了"严重错误"。[1] 然而，"经典分期"容易导向价值判断，即认为后期"优于"前期。的确，《哲学研究》所代表的维特根斯坦，相比于《逻辑哲学论》所代表的维特根斯坦，在某些方面无疑是更成熟的——不过，"成熟"并不意味着"优于"，把"成熟"等同于"优于"是对这两个概念之间的差异的忽视（关于这一点，后文还会详细讨论）。再次，风格上的差异同时还意味着这是一个关于倾向（tendency）而非选择（choice）的问题。这就是说，不同的维特根斯坦学者在这个领域范围内会被自动分为倾向于前期和倾向于后期的两个派系，而不是在两个派系之间做出选择。尽管他们可能会声称自己所属的派系优于另一派系（价值判断），但这种断言应该被合理地理解为表达（expression）而非断定（assertion），即表达了他们对该派系的归属。总而言之，维特根斯坦前后期哲学的风格差异吸引研究者各归其位，而并非使研究者在维特根斯坦前后期哲学之间做出他们个人的选择——这是从"经典分期"的逻辑出发非常容易滑向的另一个错误结论。最后，涉及"分期"概念本身。对它的讨论当然是和对"连续性"的讨论紧密联

1 　参见维特根斯坦：《哲学研究》，楼巍译，上海：上海人民出版社，2019年，序言。

系在一起的，谈论其中的一个势必要谈论另外一个。这一方面意味着，单独谈论"分期"是没有意义的，正如脱离语言学转向来谈论"经典分期"是没有意义的一样。同样，单独谈论"连续性"也是没有意义的，脱离"分期"来谈"连续性"是一种思想懒惰的表现。另一方面，既然"分期"和"连续性"同属于"硬币的两面"，而对于硬币而言，一般的用法是把它花出去而非收藏（除非有人的目的正在于此），这就意味着谈论"分期/连续性"应同时指向实用（花出去）和非实用（收藏鉴赏）两个维度，而这在对"经典分期"的讨论中是没有的。对于这一点，后文也将给予详细讨论。

二、一种分期的新尝试

以上对"经典分期"的批评指向一种新的分期，更准确的说法是，指向对一种分期的新尝试。这是因为，按照维特根斯坦对哲学前后一致的理解，它更应被理解为活动而非理论。"在搞哲学时，对我来说重要的是经常换换姿势，不要用一条腿站太久。这样才不至于变僵硬。"[1] "经典分期"这个姿势我们已经使用太久，或许现在该是变换的时候了。当然，这意味着这里没有价值判断的余地，即孰优孰劣问题不会出现在我们的视野中（尽管价值判断可能会从最终结果中产生）。这个新的尝试究竟是如何可能的？实际上，它正如维特根斯坦针对哲学问题所一贯提示我们的那样："事物对我们而言的最重要方面由于其简单和平凡而隐藏了起来。"[2] 这个摆在我们眼前的事实就是：维特根斯坦从对数学的兴趣开始他的哲学之路，他对数学基础的认识经历了从逻辑主义到语法规范论的转变；1944年以后，维特根斯坦的兴趣又从数学基础（数学哲学）转向了心理学哲学；而他晚年的《论确定性》则又转向了一个新的领域，即对知识（不管是数学知识

1　维特根斯坦：《论文化与价值》，楼巍译，上海：上海人民出版社，2019年，第46页。

2　维特根斯坦：《哲学研究》，§129。

还是心理学知识）基础的确定性的探讨。研究对象上的转变最应该引起我们的注意，不过恰恰是这一点最没有引起我们的注意。这是因为，我们习惯于寻求"隐藏在背后的真理"——这也是"经典分期"如此深入人心的原因所在，因为它似乎穿透了研究对象表面上的变化，而直抵方法论的本质。

如果笔者在下文中对维特根斯坦思想历程的梳理是合理的（"合理"这个词的含义的一个重要方面在于它是自然而然的），那么，一种关于维特根斯坦哲学分期的新尝试就会被恰当地呈现出来。我们可以将维特根斯坦的哲学合理地划分为"数学的维特根斯坦"（维特根斯坦开始哲学生涯至1944年）、"心理学的维特根斯坦"（1944至1950年）以及"知识论的维特根斯坦"（1950年至维特根斯坦去世）三个阶段。按照这个分期，作为"经典分期"中的后期维特根斯坦代表作的《哲学研究》依然是过渡性的，我们可以合理地把它放置在"数学的维特根斯坦"和"心理学的维特根斯坦"之间。从《哲学研究》的内容来看，如此放置是合理的：它的前半部分是针对《逻辑哲学论》的，是对前期逻辑主义的批评；后半部分开始了对心理学哲学的探讨。

对于笔者的这个分期，至少可以预见有两种可能的反驳：一、1944年以前的维特根斯坦也关心心理学中的诸多基础问题，把这个阶段完全概括为"数学的维特根斯坦"是否有过度概括之嫌？二、这三个阶段本来就是维特根斯坦哲学的主题变化，把它作为一种分期模式来看待是否完全误解了分期的内涵？显然，这两个反驳不可能同时出现在同一个反驳者那里，因为二者是相互对立的。这是因为，如果承认"数学的维特根斯坦"的合法性，那就势必要承认按照主题来划分的必要性；反之，如果承认按主题划分的合法性，那承认"数学的维特根斯坦"的存在合理性也是极为自然的事情。笔者首先对这两种反驳做一个试探性的回应，因为笔者承认，这个分期本身也是试探性的。

第一，的确，1944年以前的维特根斯坦关注的焦点除了数学，也包括心理学中的大量概念问题。不过，此阶段维特根斯坦的主要思想脉络依然在数学范围之内，他的主要目标和任务依然是探讨数学的本性。在此基础上，维特根斯坦完成了他对数学基础的（重新）认识：从一种逻辑主义的基础主义立场转向更成熟的语法规范论。正是借助在这一根本转变过程中获得的新方法论，维特根斯坦看到了解决心理学中的概念混乱的可能。尽管《逻辑哲学论》中直接探讨数学的内容极少，但维特根斯坦的思想资源依然来自数学（逻辑方法）；转变后的维特根斯坦对数学基础的一个基本态度是"不要垂涎逻辑"[1]，这也表明维特根斯坦深受数学思维的影响。因此，此阶段的维特根斯坦关注的焦点，可以说依然是围绕着数学展开的。

第二，这个反驳乍一看是极为尖锐的。然而，主题的转变如果不能仅仅被理解为一种毫无规则的对象的变化的话，那么，它实际上应当仅仅被理解为深层次思想脉络变化上的标的的变化。这种说法没有维特根斯坦所要反对的本质主义的嫌疑，只要我们认识到了面向问题对维特根斯坦的重要性（这也是维特根斯坦在《哲学研究》第二部分——这一部分是他打磨较多的部分——花费大量篇幅探讨面向问题的原因所在）的话。同样，这里更多地依赖于"看出一个面向"，而看出面向的关键并不在于看见线条（看见研究对象），而在于看见线条的整体结构（看见一个面向，这个面向似乎在向我们招手）。的确，这是审美意义上的"看"，它预设了读者具有同样的判断力。这一点同样不会显得任意，因为这种任意性会被消除在"维特根斯坦共同体"（Wittgenstein community）的限制条件之下。

谈某个哲学家的思想的分期，一般来说是一件华而不实的事情。它要求对这个哲学家的思想的极为细致和深入的把握。更不用说，在维特根斯坦这样一位艰深、晦涩的哲学家那里，这一任务的难度就更大了。不过，笔者并不期望获得"维特根斯坦共同体"成员的全体赞同——这实际上也是不可能的。在一种鉴赏力的意义上，这既不可能也无必要。此外，过多地谈论鉴赏力会引起朴素意识的反抗，即这种分期的新尝试如何有益于研究本身？显然，对这个问题的回答，是内在于与鉴赏力相联系的另一个概念（即"实用"概念）之中的。"概念可以减

1　参见 Cora Diamond ed., *Wittgenstein's Lectures on the Foundations of Mathematics, Cambridge, 1939*, Chicago: University of Chicago Press, 1976, p. 271。

轻或者加剧一种胡作非为；促进或者阻碍它。"[1]同样，采取一套不一样（尽管和之前的分期有联系）的分期或者"看"的方式，同样会在后果上产生作用。当然，笔者希望这种结果是积极的。

回到这种尝试性的新分期本身。把维特根斯坦哲学的发展理解为思想脉络（而非仅仅是研究对象）在深层次上从幼稚到成熟的生长过程，是否意味着维特根斯坦的前期思想是没有价值的？答案显然是否定的。"成熟"并不意味着"优于"，在这里没有价值判断的余地，因为价值判断强烈地预设了形而上学的一元论，而这是维特根斯坦极力反对的。"成熟"和"优于"这两个词的语法非常接近。然而，在此应该引起我们注意的是它们之间的细微差异，而不是二者醒目的相似之处。实际上，就"经典分期"中的前后期维特根斯坦而言，不同的学者在此会被自动分为倾向于前期或后期。但是，这并不意味着他们之间的沟通和理解是不可能的。关注"逻辑主义者维特根斯坦"的学者和关注"语法论者维特根斯坦"的学者之间的相互理解是可能的，如果他们正确地理解了维特根斯坦哲学的一贯精神实质的话。这种精神实质包含在维特根斯坦对他的写作所针对的人群的表达上："如果我说我的书只是为人群中一个很小的圈子（如果我可以称之为一个圈子的话）而准备的，那我并不是说在我看来这个圈子是人类中的精英，而是我转向了这个圈子（不是因为他们比其他人好或坏），是因为他们构成了我的文化圈。他们就像我的同胞，而不是另一些让我感到陌生的人。"[2]当然，"构成了共同的文化圈"并不意味着这些人在具体到每一个判断上的一致性，或者用更准确的说法来说，他们能够理解和同情分歧产生的来源。在《哲学研究》的序言中，维特根斯坦谈道，"只有与我的那种旧的思考方式相对照并且以它为背景，这些新的观念才能得到正确的阐明"[3]。对此，有一种直接的理解，即只有对照《逻辑哲学论》，《哲学研究》才能得到

1　维特根斯坦：《〈维特根斯坦文集〉第6卷·心理学哲学研究》，张励耕译，北京：商务印书馆，2019年，§601。

2　维特根斯坦：《论文化与价值》，第17页。

3　维特根斯坦：《哲学研究》，序言。

恰当的理解。此外，还有一种较为激进的理解，即恰恰相反，只有对照《哲学研究》,《逻辑哲学论》才能得到正确的阐明。后一种理解之所以较为激进（实际上这也是新维特根斯坦学派的主张），是因为它建立在解释者本人的解释学循环之上，它同样应该获得"构成了共同的文化圈"的第一种直接理解者的同情。

在下文中，笔者将分别讨论这几次转变。如果足够幸运的话，笔者将表明下面这一点：这些转变并非如某些研究者所认为的那样是线性的（仅仅标记着话题的转换），实际上，它包含着维特根斯坦哲学研究向纵深方向的发展。如果笔者成功了，那么这就意味着从"从幼稚到成熟"这条线索来讨论维特根斯坦哲学的连续性是唯一一条讨论该话题的可行路径。

三、从逻辑主义到语法规范论

数学基础（数学的本性，特别是数学与逻辑的关系、数学与世界的关系问题）是维特根斯坦一生所关心的核心问题之一。在维特根斯坦留下的2万多页的手稿中，有至少三分之一的内容与此相关。蒙克的传记中有这样的记录，即当1944年维特根斯坦被要求为某传记辞典修订关于他自己的词条时，他加上了下面这句话："维特根斯坦的主要贡献在于数学哲学。"[1]当然，一方面，维特根斯坦对数学基础的兴趣无疑和他的个人经历密切相关。他早年在曼彻斯特大学学习工程学，工程学和数学的密切联系，为他后来的研究兴趣由数学转变为以数学为基础的哲学研究提供了契机。另一方面，我们可以说，维特根斯坦对数学基础的兴趣也是和数学本身的性质联系在一起的——数学的严格和缜密对哲学家来说是一种难以抵制的诱惑，诱惑他们去模仿数学建构哲学（正如弗雷格和罗素所做的那样）。而抵制这种诱惑是作为"哲学家的哲学家"的维特根斯坦的任务。在笔记

1　蒙克：《维特根斯坦传：天才之为责任》，王宇光译，杭州：浙江大学出版社，2011年，第470页。

中，维特根斯坦写道："在任何一个宗教派别中，都没有像在数学中那样因为误用了比喻性的表达式而犯下如此多的罪行。"[1] 从单纯分析的角度来看，把数学和宗教相提并论似乎是一个最不恰当的类比。但在维特根斯坦那里，这个比喻可能是最为贴切的。这同时也意味着，在数学中把形而上的东西撇开，让数学如其所是是极为困难的，需要巨大的智力付出。

《逻辑哲学论》时期的维特根斯坦无疑是一个逻辑主义者，他也毫不避讳地声称，"弗雷格的伟大著作，以及我的朋友伯特兰·罗素的工作，都极大地刺激了我的思考"[2]。关于数学的性质，维特根斯坦断言："数学是一种逻辑方法。"（6.234）当然，我们更关心的是维特根斯坦的逻辑主义与（比方说）弗雷格和罗素的逻辑主义到底有怎样的差异，哪怕这种差异是极其微小的。彼时，数学基础的关键问题被归结为自然数的定义问题。弗雷格的解决方案，是从"集合"或"类"（class）的概念中引申出"自然数"的概念。随着罗素悖论的发现，弗雷格的解决方案趋于崩溃，罗素有机会将类型论推出。不过，维特根斯坦并不接受弗雷格—罗素式的将类型论作为算术基础的进路，认为把类型论引入对数学基础的讨论是完全多余的（6.031）。在《逻辑哲学论》中，维特根斯坦试图用逻辑运算（logical operation）来代替类型论作为算术的基础（6.02–6.031, 6.2–6.241）。[3] 既然数学在此时的维特根斯坦看来就已经是一种逻辑了，那从认识论的角度将其还原为逻辑（如罗素和弗雷格所为）就是没有必要的了。值得注意的是，对数学基础进行逻辑建构在《逻辑哲学论》中占据较小的位置。我们可以合理地认为，1929年重返剑桥后，维特根斯坦的兴趣已经从数学的逻辑属性转移到逻辑自身的属性上来了。总而言之，《逻辑哲学论》时期的维特根斯坦对待数学基础问题，大致持有和弗雷格、罗素相同的逻辑主义立场，但也有细微的差异。这种差异表现在，维特根斯坦放弃了后者的强建构主义立场，他的立场可以被合理地称为"非

1　维特根斯坦：《论文化与价值》，第2页。

2　维特根斯坦：《逻辑哲学论》，黄敏译，北京：中国华侨出版社，2021年，序言第30页。

3　关于《逻辑哲学论》中对数学基础的探讨，参见 Pasqual Frascolla, "Philosophy of Mathematics," in Hans-Johann Glock ed., *Wittgenstein: A Critical Reader*, London: Wiley-Blackwell, 2001, pp. 268–288。

还原论的逻辑主义"。

1929年重返剑桥后，维特根斯坦关心的首要哲学问题依然在数学领域。不管是参加布劳威尔的关于直觉主义的讲演给他提供的思想刺激，还是所谓"过渡时期"的大量写作（最后被整理为《哲学评论》和《大打字稿》出版），都说明了这一点。《逻辑哲学论》中关于数学命题——它类似于重言式——的性质的讨论可以被概括为以下三点：1. 数学命题是非描述性的；2. 数学命题是自明的（至少在被清晰呈现的意义上是自明的）；3. 数学命题是转换经验命题的诸规则。维特根斯坦逐渐意识到了第二条概括的问题，因为在数学中，相较于一个简单的证明，一个复杂的数学证明过程显然并非是自明的，变形越长的证明越能表明这一点——这从侧面提醒我们注意到，《逻辑哲学论》中把数学与逻辑等同起来的逻辑主义立场存在着重大问题。数学命题的性质并不在于其自明与否，自明暗示着它仍然是相对于某个标准而言的，对A来说是自明的并非意味着对B来说是自明的——这暗示着，弗雷格式的对心理主义的批评不可能在逻辑主义的方向上得到解决，而只能另辟蹊径。对这个问题的解决将维特根斯坦导向实证主义立场，即数学命题的本质就在于它仅仅包含计算，而计算是按照一定的规则进行的——如果采用另一种规则，那么这并不意味着这是一种错误的数学，毋宁说，它是另一种数学。

"过渡时期"关于数学性质的计算主义立场一直延续到晚期最成熟的维特根斯坦数学哲学中，在那里，维特根斯坦提出了他的语法规范论。从语法规范论的立场来看，数学命题不描述任何数学实体（这一点和《逻辑哲学论》中的概括是一致的），它是我们谈论经验命题的语法规则。"2+3=5"这个等式是我们在自然语言中使用数词的一条语法规则，这条规则让我们合法地说出下面这样的话："我左边口袋里有2枚硬币，右边口袋里有3枚硬币；因此，我口袋里一共有5枚硬币。"语法规范论同时也表明，数学并非如《逻辑哲学论》所认为的和逻辑一样脱离经验，数学总体上依赖于它在数学之外的用法。如果我们把2枚硬币和3枚硬币放在一起的时候，总是有硬币消失或者融化，那我们采用包含"2+3=5"的数学系统将会是一件极为不便的事情（当然，这并非意味着维特根斯坦是一个实用主义者）。[1] 现在的问题是，在计算主义与语法规范论之间是否存在冲突？在《维特根斯坦论数学》中，施罗德（Severin Schroeder）认为这种冲突是存在的，并试图协调二者。[2] 在笔者看来，计算主义和语法规范论之间的冲突与其说是实质性的，不如说是理解性的。如果我们从维特根斯坦试图消解前期逻辑主义——不得不说，逻辑主义是形而上学最强有力的表现形式——的根本宗旨出发来理解计算主义与语法规范论之间的冲突，那我们就能理解二者之间的冲突是表面上的。维特根斯坦的目的是消除数学中的形而上学，让数学如其所是，"哲学家不应该以任何方式干扰数学家的工作"[3]。因此，无论是计算主义还是语法规范论都可以被理解为这样一种尝试，这种尝试导向对于数学的一种"无立场的立场"。

对数学的语法规范论认识，意味着对数学基础的认识的一个重大转变。数学命题作为一种语法命题不描述任何实在。在这个意义上，数学不需要基础——与此对应的是前期维特根斯坦把数学奠定于逻辑运算的基础主义尝试。数学作为一种人类实践，和其他所有的人类实践一样，其问题在于积累和创造，而不在于对所谓基础的追寻。"数学问题的推进更多地在于发明而非发现"——尽管没有记录证明维特根斯坦确实这样说过，但这的确是维特根斯坦乐意说出的话。当然，这并不意味着罗素、弗雷格以及早期维特根斯坦的工作是没有价值的。毋宁说，只有在转变后的视角下，才能清晰地看待早期工作的意义和价值。至此，我们可以清楚地看到，维特根斯坦在他对数学基础的探索中完成了一个"圆圈"。这个"圆圈"占据了他大半生的哲学思考，最终回归到一样的起点（或终点）。这个终点的根本要旨就在于让数学如其所是。哲学家的工作是为数学家"搜集回忆"[4]，而非直接参与数学问题的讨论，哲学家不应以任何形式干扰数学家的工作。

1　参见江怡：《维特根斯坦是实用主义者吗——一项学术史的考察》，载《学术月刊》2021 年第 11 期。

2　参见 Severin Schroeder, *Wittgenstein on Mathematics*, London/New York: Routledge, 2021, p. 58。

3　Cora Diamond ed., *Wittgenstein's Lectures on the Foundations of Mathematics, Cambridge, 1939*, p. 13.

4　参见维特根斯坦：《哲学研究》，§127。

四、从心理学哲学到确定性

1944年之后的维特根斯坦再没有回到过数学，他的兴趣转向了心理学哲学。这种转向并非由一种偶然的兴致所致，这和他在数学哲学领域完成的贡献息息相关。我们知道，维特根斯坦从做罗素和弗雷格的信徒起步，而弗雷格、罗素思想的一个重要方面是反对心理主义。此时，随着维特根斯坦完成了他自己对于数学基础的认识的"圆圈"，重新检讨心理主义的时机自然就来到了。这当然不意味着回到心理主义的老路上去。毋宁说，对逻辑主义的重新认识，也为重新认识心理主义提供了契机。1949年，在给友人的一封信中，维特根斯坦谈道："但是我现在不会说'思考是困难的'。我相信在哲学的某个阶段，人们会这样觉得。我正在处理的材料（指心理学哲学。——引者注）像花岗岩一样坚硬，但我知道该怎样着手干这事了。"[1]这表明，维特根斯坦已经掌握了进入心理学哲学的路径，这一点在《哲学研究》第二部分的最后一节中就已经被暗示出来了。在那里，维特根斯坦写道："心理学的混乱和空洞不能用它是一门'年轻的科学'来解释，它的状况不能与比如早期的物理学作比较（倒不如和数学的某些分支作比较。集合论。因为，在心理学中存在着实验的方法以及概念的混乱［在另一个例子中，则是概念的混乱和证明方法］）……对于数学来说，一种与我们对心理学的考察十分类似的考察是可能的，但它不是数学的考察，正如我们的考察不是心理学的考察。在这里不会有计算，因此它不是数理逻辑。它可以称得上是对'数学的基础'的考察。"[2]这表明，维特根斯坦已经意识到数学和心理学之间存在的平行关系，链接平行的二者的，简而言之就是语法研究的方法论手段——这是维特根斯坦直接吸收数学的语法规范论并将其转用到心理学领域的方法。正是这种方法论的一致，让维特根斯坦看到了解决心理学中相关哲学问题的曙光和希望。不过，既然谈到语法研究，不可回避的一个问题就是，维特根斯坦意义上的语法研

---

1 转引自 Paul Johnston, *Wittgenstein: Rethinking the Inner*, London/New York: Routledge, 1993, p. vi。

2 维特根斯坦：《哲学研究》，II §371–372。

究和语言学意义上的语法研究有无区别？笔者对此的回答是否定的。或者更准确的说法是：我们没有必要使二者形成对立关系。只有当涉及哲学问题时，维特根斯坦意义上的语法研究的价值才会凸显出来。"Three men are working"和"Three is working"这两个表达式就语言学意义上的语法而言，当然有正确和错误之分——前者是英语学习者需要谨记于心的一条语法规则。但是，在学习这条规则的时候，如果学生在此遇到意志的抵触，那这将涉及维特根斯坦意义上的哲学语法。"哲学的成果即是揭示出某些清楚明白的胡话，揭示出理智顶撞语言的界限时产生的肿块。它们，这些肿块，让我们认识到这种揭示的价值。"[1]当笛卡尔式的普遍怀疑的意志冲撞到语言界限的时候，就是理智产生肿块的时候。此时，我们需要的是从语法的角度来澄清，与其说是解决不如说是消解哲学问题导致的对我们的健康心智的蛊惑。

回到数学与心理学的平行关系。二者的平行关系当然关涉它们的基础，因为这两种语言游戏的表层结构表现出来是如此不同。就基础而言，它涉及对两种语言游戏至关重要的必然性（necessity）的来源。显然，这种必然性的来源不可能是经验的或者形而上学的；毋宁说，它是逻辑的或者语法的——这两组词分别概括了维特根斯坦前后期哲学对基础问题所做的思考，它们之间的差异则标识出后期维特根斯坦对逻辑的重新认识，即用语法能更准确地概括逻辑的属性。逻辑的刚性根本上在于语法的规则性，逻辑的刚性中仍然具有某种形而上学的东西，或者容易导向某种新形式的形而上学的东西——维特根斯坦所谓的"本质在语法中被说出"[2]正是这个含义。这种必然性对于不管是数学还是心理学都是构成性的。在这个意义上，我们可以说数学和心理学是平行的。这种必然性就在于不管是数学的还是心理学的语言游戏其根基上的公共维度，这对一个数学命题或者私人语言论证来说都同样适用。"12×12=144"这个数学命题可以是学生被老师要求测试时做出的计算，在这个意义上它是经验命题；当然，它也可以是一个语法规范

1　维特根斯坦：《哲学研究》，§119。

2　同上书，§371。

论意义上构成我们使用数字符号的规则的语法命题。在后者的意义上，只有在我们对算出"144"的答案毫无疑义的情况下，它才成其为一个数学命题；换言之，"12 × 12=144"这个数学命题的必然性，来自我们都算出"144"的结果。如果我们计算"12 × 12"总是得出各不相同的答案，那么"12 × 12=144"这个命题作为数学命题的意义也就崩溃了。同理，心理学中的命题也是如此。"他痛苦地呻吟着"这个命题把呻吟作为痛苦的标准采纳下来，尽管这个命题在不同的语境中存在真假之分，即当事人可能是在伪装。但作为一个语法命题，它把痛苦和呻吟内在地联系在一起了，正如"12 × 12"和"144"是内在地联系在一起的一样。在《数学与心理学基础的平行》一文中，威廉姆斯（Meredith Williams）还正确地指出了，这种平行关系是双向的："数学解释了标准判断的必然性，这种必然性既不是形而上学的也不是因果的；而标准的心理学判断则解释了数学必然性的来源。"[1]标准数学判断在一般意义上构成了我们言说的规范，但标准数学判断并不是或者不应该被拔高到一个形而上学的高度，对原初数学命题的习得所需要的大量周边环境正是心理学的重要领地。数学和心理学在一种人类实践的意义上可以而且应该被相互紧密地联系起来，而不至于使人们受到表层语法差异的诱惑，得出有关二者分道扬镳的结论。儿童在最初学习数学的时候，他们的各种疑问被规范压制。维特根斯坦写道："他们学习将它们看成可以轻视的东西，而且对于这些事情——借助于来自心理分析的类比来说——正如对于某种婴儿时期的东西一样，他们已经获得了一种厌恶感（这段话让人想起弗洛伊德）。"[2]这段评论表明，在较成熟的维特根斯坦的"语言游戏"的理论框架（相对于不成熟的逻辑主义框架）中，数学和心理学这两种表面看似极为不同的实践是紧密联系在一起的。研究心理学能够澄清数学学习的周边环境，从结果上提升学习数学的效率和创造性。孩子们在学习算术时感受到来自教师传授的数学规范操作的压力，本能且自然地对之进行思考和怀疑，但课堂教学一次又一次地将其压制下去。对此，维特

1　转引自 Timothy P. Racine and Kathleen L. Slaney eds., *A Wittgensteinian Perspective on the Use of Conceptual Analysis in Psychology*, New York: Palgrave Macmillan, 2013, p. 119。

2　维特根斯坦：《数学基础研究》，韩林合译，北京：商务印书馆，2013年，第119页。

根斯坦要向这些被压制下去的怀疑说："你们完全是对的，尽管问下去吧，而且要求澄清！"[1]显然，如果我们正确地理解了数学和心理学的这种平行关系，那我们就不难理解维特根斯坦在结束了对数学基础的研究之后，兴趣立刻转到心理学哲学领域的原因了，因为这对维特根斯坦来说也是极为自然的事情。

回到心理学哲学研究本身。按照维特根斯坦，它追求的不是精确而是清晰。[2]一方面，尽管维特根斯坦在《心理学哲学评论》中试图对心理概念进行分类，但他的目的并不是提供一个系统的心理概念的谱系。不如说，心理学哲学研究的目标是在诸多互相联系的心理概念之间游走而不经常碰壁。这表明，维特根斯坦对心理概念的语法研究从一开始就是和为了获得清晰的"综观"联系在一起的，而不是和理论建构联系在一起的。另一方面，作为"语法研究"的心理学哲学考察对待心理学发展的最新成果也持审慎的态度，或者更准确的说法是，它持有一种寂静主义的态度。与其说维特根斯坦关心这些成果，不如说他更关心获得这些成果的方法。正如他在《哲学研究》的最后暗示的那样，"实验方法的存在让我们相信我们有了解决困扰我们的问题的方法,尽管问题和方法擦肩而过了"[3]。毕竟，根基上的清晰才是维特根斯坦所真正关心的问题。

如果我们恰当地理解了维特根斯坦所说数学与心理学在作为实践方面的平行关系，以及心理学哲学研究对于数学基础研究的延伸[4]，那么，把这种延伸进一步扩展到对二者作为一种成型的人类知识（不管是数学知识还是心理学知识）的确定性的考察上，就是再自然不过的一件事情了。这正是维特根斯坦的后期工作的最后一个领域。尽管据记载，是摩尔的《关于外部世界的证明》刺激了维特根斯坦的思考，让他把注意力转移到这个话题上来，但是，有充足的理由证明，话题的转移是与维特根斯坦完成了心理学哲学研究的方法论尝试（并在一定程度上完

---

1 维特根斯坦：《数学基础研究》，第 119 页。

2 参见维特根斯坦：《《维特根斯坦文集》第 6 卷·心理学哲学研究》，§895。

3 维特根斯坦：《哲学研究》，II §371。

4 威廉姆斯虽然正确地指出了数学和心理学之间的平行关系，但她没有解释为什么是从数学过渡到心理学，而不是相反；当然，这并不构成对威廉姆斯的一种真正的批评，因为笔者在此追求的是一种更加激进的解释。

成了该课题）分不开的（而我们已经分析了数学与心理学的平行，并在这个意义上分析了二者的过渡为何是自然的）。这就是说，过渡到对知识基础的确定性的研究，更多的是源于维特根斯坦由来已久的思考逻辑，而不仅仅是借助摩尔的一篇论文提供的契机。

我们在数学和心理学中拥有的确定性，让哲学家去寻找隐藏在表面呈现出的命题之下的某种特殊实体（entity）或者实在（reality）。在实际的计算中，我们可能把"12×12"算成"143"，但在那个实在领域，"12×12"已经是"144"了（罗素关于数学命题的性质的看法暗示了这一点）。在这种柏拉图式的确定性的光照下，数学命题描述数学事实，正如经验命题描述经验事实一样，就好像存在一个关于数学实体的物理世界似的。同理，对于心理学命题的确定性，存在第一人称与第三人称的差异。尽管我们不能断定他是否真的疼痛，但"我疼痛"则直接是确定的，这一点是通过笛卡尔式的内省获得的。柏拉图式的确定性和笛卡尔式的确定性，分别从本体论和认识论的角度，把一个数学命题在计算中可能出现的错误和识别他人心理谓词的真假问题解决了。在维特根斯坦看来，这种解决方案包含一种严重的误解，即把规范（norms）与实体弄混淆了；混淆的过程就是将作为规范的数学（以及作为它的延伸的心理学）拔高到形而上学的高度，使之成为由自己构成的实在世界。维特根斯坦的解决方案是语法描述：规范（河床）本身固然是变动的，但与经验命题（河水）相比，它变动的频率要小得多，否则经验命题就无从谈起。当然，这里的问题并不是一个概率的问题，它更多的是一个范畴差异的问题。

回到柏拉图式和笛卡尔式的确定性。如果它们不能合理地解释数学以及心理学命题的确定性的来源的话，剩下的选择就是转向实用主义或者自然主义。实用主义的解释认为，我们之所以把规范作为一种传统或者规则接受下来，是因为这样做是有好处的。不得不说，实用主义的解释极具诱惑性。的确，接受一种规范往往意味着一种便利。不过，把对便利的追求当成一种目标也同样包含着形而上学的倾向，而这种形而上学正是我们要竭力消除的。此外，实用主义的解释中暗藏着一种乐观主义的世界观，就好像人类对于他们使用的语言游戏能够完全掌控一样。而实际的情况毋宁是，语言游戏的结构塑造了人。正是在这个意义上，维特根斯坦说："因此，我想说出些听上去像实用主义的话。这里有一类世界观（Weltanschauung）横在我的面前。"[1] 乐观主义的世界观表现在对语言的态度上，即它会把语言当成一种精心设计的结果。这在维特根斯坦看来也是错误的，因为"语言不是由一种推理产生的"[2]。总而言之，实用主义的解释模式是一种错位的解释，其根源在于它误解了我们的语言游戏的背景，认为这种背景是可以人为设置的，以期获得最大的便利。而自然主义的解释则试图将这种语言游戏的背景解释为行为者和他的生理环境以及自然环境之间的一系列因果联系。在这个意义上，自然主义拒绝承认规范以及规范性（normativity）在我们参与的语言游戏中的位置。换言之，自然主义本质上是一种还原论，它把规范还原为一系列属性。我们知道，还原论在成熟的维特根斯坦哲学那里是没有位置的，因为还原论的理论前提依然是基础主义思维模式，这种基础主义思维模式和成熟的维特根斯坦的描述方法是相左的。对于回归到对确定性的探讨的维特根斯坦来说，"哲学研究不以任何方式妨碍语言的实际用法"[3]的立场在此显得更加鲜明。语法描述由此可以被称为唯一的一种哲学方法。在这个意义上，作为一种理论建构的哲学自然是没有价值的，这也是为什么我们可以合理地把维特根斯坦称为"哲学家的哲学家"，并在此意义上谈论在他那里的"哲学的终结"的含义。

五、小　结

维特根斯坦哲学的"经典分期"中包含着诸多容易引起误解的可能。首先，它在语言学转向缺失的背景下谈论方法的转变，这极容易造成误解，让我们易于

1　维特根斯坦：《〈维特根斯坦文集〉第8卷·最后的哲学笔记》，刘畅译，北京：商务印书馆，2019年，§422。

2　同上书，§475。

3　维特根斯坦：《哲学研究》，§124。

把这种转变理解为一种断裂，然后再笨拙地寻找一个第三者将它们焊接起来。其次，"经典分期"的逻辑惯性容易导向"后期优于前期"的错误结论，就好像前后期在我们面前敞开，而我们对之做出任意的选择似的。实际上，我们看到的毋宁是这种分期选择了我们，而不是我们在这种分期之间做出选择。最后，"经典分期"没有在分期的实用性和鉴赏性之间做出分别的讨论，它似乎是脱离了实用性的鉴赏。因此，它根本上无益于推进我们对维特根斯坦哲学的研究。有鉴于此，笔者立足于维特根斯坦哲学主题的变化，从中抽绎出其思想发展的脉络，提出一种试探性的分期，即将其思想分为"数学的维特根斯坦""心理学的维特根斯坦"和"知识论的维特根斯坦"三个阶段。这种分期的新尝试，用一个康德式的表达式来说，是"范导式"的而非建构性的。如果这个分期有价值的话，那么它的唯一价值就在于，它能更多地指向维特根斯坦哲学研究的未来推进，而非为维特根斯坦哲学的"连续性"提供一套建构性的理论；从另一个角度说，即有利于推进研究的立场，来理解维特根斯坦哲学的"经典分期"（以及"中期维特根斯坦"和"第三阶段维特根斯坦"），可以重新赋予这些分期以活力。或者，更准确的说法是：只有在有助于推动维特根斯坦哲学研究本身的前提下，一种分期的尝试才是可能的。笔者希望，这种新分期的尝试达到了这个目标。

翻译

成问题的存在[*]

理查德·波尔特

陈　直　译　倪逸偲　校[**]

对于那些会被海德格尔著作打动的人来说，他的著作的触动思想的力量是毋庸置疑的。难道还会有比存在的意义与真理的本质更加深刻的问题吗？因此我非常确信，只要海德格尔的著作存世一天，只要那些著作还有读者，那么人们就会继续重视、讨论并且重新发现海德格尔。

但这并不是说，触动思想或者深刻就一定意味着正确。海德格尔思想纯粹的力量与视野，以及他精致的修辞会让我们相信他一定已经在找到答案的路上，尽管他反复强调他的思想只是一系列的"林中之路"（Holzwege）。"林中之路"并不提出任何解决方案，而只是让我们在森林中走得更远。因此从某些层面来说，一个真正的哲学读者必须与这些"林中之路"保持一定批判性的距离，并试着去判定海德格尔所开辟的道路中有哪些是有希望的，又有哪些是误导性的。

当然，基于海德格尔骇人听闻的对希特勒的热烈拥护，他那关于"犹太世界"的铁证如山的笔记，以及他对自由主义伦理与政治的不屑一顾，我们的责任

[*]　本文选译自 Gregory Fried and Richard Polt eds., *After Heidegger?*, London: Rowman & Littlefield Publishers, 2017, chap. 17。

[**]　作者理查德·波尔特（Richard Polt）：美国泽维尔（Xavier）大学教授，海德格尔专家。译者陈直：哲学爱好者，自由译者；校者倪逸偲：浙江大学哲学学院博士后，北京大学哲学博士。

也就更加凸显。这种反自由主义是他的思想核心内容的一部分，启蒙运动的信仰——理性可以超越、领会并且改进其自身处境——是他无情批判的对象。对海德格尔来说，无论是事实的累积还是逻辑的解释都不可避免地植根于非理性的"被抛状态"中：我们从属于一个既定的秩序，但却完全无法说清楚这个秩序本身因何而既定。我们依赖于对我们文化的规范与实践的下意识的熟悉；我们依赖于不可预测的"光照"（illumination）时刻；我们依赖于无意识地暴露在意义本身之中。这些"无蔽"的种种晦暗的前提条件支撑起了我们所有的理性确定性以及筹划。当启蒙忘却了它自身的根基，它就会扭曲人类的境遇，并毁灭事物的丰饶与神秘。海德格尔指出，此般启蒙的后果便是一片废土———一个把所有的存在者（包括人类本身）都还原为可以被计量的单纯对象以及可以被掠夺开发的资源的世界。海德格尔说，自由主义无非就是贪婪且精于算计的主体的胜利。

但将海德格尔描绘为一个坚定的纳粹分子是不准确的，因为从一开始，他希望的就是去追问一个比任何纳粹党的宣传口号都更加激进的问题。他也逐渐发现，纳粹的意识形态不过是一种宰制性的并且是还原论的现代性形而上学的体现而已。因此，种族理论无非就是一种"生物学意义上的自由主义"（GA65:53）。但是，这种形而上学式的批判并没有延伸到道德或政治的批判领域，海德格尔甚至还专门反对如此这般的道德或政治的批判（比如 GA95:13）。比如在《黑皮书》这样的文本里，他把所有的现代运动与力量（包括所谓"世界犹太教"的无形力量）都视为同一种机械论式形而上学的体现，因此（现代性）都沉湎于一种它自己的还原论中。在海德格尔的叙述中，启蒙对于自身根基的遗忘很容易被与那种将犹太人当作无根基的世界主义者的传统偏见联系在一起。尽管海德格尔在理论层面上批判了纳粹主义，但是他从未抵抗过反而是屈从于纳粹（GA95:408）。他似乎将纳粹主义当作现代性的终极命运、一种主观任性的极端体现；所有这些都必须持续到最终的灾难结局，只有这样，一种新的开端才是可能的。

海德格尔关于现代性的反思依然是与此高度相关的，甚至是非常急迫的。但是又一次地，我们得警惕着不能轻易地追随他的批判，或是在没有能够给出一种负责任的替代方案之前就随意抛弃启蒙的道德、政治与科学的理想。我们必须要承担责任，但这般责任的根源何在？在最开端处，究竟是什么让我们可能负有责任？在我看来，《存在与时间》中所提出的回答是海德格尔最深刻的洞见之一。如果可以这么说的话，那么即便是在对海德格尔本人之缺乏责任的最有力批判那里也已经预设了一些现象，而海德格尔本人恰恰可以帮助我们理解这些现象。

按照《存在与时间》的说法，我们对于我们自身、对于他人以至对于全部事物的意义本身都是有责任的，这完全是因为我们同时是有所亏欠的。我们是"有罪责的"（schuldig）：我们被抛入了一个困境——我们却必须要在我们的世界中成为我们自己，但我们却没有首先让我们自身进入生存的领域。责任并不意味着去构建自己的存在；恰恰相反，此在才是有责任的，因为此在本身是有所亏欠的。我们被给予了一个负担（burden），我们或是觉得负担沉重或是觉得它轻盈，或是承认负担或是忽视它。但只要我们生存着，我们就不能轻易地置之不顾，因为这个负担就是我们的生存本身。

海德格尔关于我们存在的负担的洞见是深刻且富于揭示性的。"我们的存在是成问题的"这一事实正是我们的生存的核心特征，但在日常生活与科学技术的实践中，这一特征常常不是被置之不顾就是被视为理所当然。这正是海德格尔能够给予我们的一个真相（尽管当然，这不会是他能给予的唯一一个真相）。如果我们去探究一下这一真相的影响，我们不仅会发现，它与海德格尔哲学的其他主题联系在一起；我们还会发现，海德格尔是如何未能考虑到它的政治影响的。这一深入存在的负担的洞见也会帮助我们看到启蒙事业的局限性，但这并不会直接使我们跃进到那种彻底拒斥启蒙的结论。

一、我们是谁？

在《存在与时间》导论部分第4节中，海德格尔阐释了思想的一条基本路线：此在本身的存在对于它自身而言是成问题的；此在是"在世界中存在"（being-in-the-world）；因此，所有"在世界中存在"的存在对于此在来说也是成问题的。而因为我们自己的生存就是一个问题，所以万事万物存在的意义也会是一个问题——因此我们有着内在的使命去发现、发问以及丰富我们对于存在的理解。

让我们来更深入地考察这一观点的基本层面。首先，如果说此在本身的存在对于它自身而言是成问题的（它只与它的存在有关），那么这就意味着我们每一个人都不可避免地要注意到"我们是谁"的问题。当然了，大多数时候我们并不会为我们的认同问题而感到痛苦；我们只是简单地接受了"我们是谁"，然后继续去处理手头的事情。我们中的一些人从来也不会经历任何生存论的危机。但这完全符合海德格尔的观点；他认为这种日常的生存方式是非本真的日常状态，是一种"沉沦"的境况，在其中"我之为我"的问题似乎已经被一劳永逸地彻底解决，或者说"我之为我"的问题始终被遮蔽着而根本从未浮现出来过。从一种更加具备洞见且本真的视角来看，此在的沉沦恰恰见证了它的更高的使命。那些看起来似乎是对自己本身的存在漠不关心的例子——鲁莽、厌倦、随波逐流以及未经审视的生活的种种形式——恰恰全都证明了"操心"的无处不在。只有当实体的存在处于危机之中时，它才会无法应对挑战，才会转而去试图将自己从自身所负的重担中解脱出来，或者遗忘它自身的责任。

在那些非同寻常的神志清醒的时刻，我们从自身中觉醒，并且意识到我们已经沉沦了多久。但是"从自身中觉醒"并不意味着退回到一种空洞且不愿承担责任的心灵之中，因为此在始终已经是"在世界中存在"。"在"意味着参与其中，就好比当我们说某人"参与"到政治或音乐中时那样。"世界"意味着一张由有意义并且有目的性的关系所组成的网络。我们所有人都参与到这个网络之中。我可能会关心我的家庭、我的邻居以及我的事业；我在这些环境中活动，根据它们来考察我自身，与相关的人事打交道，因为它们就是这些特别的意义网络的组成部分。因此，即便是一个看起来被异化了的、漠不关心的人仍然是一个在世界中的存在，尽管是以一种"残缺的样式"存在着。即便是焦虑的经验——在其中，我的意义网络的所有节点似乎都退却到无意义之中——也不能摧毁这个意义网络，更无法摧毁我以操心的方式身处其中的事实。这就好比伫立在珠穆朗玛峰顶，尽管你拥有无与伦比的视野，但你明白假如还不下山，你就会冻僵或者窒息。焦虑告诉我们，"我身处这个世界之中"的事实并不能够奠定任何足以把我界定为现成在手的事物的本质；我的存在仍然是成问题的。因而，无论有什么样的对我的存在问题的可行回应，无论有什么样的关于"谁"的问题的回答，以及无论这些回应或回答有多权宜，我们都必须要回去，重新开始与世界打交道。

我的世界是一个被共享了的世界：意义网络持续地牵连着他者，即便他们当下并不在场。我的习性是由文化塑造的，我的语言是由对话组成的，我对之有所亏欠的传统是由他者发展而来。努力去理解我自己的生存境况也就意味着，努力去理解我作为共同体之一员的意义。

因为我在世界中存在，所以对我成问题的东西就不仅仅是我自身的孤立存在，而且是所有对我有意义的东西的存在——事实上，是所有那些我在我的意义网络中与之打交道的实体的存在。自我内省并不有助于回答"我是谁"的问题。比如说，如果我热衷于音乐，那么我就参与到乐器之为乐器、音乐人之为音乐人以及一场或精彩或糟糕的音乐或演出的意义构建之中。我理解音乐的过程正是我理解自身的过程的一部分——这意味着我究竟是如何试着成为某个具体的人的。如果我们将这个例子加以推广，并且将那些更低程度的"参与"也一并包括进来，那么我们就会看到，每一个此在都必然与作为整体的存在本身相关联。无论一个人的世界如何被限制，它都仍然构成了某种整体性，构成了一个人们参与其中的、事物在其中有其应有位置的"场域"（field）。无论存在论的理论问题离我们有多遥远，存在都是"某些东西"而不是虚无，存在究其根本而言就是存在的，而这对我们来说就是有意义的。而且，正如一个人的"我之为我"的问题始终没有解决一样，所有其他存在的意义问题也都是悬而未决的：我们对于实体的每个领域的理解都面临着一场"范式转换"（paradigm shift），而整体的意义又始终要求着新的回应。在这个意义上，存在的问题源自人类的境遇本身。这并不是什么哲学家无中生有的说辞，而是以下事实的必然推论：我们的"我之为我"是成问题的；而我们之所以能成为某个具体的人，完全在于我们在与世界打交道，在其中我们"操心"着所有存在着的东西。

由于存在是成问题的，因而我们始终要面对那些无法明确回答的问题：存在的意义是什么？我是谁？我们是谁？存在问题并不能被认同问题取代，任何如此这般的认同最终都会转回到这个贯穿始终的问题之上。

我们自身始终处于危机之中，因而我们无法轻易地找到一个我们所拥有的固定特征，这意味着我们自身的存在中始终存在着一定的张力与不完满。海德格尔反对一切他所谓的"主体性"，即任何会把人类作为"主体基础"、作为一个具备着确定且清晰的属性的基底的观点。因此，他坚持认为，此在是"谁"而不是"什么"；这一特征在我们所有的本质特征中极为重要。[1]

如果我们接受"存在对于我们而言是成问题的"这一基本洞见，那么我们就应该避免三种误解这种洞见的错误做法。首先，这一洞见并不意味着，我们的存在是彻底的深渊或是意义的虚空———一个可以被追求任何东西的任何主观任意的决断所填充的虚空。我们发现我们自身对于传统与共同体是有所亏欠的，我们被抛入了世界，而这个世界是唯一一个可以让我们成为任何具体的人的场所。这意味着，并不是每一个对于"谁"的问题的回答都是同等有希望的、同等可行的，或是同等融贯的。如果我要去创造一种私人语言和一种全新的文化，那么我最终会陷入疯狂，或者陷入一种我完全无法辨认的过时的、刻奇的妄想之中。

其次，本真的生存并不一定要回避所有稳定的人格。如果一个人决意去追求一种单一的深度存在方式，那这完全是无可厚非的———只要他始终意识到，这样的追求是对那个需要继续被追问的问题的持续展开的回应过程。换句话说，虽然认同问题不能取代存在问题，我还是可以为我自己建立一种开放且持续展开的人格。比如，我可能会本真地参与到一个宗教共同体之中，只要这样的参与不是出于教条或惯性，而是出于一种持续更新的承诺：要过一种冒险去回答所有持续展开着的问题的人生。如果我逃避所有的责任，或是试着每天重新无中生有地去虚构出我自己，那么我能得到的只有一个肤浅的个性，而我所谓的"自由"不过是

1　更多关于海德格尔思想中的这种"生存论"层面的讨论，请参见本书（指 *After Heidegger?*，余同）中基舍尔（Theodore Kisiel）、吉尼翁（Charles Guignon）以及阿霍（Kevin Aho）等人的文章。

一条绝路。

最后，与海德格尔自己的某些倾向相反，我们并不需要去坚持认为只有此在才与它自身的存在处于一种成问题的关系之中。也许其他动物，甚至是所有的生物，都是在成为它们自身的演进过程之中，而并没有停止于任何本质或"物种"之中。也许所有从潜能的领域涌现出的事物都预设了特定环境下的具体形式，但是它们不可能仅仅局限于这些形式之中。也许现成在手的存在论（在这种存在论中，实体成为确定状态下的客体）从来就只能是一种建构（construct）活动，不仅在它与我们自身相关时如此，在它与所有事情相关时也都如此。

这样的话，海德格尔的立场便夸大了人类独一无二的地位，但这确实也是他的进路的优点，因为这种立场反对一切人性的物象化。这仍然是一场需要继续打下去的战役。海德格尔在20世纪30年代已经驳斥过的生物主义（biologism）在当代死灰复燃为神经哲学（neurophilosophy）与演化还原论（evolutionary reductionism）。生物学的确发现了大量有趣的事实，但是对这些事实的一些解释也假定了：为了能够理解人类的境遇，我们只需要解释我们身体的起源与结构就可以了。只要身体（包括大脑）仍然被当成现成在手的实体（一个对于它自身而言不成问题的客体，无论这客体多么复杂），那么我们生存的更深层和独特的人性维度就会仍然处在晦暗之中。

生物还原主义（biological reductionism）经常伴随着一种信息还原主义（informational reductionism），即把心灵（the mind）表征为硬件、软件、算法操作或数据。人类与计算机之间只是部分有效的类比把我们的注意力从我们自身的生存之中抽离出来。如果一台计算机器能够对它自身成为一个问题（如果它能体验到焦虑，如果它有认同危机，以及如果它会为存在而操心），那么谈论人工智能才有意义。

如前文所说，关键不在于坚持人类与其他存在者之间的"量子跃迁"（quantum leap）；进化连续体是可能存在的，但我们不能先天地断然否认建构一种硅基此在的可能性。

关键在于，我们的科学与技术常常假定它们所处理的所有实体都仅仅是现成在手的客体，而忽视了这样一种可能性：这些实体对于它们自身而言是成问题的。但是，这又预先地排除了此在的存在方式。如海德格尔始终坚持的那样，在存在论中，我们应该从更为丰饶的现象开始，比如我们自身的、完全舒展的生存状态；然后再去理解那些与之类似的更为受限的存在方式。但实际的情况却相反，我们却总是妄想着凭靠我们的技术科学知识来以贫瘠的手段去解释丰饶的现象。

二、"谁"的政治学

让我们稍稍超出海德格尔自己的思想路线，将他深入存在的负担的洞见延展到那些他几乎未曾探索过的领域。首先，"谁"的问题究竟是如何引发了政治领域中的一系列问题的？

与纳粹时期的主流意识形态相反，海德格尔坚持认为民族的使命是一个问题而非一个回答，因此德国人应当注意到比"德意志人民（Volk）"更宏大的东西——存在的问题。一个共同体始终在成为它自身的进程中，这段旅途永远不会终结。共同体的成员应当保持清醒，认识到所有事物（包括他们自身）的意义都是成问题的。他在20世纪30年代便持续地追问："我们是谁？"[1]

哪怕是在深度卷入希特勒政权的时期，海德格尔仍然有高光时刻：1934年1月30日，他严厉批评了当时刚刚在弗莱堡发表了演讲的（纳粹）种族纯化理论的知名喉舌、小说家兼意识形态吹鼓手科尔本海尔（Erwin Kolbenheyer）。海德格尔说："科尔本海尔既没有也根本没法看到，作为民族的人是一种历史中的实体，而个体意志去决断自己的存在与命运、投身到行动中、承担起坚持下去的责任、坚忍不拔、勇往直前、充满斗志、满怀信仰、敢于牺牲，所有这些都属于那个历史中的存在。所有这些历史中的人的根本行为模式都只有在自由的基础上才

1　请参见本书中爱尔兰（Julia A. Ireland）所撰写的章节，可由此思考海德格尔对于"成为德国人"这一问题的探索与纳粹党关于德国人身份认同的粗鄙断言之间的关系。

是可能的。"（GA36/37:210/160）自由存在着，因为"人就是自身，是一个对他自身存在的样式与可能性并不是无动于衷的存在；恰恰相反的是，它对于人的存在之中的那些存在者而言是成问题的"（GA36/37:214/163）。

但是，既然海德格尔认为民族的天命本无定论，那么为什么他还会在政治领域犯下如此错误？这个独裁政权试图用最坏的方式——将那些不是"我们"的人全部杀掉——去彻底解决"谁"的问题，但海德格尔究竟为什么会支持这样一个独裁政权？

尽管海德格尔在哲学上的开端是前途光明的，但他忽视甚至贬低了一些本质上属于政治的问题。即便我们不去对他的行为做任何伦理判断，他确实还是没有能考虑到这些基本的理论问题，反而是变得更加痛苦，以至于被驱逐出整个政治领域。缺乏对这些问题的严肃思考，意味着海德格尔并没有能进入政治哲学本身之中。

个体从属于什么样的共同体？而它们之间又是如何联系的？它们之间的冲突是如何产生的？而这样的冲突又该如何解决？比如说，某种语言的使用者可能会发现自己违反了他的国家所制定的法律，但却能与其他国家的公民有共通之处，因为他们也会说他的语言。

到底谁才能算是共同体的成员？仅仅凭靠法律手段就能确立成员资格吗？成为成员是否意味着要参与特定的实践活动、服从特定的规范？这是祖宗之法吗？个体可以自愿加入或离开共同体吗？

一个彻底同质化的共同体是不存在的。每个群体中都必然有差异和少数群体。那么，一个共同体应该在多大程度上来容纳这些基于语言、种族、族群或者政治倾向而形成的亚群体？他们应该享有特殊的权利吗？

同样地，一个彻底统一的共同体也是不存在的。正如亚里士多德注意到的，过度的统一会把城邦还原为大家庭或者有机体，从而摧毁城邦本身（《政治学》2.5）。那么问题来了：共同体应当容忍甚至鼓励不同群体之间的差异、多样性甚至异议到怎样的程度呢？

海德格尔认为，某些个体是能够表达出共同体的天命的——比如，荷尔德林是表达了德意志天命的最伟大的诗人。但是，我们总是会面临彼此迥异的对天命的表达。我们该如何分辨出哪种是更合适的？我们基于主观任意做选择吗？这只是一个关于修辞的力量的问题吗？这些问题值得争辩与讨论吗？存在着"民族意志"这样的东西吗？它是由一个或几个先知般的领袖来决定的吗？还是由大多数人投票来决定的呢？

对同类此在的某种程度上的尊重，是承认他们之为"谁"的关键吗？这些尊重意味着特定的规范和法律吗？这是否意味着，一个共同体应该维护个体的权利，承认每个共同体成员对于他/她自身而言都会是一个问题？（这并不意味着，要去认同关于个体自主权利的不现实理论。）

如果一些群体聚集，构成一个共同体，那么是否总是存在着一个补充性的移民群体，在其中共同体的成员与不同群体接触，与他们混合，并且作为侨民或流亡者在国外生活？[1]

不同的共同体可以找到它们彼此理解的方式吗？一个群体的成员又是如何可能向其他群体的成员学习的呢？海德格尔的确思考了德国与法国（GA13:15-21）、德国人与古希腊人、东方与西方之间的关系等问题。[2]但不幸的是，他的思考从未触及具体的政治层面。

要想考察所有这些问题，我们必须要超越海德格尔的著作能够提供给我们的视野。他关于"此在的自身存在对于它自身而言是成问题的"的洞见能够为政治哲学的基本问题提供一个存在论意义上的出发点。但是，他自己犯下的政治错误，作为不充分与不可被接受的回应，恰恰就是反面教材。鼓励关于这些问题的公众讨论，我们就能建立起最强大的防波堤来阻挡极权主义——极权主义总是试着去用暴力强制建立起一种集体认同来解决"谁"的问题。这样做是根本不可能真正解决问题的，最多只是把这些问题搁置冷冻起来。关于这些问题的争论本来就是真正的政治生活中始终存在的一部分。

1　海德格尔1933—1934年的研讨班简要地论述了"家园"（the homeland）内在的根基性及其同外来者之间层次丰富的张力关系；参见Gregory Fried and Richard Polt trans. and eds., *Nature, History, State*, London: Bloomsbury, 2015, pp. 55–56。

2　关于东西方对话的问题，可参见本书中由戴维斯（Bret W. Davis）所撰写的内容。

三、成为一个问题

由海德格尔的基本洞见所生发出的另一个问题便是：我们的存在究竟是如何成为问题的？如果存在是成问题的，那么它又是如何成为一个问题的？我们是如何进入"我之为我"的问题的？

要成为问题，似乎必须要有一些中断性（disruption）的事件。在这些事件中，曾经不成问题的自我认同（identity）被中断而进入失调状态，因而对它自身而言成为一个问题。在这样的境况中，我们自身存在的意义，以及所有的存在的意义，都遭到了挑战。我们把这样的事件称为"紧急事态"（emergencies）。也就是说，存在显现为一种负担，因而处于危机之中。我们甚至可以把它们称为"创伤"（traumas），这种创伤伤害了那个即将顺畅而不受干扰地成为整全的存在，并迫使这个存在承认它自身的不完满。

在《存在与时间》中，海德格尔把焦虑的经验描述为这样一个事件：在焦虑中，意义本身被动摇。曾经被视为理所当然的意义的全域整体被揭示为偶然与可变的东西。

在《哲学论稿》中，本有（Ereignis）和它的"失去本有"（Enteignis）与"错位"（Ver-rückung）同样可以被解读为如此这般的紧急事态，但却是一种更为根本的事件，它在让世界战栗（trembling）的同时也在最开端处就建立起了世界。在"在此建基的本有"中（GA65:183, 247），一个"时机之所"——一个有意义的空间—时间的中心点——得以建立。[1]

但是，在《哲学论稿》以及所有海德格尔的后期著作中，这个基础性的事件依然是模糊不清的。思想家的思想是与本有事件一道发生的吗？还是说，我们只有在一种兼具渴望与孤寂的情绪里才能隐秘地接近这个事件呢？本有事件是否会

---

[1] 关于这些术语的更为详细的解释，参见 Richard Polt, *The Emergency of Being: On Heidegger's* Contributions to Philosophy, Ithaca: Cornell University Press, 2006。麦克尼尔（William McNeill）在本书中同样阐述了 Ereignis 之为事件的问题，克林博格—列文（David Kleinberg-Levin）在本书中则探讨了我们被本有所"居有"（appropriated）到底意味着什么的问题。

拒绝发生，而只是停留在一种"即将发生"的遥远的可能性之中？或者说，本有事件如果还可能发生的话，是否仅仅可能在一种历史末日的"另一重开端"中才会发生呢？

针对这种末世论的思辨，我们必须要认识到，本有事件在我们每一个人的生活中的很多关键节点上都会发生。如果我们要用海德格尔的洞见来承载起具体的经验，那么他对存在历史的宏大叙事就必须让位于一种类似于《存在与时间》中所表露出的更加谦逊的立场：我们倾向于错误地理解自身，倾向于物象化自身，我们没有能认识到我们自身的不可避免的成问题的存在。我们沉沦，我们遗忘。这种倾向因哲学传统中的某些层面以及现代文化中的一些趋势而进一步恶化。但我们对此的回应绝不应该是寄希望于什么末日审判，而是要时刻睁大我们的双眼，去仔细审视我们在现实中是如何生存的，以及我们究竟又是如何应对大大小小的创伤的——这些创伤构建并且重新构建了我们的"此"。

因而，在海德格尔之后，我们就需要一种创伤存在论，这种存在论体现为一种创伤经验论。如此这般的经验论专注于经验，但并不是把经验错误地解释为单纯被给定的现成在手的现象，比如说感觉材料、客体或本质。经验是一场旅行者被其旅行改变的"旅途"（Erfahrung）。最为关键的经验改变了那些经历过它们的人的身份认同，并且突破了当下的意义界限。[1]我们必须不仅仅去思考这些紧急事态，而且要深入其中。通常情况下，我们总是试图尽可能快地从这些紧急事态中恢复过来，然后再回过头来尝试理解它们，从一个已经被重新建立起来的身份认同的立场上来理解它们。但是，在紧急事态中思考，也意味着栖居其中（dwell in）并深思熟虑（dwell on）。这意味着，让这些身份认同的转变落实为语言。在紧急事态下，概念在压力之下不堪重负而溶解（liquefy）为它曾经所是的样子；语词找到了它们通往新的可能性的道路。这样的事件就是"诗"（poetry）。

也许海德格尔也低估了另一种语言——叙事——的本质形式。无论是在言说

1　参见 Richard Polt, "Traumatic Ontology," in Michael Marder and Santiago Zabala eds., *Being Shaken: Ontology and the Event*, New York: Palgrave Macmillan, 2014。

悲剧性的还是庸常性的紧急事态时，叙事都始终会触动着我们，让我们直面"我们是谁"的问题。文学为人类的境遇带来了光照，却并不会将经验物象化，也不会将经验还原为什么普遍法则的个例。

因此，创伤存在论将与对作为"谁"的生存经验的叙事探索和诗化探索携手前进。它将拓宽现象学的边缘，栖居于这样一种境域的生成流转之中——我们在其中可以彻底通达并理解现象。它将会致力于回应共同体结构的起源以及集体性的"谁"的问题，从而探索政治哲学的问题。它将伴随着自身的紧急事态，从而提升个体的自我认识。

最后，创伤存在论必须探索理性的界限，探索启蒙的命运。我们能够在继续分析并阐释我们周遭的存在的同时，保存我们关于理性思考的前提条件的意识吗？我们在继续试着以可由理性辩护的方式行动的同时，始终留意到了理性行动的前提条件，并且展示出了对其他理性行动者的尊重吗？理性必须从紧急事态的混乱中退缩回来吗？或者，是否存在一种创伤逻辑，一种会对自己成为问题的逻辑呢？理性有足够的弹性来建立起一座勾连不同范式、理解过渡转变而避免只是在已经被构造出来的身份认同里言说的困境的话语交流之桥吗？

我们这些不愿意抛弃启蒙遗产的人，必须在深刻思考海德格尔对于过去的那些本原与概念的深刻批判之后，将启蒙最富光明的洞见阐释清楚。同时，如果我们能够开始一场更具思想性的启蒙的话，如果我们要不依赖僵死的理性教条来培养理性本身的话，那么我们就应该认真考虑海德格尔的洞见：只有那些其存在成问题的实体才能够参与到理性活动之中。而我们也将专注于那些"成为问题"（becoming-an-issue）的事件，并以此展开我们关于伦理与政治的思考，从而避免重蹈海德格尔在责任问题上的覆辙。

海德格尔思想中没有哪个部分是固定不变的，没有哪个部分是不能持续的，也没有哪个部分是被断言彻底得到解决与证明的。海德格尔的思想始终是一种触发（provocation），它激励着每个人去更为专注地思考，深入无蔽之中，成为更觉醒的人。

为偶然辩护[*]

——关于人的哲学思考

奥多·马奎德

王　俊　译[**]

人之自由和意志的最大敌人之一看上去应该就是偶然。然而，在这里，我却想替偶然说些好话，为那些偶然之物说些好话。由此，我就是反对人之自由和意志么？绝不是。我只是认为，当人不恰当地超越其境况生活——超越他有限性的境况——时，就会产生缺失自由的信号。如果他不想这样，那么他就必须通过为偶然辩护而承认偶然。这就是我此文的命题。[1]

与这个命题相对立的几乎是整个哲学传统——看上去就是这样。在此我引用黑格尔的话："哲学研究的目的除了清除偶然之外，别无其他。"[2]这句话概括了传统的观点。我很少而且也极不情愿去反驳黑格尔这位伟大的经验论者。但是在这

---

[*]　本文选自 Odo Marquard, *Apologie des Zufälligen*, Stuttgart: Reclam, 2013, S. 117–139。

[**]　作者奥多·马奎德（Odo Marquard）：德国哲学家，曾担任吉森大学哲学教授，当代德国最活跃的哲学家之一。译者王俊：浙江大学哲学学院教授。

1　作为本文的简短预备思考，参见 Odo Marquard, "Einwilligung in das Zufällige," *Neue Zürcher Zeitung* Nr. 30, 1983。其主要命题可以追溯到《偶在性概念之区分》（"Differenzierungen im Begriff Kontingenz"）一文，该文我1976年并未写完。除此之外，这里还包含一些思考，它们首先是在以下文献中被发展出来的：Odo Marquard, "Das Über-Wir. Bemerkungen zur Diskursethik," in Karlheinz Stierle und Rainer Warning hrsg., *Das Gespräch*, München: Fink, 1984, S. 29–44.

2　G. W. F. Hegel, *Die Vernunft in der Geschichte*, hrsg. G. Lasson, Hamburg: Felix Meiner, 1955, S. 29.

里我要反驳，乃是迫不得已。清除偶然的意思，举例来说，就是从哲学出发去清除哲学家；但是并不存在没有哲学家（不管他是业余哲学家还是职业哲学家）的哲学。因此，最后人们就以哲学之名、从哲学出发而清除了哲学。所以，对哲学而言，偶然必须被拯救。只有通过这种拯救，哲学才具有现实性。换句话说：清除偶然，举例来说，就是从人出发清除人情味；但是，却没有不具备人情味的人。因此，最后人们就以人之名、从人出发清除了人。所以，对人而言，偶然必须被拯救。只有通过这种拯救，人才具有现实性。

接下来，我并不能全面地论证支持偶然的这些说辞。我所能做的只是为一些相关的、偶然的思考出力——这些思考本身也属于偶然事件。本文分成四个部分，我依次加上标题：一、将人绝对化的计划及此计划在现代的尖锐化；二、论习惯的不可避免性；三、我们人总更多的是我们的偶然而非选择；四、人的自由依靠分权（Gewaltenteilung）而活。我们马上按此进行论述。

一、将人绝对化的计划及此计划在现代的尖锐化

在此，我联想到黑格尔的构想："哲学研究的目的除了清除偶然之外，别无其他。"这成为一个计划，并且越到现代就越尖锐：将人绝对化。

这个将人绝对化的计划是一个古老的计划，到现代只会变得更加尖锐。与此相对的哲学尝试乃是去关注偶然和偶然之物。这类尝试始自亚里士多德。与对偶然的极力否认不同，这类尝试使偶然作为那种既非不可能也非必然之物生效，并且因此既可以不存在，也可以成为他物。[1]这种偶然之物，即偶在之物（Kontingente）[2]，至少在三个方向上会遭遇问题：作为必然之物的对立者，或者作

---

1 参见 Aristoteles, *Erste Analytik*, I13:32a18–20。

2 "关于潜偶性问题的文本"，我在1985—1986年冬季学期和1986年夏季学期的研讨课上处理过。我要感谢课上的积极参与者给我的一些启发。接下来，只有这个总体问题中的一部分会被关注。至于其他的部分，请参见我研讨课的助手韦茨（F. J. Wetz）正在写作中的博士论文《实事性——关于偶然和时间的存在论问题》，在那里有关于文献的提示。

为必然之物的基础，或者还有其他。对此，有三个简短的提示。

第一，如果事物是必然的，那么偶在从何而来？（Si necessarium, unde contingens?）这个问题尖锐化了就是：如果存在上帝，那为什么会有有限之物？这个问题在哲学的基督教传统中发展为世间的偶在性问题[1]，之后发展到自然取代上帝的必然性位置——这起源于斯宾诺莎。这个问题与自由问题一道导向了对不可确定之物的追问。偶然也许是失败了的必然性。

第二，如果事物是偶在的，那么必然从何而来？（Si contingens, unde necessarium?）这个问题在伊壁鸠鲁的偏差理论（Deklinationslehre）以及达尔文的突变理论中被推动。它最近还在摩瑙（Jacques Monod）的结论中被极端化[2]，并且由此以进化论的方式共同成为当前的问题：如果存在无序，那么又会有秩序，如果存在偶然，那么必然性从何而来？必然性也许是成功了的偶然。

第三，偶然——也就是亚里士多德最先看到的那个偶然——可以如此产生，即一些彼此独立的因果链条意外地相互纠结在一起。一个人挖坑掩埋一件宝物，乃是为了隐藏它；另一个人挖一个坑，是为了种树：对那个挖坑却发现了一件宝物的人来说，这就是偶然。在此对人而言意义重大的特殊情形就是，某些不同事件的发生（就它自身方面看也是被决定的）干扰了其目的：某人偶然来到了爱琴娜岛，但并不是他想到这里，而是他因为风暴流落到此或者是被强盗劫持。[3]我们也会遇到这种情形，我们并不愿意且并未选择的情形。我们人的行为并不只是我们自身的由目的指引的行为，而也是我们的

1　参见汉斯·布鲁门伯格的词条"偶在性"（Kontingenz），载 Galling Campenhausen et al. hrsg., *Die Religion in Geschichte und Gegenwart*, Bd. 3, Tübingen: Mohr, 1959, S. 1793f.。

2　Jacques Monod, *Le hasard et la nécessité*, Paris: Seuil, 1970；德文本：*Zufall und Notwendigkeit. Philosophische Fragen der modernen Biologie*, trans. F. Griese, München: Piper, 1985.。

3　参见 Aristoteles, *Metaphysik*, Δ30:1025a14–34，特别是 1025a16–17 以及 1025a25–27（"偶然"在这里写作 "symbebekos"）。亦参见 Aristoteles, *Physik*, VI:197a5–7。关于这一点，亦参见 A. M. T. S. Boethius, *Philosophiae consolationis libri quinque*，特别是开始的五章；德文本 *Trost der Philosophie*, Bremen: Karl Büchner, S. 134："尽管人们相信，某事是偶然发生的，但是此事并非来自虚无；因为它有着自身的起因，看上去这些起因突然的、出人意料的同时发生导致了一个偶然。……人们因此能够定义：偶然是来自众多起因的一个意外事件——这些缘起汇入事物之中，而这些事物要从一个确定的原因出发才能发生。"

偶然。

将人绝对化的计划否认了这一点。首先，上述最后一种形式的偶然会被"清除"，由此可以得出——在此我引用萨特的惯用语"我所是的选择"[1]——人毫无例外地都不是偶然的，他们完全只是他们的选择。这一点有两方面的含义。

第一，人只能是——或者应该只能是——他的目的的结果。这样，人就是行为的本质，而无涉其他。没有任何与人相关的东西可以是无目的的，没有任何与人相关的东西可以被看成未被选择的；不再有任何东西可以意外地与人遭遇。这是因为只有这个观点是成立的：人不是其偶然，而完全只是其选择。

第二，这种选择必须是绝对的。因此，不存在偶然的选择的可能性——这种可能性可以根据不同的目的而有所不同。由此，如果所有人想成为真正的亦即绝对的人的话，他们就必须抱有同样的目的。这是因为只有这个观点是成立的：人不是其偶然，而完全只是其选择。

这两方面的要求在哲学的意义上被维护，我因此称之为将人绝对化的计划。它命令式地确立了：人不是其偶然，而仅仅是其选择，并且是其绝对的选择。

人们有时问我：是谁——确切地说，根本上现在是谁——在哲学的意义上已经维护或者正在维护这个将人绝对化的计划？马奎德，请说出马和驾驭者！那么，可能这个提问者本人就属于马；而相应的传统驾驭着他。这一比喻尽管简略，却正好描述了这一情形。除此之外，具体来说，相关细节上的粗疏事出有因。一个简短的报告无法探讨众多语音学的问题：柏拉图的语音学，奥古斯丁的语音学，马克思、阿佩尔以及哈贝马斯的语音学。这种节奏也控制了哲学家们，使他们越到现代就越是相信，这里所指的并不是他们。此外，上述还没有穷尽：我一定还要指出德国唯心论——包括马克思主义和新马克思主义。由此我也没有禁止任何人有这样的印象，即我在这里概述的且接下来要批驳的观点——将人绝

1　Jean-Paul Sartre, *L'être et le néant*, Paris: Gallimard, 1943, p. 638；此惯用语的法语原文为：le choix que je suis。

对化的计划——曾经未被人拥护过。这一点很糟糕吗？正好相反：当为偶然辩护的对立者比想象的更少时，这恰好对我的辩护大有好处。简言之，将人绝对化计划的归类问题处于一个很宽泛的领域。

但是人们也完全可以说，我所说过的将人绝对化的计划——这是一个哲学的且不仅是哲学的古老计划——被提升到现代且被尖锐化了。当人们在现代不再信任以下情形，即对上帝的分享能够向人保证绝对性（无偶然的、绝对的正确生活）时，将人绝对化的计划就越来越奠基于人自身之中：奠基于人的自由，奠基于人自身的绝对选择。就这一情况而言，首先是德国哲学成为先驱，比如在德国唯心论中、在马克思主义中。普莱斯内（Helmuth Plessner）在他关于"后起的国家"的命题中对此进行了合理的描述：在现实中被拖延的自由思想通过哲学上的绝对性得到了补偿。[1]因此，恰好在现代，这一情况就以我所引用的萨特的表达方式得到继续推进，在其绝对化计划的意义上成为对人的定义，将人定义为他所是的绝对的选择，当然这也是因为上帝作为调控的重要人物在哲学上日益被取消了。所以，人就应当是绝对的或者要变为绝对的。

然而，人并非绝对的，而是有限的。他们并不以绝对的方式生活，也不以绝对的方式选择他们的人生——至少在大多数情况下不是这样，因为他们必然会死；用海德格尔的话说，他们"向死而生"。[2]他们的人生是有期限的：人生苦短（vita brevis）。相对于绝对的选择而言，人的生命太短了；从更基本的角度说，人们没有足够的时间以绝对的方式去选择或者不选择他以偶然的方式已然所是的状态。如果是后者，他们也无法去选择完全不同的或者新的状态，或者选择完全绝对地去取代他已有的状态：他们的死亡总是比他们的绝对选择来得更快。因此，对抗把人绝对化的计划的始终是人的现实性——无法摆脱的有死的现实性。而我接下来将要宣告：人们在哲学上要承认这一点，其途径就是为偶然辩护。

1　参见 Helmuth Plessner, *Die verspätete Nation. Über die politische Verführbarkeit bürgerlichen Geistes (1935/1959)*, in Helmuth Plessner, *Gesammelte Schriften*, Bd. 6, Frankfurt am Main: Suhrkamp, 1982, S. 7–223。

2　参见 Martin Heidegger, *Sein und Zeit*, Halle a. d. S.: Max Niemeyer, 1927, S. 235ff.。

二、论习惯的不可避免性

我重复一下：人的现实性，那种无法摆脱的有死的现实性，与把人绝对化的计划是针锋相对的。因此，如下尝试就属于把人绝对化的计划，即使对抗这个计划的人之现实性失效：在希腊传统上将这种现实性非本真化，或者在基督教传统上借助于末世论将之作为短暂的已有所指向的现实性，或者在现代性鼎盛之时，预先在方法上将之悬搁起来。

这样将现实性悬搁起来是典型的现代尝试。只要人的现实性不是绝对的现实性，就要中断它。这就是所谓"方法上的怀疑"。笛卡尔在他的《沉思录》中已经将之发展到理论领域。[1]笛卡尔的怀疑法则规定，应对传统保持怀疑。换句话说，不是绝对为真的，也就是有可能为假的一切东西（我们知识中一切现成的判断都是如此），都要如此处理：要把它看作真的是假的，直至它通过科学上更为确定的方法清楚明白地（clare et distincte），也就是绝对地被证明为真。只要情况不是这样，所有判断就必须被中断，因为情况并非如同，所有判断一直被允许，直至其由于被证伪而被禁止；而是如同，它们一直被禁止，直至其通过绝对的证实才被允许。只要一个知识还不是绝对的知识，那么它就应被悬搁。在实践领域，这种方法上的怀疑被诸如阿佩尔和哈贝马斯等商谈伦理学家借用：商谈伦理学也将这种方法上的怀疑用于行动规范。[2]其怀疑的规则规定，应对传统（或惯例）保持怀疑。换句话说，无法（通过无权威的讨论获得的共识）被证明为绝对的、善的以及恶的所有东西（所有现成的行动指引都是如此）要被如此处理：要一直把它当成真的是恶的，直至它通过以绝对的讨论取得共识的方式，也就是以绝对的方式被证明为善的。只要情况不是如此，所有受惯例引导

---

1 René Descartes, *Meditationes de prima philosophia*, in Charles Adam and Paul Tannery eds., *Œuvres de Descartes*, Bd. 7, Paris: Vrin, 1957, S. 17ff.

2 特别参见 Karl-Otto Apel, *Transformation der Philosophie*, Bd. 2, Frankfurt am Main: Suhrkamp, 1976, S. 221："对于先验提问的笛卡尔式极端化。"但首先是 S. 392ff.：这"是奥古斯丁—笛卡尔式怀疑方法的开端，……对伦理学……也有约束力"，因为"道德规范的有效性（也就是实践命题中应然性要求的有效性）原则上同样必须被悬搁并且被作为问题提出，就如同关于事实的理论命题的真理有效性一样"。

的行为都必须被中止抑或对之存疑。这是因为并非所有实践性的生活定位一直被允许，直至它们通过并不寻常的证明而被禁止；而是它们一直被禁止，直至其通过商谈的合法化过程在绝对的意义上被允许。因此，在笛卡尔和商谈伦理这两种情形中，现存之物预先被否定了：知识之所以有效，是因为它们已然有效；对行为的指引之所以有效，是因为它们已然有效——这些被冠以"绝对"之名的习惯行为在方法上被取消了。在这个将人绝对化的计划的否定性方面，其总的后果是，只要生活没有通过绝对的选择（通过绝对的知识和绝对的行为的辩护）以绝对的方式被证明为绝对正确的，它就要被中止（这可能很糟糕）。如果说现实的生活是习惯的总和，把人绝对化的计划预先就否定了这种现实的生活。

然而，恰好也是把人绝对化的计划中的这个否定性方面是不可能成功的：它也在人的有限性即有死性上失败了。人一定会死，他们"向死"存在着。这个论述在哲学上是所有存在主义强调的中心，并且也以一种完全非强调的方式被表达：在人类的总人口中，总的死亡率是百分之百。然而尽管死亡也有拖延，但它始终来得过快：相对于将人绝对化的计划的实施，人的生命太过短暂了，因为对于我们来说，死亡不会允许我们有时间去等候所有生活必需的定位活动中的绝对性选择。但是，如果那些历史上实际存在的生活定位不是以绝对的方式被选择的，而仅仅是习惯，如果它们同时就会一直被视为无效，直至绝对选择被完成（它是通过在所有生活必需的绝对定位上进行绝对选择而实现的），那么这些对于人而言有效的东西就会在其终结之前导致对生命展开的禁止；如前所述，其原因在于，我们的死亡总是比我们的绝对选择要来得快。

因此人们可以说：对于人而言，将人绝对化的计划乃是关于人们的死后生命的哲学，它将那种针对人们死亡前之生命的哲学问题搁置起来了。然而，恰好是面对他们死亡之前的生命的人们需要哲学。因此，如果由于有人们的绝对选择的绝对性期限而没有绝对哲学，如果由于绝对的方法上的否定（人们的怀疑和质疑）而不再有习惯，那么很明显，一种临时性的生活定位的替代品就会出现，被塞进时间的空当——这个空当就是我们的生活。在笛卡尔那里，在他的《谈谈方法》的第三部分，这被论证为所谓的"临时性的道德"。[1]形象地说就是，如果人们为了盖一座新房子而要拆除他的旧房子，他们就必须要费心安排一个过渡性的住处。我认为，这种情形不仅对于道德有效（笛卡尔也是这样认为的），而且对于知识和一般人的生活定位都有效。因此，属于临时性道德的普遍化的对应物就必须要出现，它也正好能代替将人绝对化的普遍计划：一种关于临时性的生活定位的哲学。

然而，一旦这种并非在死亡之后，而是先于死亡的哲学以"将人绝对化的计划"之名出现（就是说，作为服务于绝对化选择的强化措施出现），它就陷于窘境之中。这是因为，这种临时性的生活定位自身并非绝对化选择的产物，它也不会对习惯进行方法上的否定。或者，这种临时性的生活定位就是绝对化选择的产物，那么它就其自身而言在某种程度上就是绝对落后的，并且就其自身作为临时性的定位替代品而言又需要更多的临时性生活定位。依此类推。尽管这个定位的临时方案只会成为对于一切生活必需之定位的临时最小值的不同形式的全新发现，尽管它也会重新产生它应当有助于去解决的问题，但这个窘境会逐渐缓和。唯当这个临时性的生活定位与事实性的现成的生活定位、与现有的习惯[2]是一致的，唯当这些现有的习惯恰好没有在方法上被否定，情况才不是如此（并且上述的窘境会消失）。由此我得出结论，那种被寻求的关于临时性生活定位的哲学与关于现有习惯的哲学并无二致，后者导致了：如果没有现成的习惯（包括传统、习俗、知识与行为的惯例），我们将无法生活；不管有没有将人绝对化的计划，这些习惯都是绕不开、不可避免的。要获得有关我们之所是的选择，需通过那些作为我们之所是的非选择：未来需要过去，选择需要习惯。这绝非意味着，所有传统都必须保持为无可置疑的，所有习惯都必须保持不变。根本上乃是相反：习惯完全是可变、可改造的。这只是意味着：习惯一定要始终更多地被维持而不是

1　参见 René Descartes, *Discours de la méthode*, in Charles Adam and Paul Tannery eds., *Œuvres de Descartes*, Bd. 6, Paris: Vrin, 1956, S. 22ff.。

2　参见 Odo Marquard, "Über die Unvermeidlichkeit," in Willi Oelmüller hrsg., *Normen und Geschichte*, Paderborn: Ferdinand Shöningh, 1979, S. 332–342.。

被改变，否则我们的生活就会受到损害；而且，改变者要始终承担一次又一次的成功举证的责任。[1]在这个意义上，也仅仅是在这个意义上，习惯的不可避免性才对人有效：我们人总更多的是我们的习惯，而非我们的选择；更进一步，我们始终更多的是我们的习惯，而非我们的绝对选择。所以，那种非绝对的哲学、人性化的哲学一定是同样地为习惯辩护的。

因此，即便恶毒的诽谤在哲学上以绝对的方式伴随而来，人们也必须要针对这种诽谤捍卫习惯——习惯之所以有效，乃是因为它作为通常之物已然生效了。这一看法并不准确：由于现代世界中变化的加快也推动了老化过时的速度，现代世界的现实状况会一直对习惯提出质疑并耗损习惯。这是因为，恰好是在现代世界中，也同样因为如下情形而存在着均衡化的稳定性：恰好由于现代世界不断增加的老化过时的速度，在其中，这个老化过时的过程本身也总是更快地老化过时。此外，现代化过程本身也早就成为习惯：现代性的惯例。与此同时，那个反对习惯的意见在我看来越来越可疑。人们可以称之为"艾希曼论证"：如果一个人出于习惯生活，那么他就直接处于成为艾希曼的危险之中，他最终恰好只是要完成他所习惯的义务。[2]在我看来，这里只有罪行的下半部分可以被算作罪行，其上半部分乃是对习惯的破坏：习惯并不会杀害周围的人。在这里，我无法区分艾希曼事件和关于"平庸之恶"[3]的争论。但是我认为：这种对习惯的最基本的偏离，通过关于超额完成习惯性义务的意识而被行事者（最后也是在自己面前）伪装成次要的。我认为，这几乎一点也没有表达什么反对习惯的内容，就像它在反对真实性时所表达的：谎言想要成功，就必须假装和伪装成真实——如有必要，在说谎者本人面前也要伪装。滥用不排除好用（Abusus non tollit usum）。艾希曼在办公桌上犯下的罪行并非由于其习惯的过量，而是由于其习惯的不足：（我认

1　参见Martin Kriele, *Thorie der Rechtsgewinnung*, Berlin: Duncker & Humblot GmbH, 1967；亦参见Odo Marquard, *Abschied vom Prinzipiellen*, Stuttgart: Reclam, 1981, esp. S. 16。

2　参见Dietrich Böhler, *Diskussionsbemerkung*, in Karl-Otto Apel, Dietrich Böhler, und Gerd Kadelbach hrsg., *Praktische Philosophie/Ethik.Dialoge*, Bd. 1, Frankfurt am Main: Fischer, 1984, S. 159。

3　参见Hannah Arendt, *Eichmann in Jerusalem: Ein Bericht von der Banalität des Bösen*, Hamburg: Rowohlt, 1978。

为）如果人们首先将所有习惯以绝对之物或者善事的名义加以安排，那么艾希曼式的危险将会比人们拒绝这样做时的危险更大。人们不应忘记：反抗首先来自完整的传统。由此，"对习惯的敬重会使批判不再可能"这个说法也并不正确，因为相反的情况是这样的：批判首先是习惯之间的冲突；为了能够如此，人们必须具有习惯。而在我们的时代和领域内，批判本身最终就是一个习惯，它受到其他习惯的调节。

我要再一次说，人们必须要保护习惯，使之免于恶毒的诽谤，并且由此也要避免带上看待习惯的邪恶眼光，这种眼光来自将人绝对化之计划的完美主义要求。黑格尔在他的应然批判中指出（我并没有完全以黑格尔的最高程度的精微来表达）：应然的过度膨胀会导致对存在的损坏[1]；而如果有人只是要让对绝对之物的绝对选择有效，那么他就会贬低现有的习惯。然而，人们也不能仅仅出于如下原因诋毁习惯：如果习惯不是世间的天堂，不是绝对的善，那它们就是世间的地狱——绝对的恶（仿佛在这二者之间就不存在任何值得去操心和捍卫的东西了）。正是因为这个当下的世界中有有目共睹的重重困难，所以我们才需要对全然的恶和现有的现实之间的区分有更加敏锐的感知：对习惯的一种哲学上的辩护。

三、我们人总更多的是我们的偶然而非选择

将人绝对化的计划谴责说：按照绝对之物来衡量，习惯是偶然的。我认为尽管这是对的，但它并不构成反驳。它是通过一个误解来构建反驳的：偶然始终应当是任意的，可任意选择，也可任意不选。这种任意性肯定不是生活定位值得期待的状态，不是行为、知识和生活之定位值得期待的状态：如果人们能够不断地变换定位，那它就什么都不是；而且如果偶然仅仅是任意的，那么这一点对于

1　参见 Odo Marquard, "Hegel und das Sollen," in Odo Marquard, *Schwierigkeiten mit der Geschichtsphilosophie*, Frankfurt am Main: Suhrkamp, 1982, S. 37ff.。

实际上是偶然的习惯而言，对于无法避免习惯的人类生活而言，事实上是毁灭性的。只说偶然只能是任意的，这恰好是不正确的。

关于偶然的有限性概念源自基督教创世神学，"偶然是那种既非不可能也非必然的东西"，亦即，"偶然是那种可能不存在的东西"。[1] 尽管这意味着，某物也可能不存在，或也可能是不一样的，但是，如果人们不是从上帝的创世者角度出发去看它，而是以更人性的方式从生活世界的角度出发、从人出发去看它，它恰好就有双重的形式。[2] 也就是说，偶然是那种"也可能不一样"的东西，并且是我们可以改变的（比如，人们可以吃香肠，或者不吃香肠而改吃乳酪；而这个演讲对您而言可能是香肠，因为它不是乳酪，或者它也可能什么都不是，或者是不一样的其他东西）。这种偶然作为那种"也可能不一样"且我们可以改变的东西，乃是一种任意选择和不选择的任意性——我想称之为任意性偶然、任意之事。此外，偶然也是那种"也可能不一样"且恰好是我们无法改变的东西（厄运，比如先天的疾病等）；作为"也可能不一样"且恰好是我们无法改变或者只能微弱改变的东西，这种偶然就是命运：它在很大程度上具有否定性的抗拒，并且不可或者几乎不可逃避——我想称之为命运式偶然、命中注定之事。从这种区分中可知，对于人而言并非只有一种偶然，而是有两种：不仅有任意性偶然，也有命运式偶然。

我认为，正是这第二种类型的偶然之事（也就是属于命运式偶然这一形式的偶然之事）占了优势，这种偶然作为自然的和历史的事实和事件与我们相遇，造就了我们的生活。为了从开端处介入，它伴随着我们的出生开始：我们也有可能不出生，或者在另外一个时间、在世界上另外的地区、在另外的文化和生活处境中出生。但是我们一旦如此存在，就不再能取消这一切——甚至自杀也要从已出

---

1 Heinrich Schepers, "Zum Problem der Kontingenz bei Leibniz. Die beste der möglichen Welten," in Hermann Lübbe hrsg., *Collegium Philosophicum. Sudien, Joachim Ritter zum 60. Geburtstag*, Basel/Stuttgart: Schwabe, 1965, S. 326-350.

2 接下来的区分受到了克尔凯郭尔的影响，参见 Søren Kierkegaard, *Die Krankheit zum Tode*, in Søren Kierkegaard, *Gesammelte Werke*, Abt. 24/25, trans. Emanuel Hirsch, Düsseldorf/Köln: Eugen Diederichs, 1954, S. 32ff.：对源于缺少必然性的可能性的绝望，对源于缺少可能性的必然性的绝望。

生的设定出发才能发生。出生就是命运式偶然，珀尔加（Alfred Polgar）关于森林之神西勒努斯的评论说明了这一点："最好的情形是从未出生，但这已然发生的是针对谁的呢?"命运式偶然是我们的生活的现实性，因为我们人始终是"陷于历史之中的"（夏普［Wilhelm Schappe］）；赫尔曼·吕伯首先指出了这一点，即行为通过如下途径成为历史：在它们之中，某事干预、发生、降临。[1] 一段历史就是一个选择，某件偶然之事、命运式偶然之事侵入其中，因此人们不可能对历史做出计划，而只能对之进行叙述。我们的生活出自行为和降临之事的混合物，这就是历史。同样地，命运式偶然在其中占据了优势。那些自然科学发现的自然法则决定了我们，这也是偶然的、命运式的偶然。我们也可能服从于其他规定，但我们就是偶然地服从于这些自然法则[2]；恰好这一偶然之事是我们无法改变的：对人而言，它是命运式的偶然之事。我们所遭遇的最为命中注定的和最为艰难的偶然之事就是我们的死亡——如果人们不将之视为安慰而无止境地回避躲闪它，那么它就是最为艰难的。由于命运式的偶然之事，我们由于出生而被判定了死亡，也就是说，被判定了短暂的生命。它没有准予我们时间，让我们能在任意的范围内逃离我们已经偶然所是的存在状态；我们的有死性逼迫着我们，去作为那种命运式的偶然之事而"存在"，也就是让命运式的偶然之事占据优势——对我们而言，那些命运式的偶然之事就是我们的过往。那些偶然之事就是我们的习惯，我们没有选择它们，而是存在于其中，它们决定性地且主要地都属于我们的过往。它们可能完全不一样，但是人生苦短，我们在绝大多数情况下无法改变它们。情况也并非是我们首先必须搜寻它们，而是我们始终已经拥有了它们、需要它们，而且大多数情况下无法摆脱它们：它们是命运式的偶然之事。如果有人像

1　参见 Wilhelm Schapp, *In Geschichten verstrickt. Zum Sein von Mensch und Ding*, Hamburg: Meiner, 1953。首先可参见 Hermann Lübbe, *Geschchitsbegriff und Geschichtsinteresse. Analytik und Pragmatik der Historie*, Basel/Stuttgart: Schwabe, 1977。亦参见 Reinhart Koselleck, "Der Zufall als Motivationstest in der Geschichtsschreibung," in Hans Robert Jauß hrsg., *Die nicht mehr schönen Künste*, München: Fink, 1968, S. 129-141；此书第129页引用阿隆的话（Raymond Aron, *Introduction à la philosophie de l'histoire*, Paris: Gallimard, 1948, S. 20）："机遇是历史的基础。"

2　参见 Émile Boutroux, *De la contingence des lois de la nature*, Paris: Librarie Félix Alcan, 1898；德文本：*Die Kontingenz der Naturgesetze*, trans. J. Benrubi, Jena: Eugen Diederichs, 1911。

哲学中标准化的绝对论证所做的那样，要将这种偶然指责为任意性，那就没有谈到点子上；并且就此而言，他的论证也无甚价值。习惯就是偶然，这一点尽管是对的，但这不构成反对意见，因为它不是任意的。我们的习惯终究始终更多的是我们的偶然，而不是我们的选择。但是，它们不是任意性的偶然，而是命运式的偶然。

我忽略了以下问题，仅仅顺带提一下：人们如何能够与偶然一道生活？如何对付它们？通过形式避开任意性，这是艺术，它肯定属于与任意性偶然打交道的方式；而从特殊情况转变成日常惯例，这是宗教，它肯定属于与命运式偶然打交道的方式。艺术与宗教，这二者都是克服偶然性的尝试。艺术可能克服的是任意性的偶然性，而宗教可能克服的是命运式的偶然性。

因而我认为，在哲学中，人们由于任意性偶然而把命运式偶然遗忘了，其目的是尽快结束偶然，并能够轻易地"清除"它。如果人们在面对偶然状况时，不是以现象学的方式坚持生活世界的内部视角以及偶然之事，而只关照绝对的或者外部的视角，那么如下情形就变得可以理解了：在关于偶然的创世神学的随机性的或者博弈论的讨论中，那个参与了创世和其他偶然状况的人的视角很少出现。还有一种看待偶然的眼光的变化，它与年龄状况紧密相关。在现代世界，在这个疏离世界的速生时代，越来越多的人不再成长，年轻人对于偶然的看法在此占据了主流。对于任意性的恐惧是年轻人在视觉上的错觉，这种错觉持续着，只是因为"没有已经长成的人"[1]这个说法有效。那些影响着我们的偶然占据了我们的大部分生活，并富有生活意蕴，对此的经验是一种年龄经验，尽管它恰好不在我们的意愿之中（也就是说，这些偶然不是任意性偶然，而是命运式偶然）。我们在生命中很早的时期就已能够产生这种经验，因为类似的情况是：每个人——即便是最年轻的人——都已在变老；也就是说，每个人都如此接近死亡，以至于他无论如何都没有时间以值得一提的方式去消除从他的生活中产生的那些偶然状况的偶然性。

---

1 André Malraux, *Antimémoires*, Paris: Gallimard, 1957；德文本：*Anti-Memoiren*, trans. C. Schmid, Frankfurt am Main: Fischer, 1968, S. 7。

这就是在命运式偶然中占支配地位的年龄经验。与将人绝对化的计划相对，它必定首先是有效的。我们不仅从来没有通过选择给予我们的生活以占大多数的绝对的必然性（就此而言，我们的生活在任意性偶然的意义上保持着偶然性），而且我们根本上也从来不能以本质性方式选择或者完全绝对地选择我们的生活及其现实性。因此，我们的生活首先还是在命运式偶然的意义上保持着偶然性。我们并非更多地通过选择，也就是借助计划，而是通过偶然来经历我们的人生并且成为我们自己。而这不是不幸之事，就像关于绝对选择和将人绝对化的哲学想要欺骗我们时所说的。这是因为，偶然状况不是失败的绝对性，而是在有死性条件下的我们的历史的规范性。我们人始终更多的是我们的偶然，而非我们的选择。注意，我并不是说我们人仅仅是我们的偶然，我只是说我们人不仅仅是我们的选择；除此之外，我只是还说了：我们人始终更多的是我们的偶然，而非我们的选择。并且，我们人更大程度上始终更多的是我们的偶然，而非我们的绝对选择，并要去接受这一现实。我们不是绝对的，而是有限的。就此而言，一种以怀疑的方式坚持偶然的不可磨灭性的哲学，就在为偶然进行辩护。

四、人的自由依靠分权而存活

迄今为止的结论是：一个人能够承受偶然状况，这属于他的尊严；而承认偶然则属于他的自由。其中积极的一面是：对人的尊严的敬重首先是同情；而对人的自由的敬重首先是宽容。同时，其中也有消极的一面：人的尊严并不是一个高高在上的女神的尊严，人的尊严总是会受到冒犯，并且也不会被当作神来对待，或者也不会被看作至少近似于神的唯一的自身目的。人的自由并非（理性力量的）绝对的选择，并非由于有这种选择而不存在可选择之物和偶然之物。人的尊严真的是（可以是）尊严，人的自由真的是（可以是）自由，这是从下面的思考中得出的——这也是我最终的思考，我将相关的分权引入讨论。

如果迄今为止所说是正确的，那么人的现实状况在大多数情况下是偶然的。

某种情况是偶然的，它也可能是另一种样子的。但是，如果它可能是另一种样子的，那么它通常就是另一种样子的——即便是以偶然的方式。偶然的现实性总是以偶然的方式一贯如此，并且还会有所不同；它涵盖了不同的东西：形式多样，丰富多彩。恰好，这种丰富性正是人之自由的机会：这正是一种自由的可能性，它使分权的学说得以实现。这是因为，政治上的分权导致的政治上的自由效应仅仅是现实的普遍丰富性中的自由效应的一个特殊情形：以命运的方式落到人们头上的偶然状况并不是整齐划一且不可分割的单体，而是以偶然的方式相互扰乱，并且由此在某种程度上相互抵消。孟德斯鸠在《论法的精神》[1]关于英国宪法的著名段落中将分权设定为立法权、行政权和司法权三种政治力量的分离，而且只是将其设定为对政治自由的保障。然而人们应当想到，孟德斯鸠此外也常常将人类生活条件的多样性乃至气候都视为有效部分。他处于道德主义[2]的传统之中，而道德主义处于怀疑论的传统之中。

但是，怀疑论就是对分权的感受。就如"怀疑"（Zweifel）这个词所示，它通过"二"（Zwei）这个构词部分地包含了"多样性"之意。而怀疑论之怀疑恰好是这样一种处理方式（怀疑论传统称之为"势均力敌的对抗"[3]），它让两种对立的信念在这样一种方式中相互碰撞：二者由此损耗了很多力量，而个体作为笑着或者哭着的第三者得以从中解脱出来；而以此种方式，通过两种信念产生的东西对于更多的信念也越发有效——每种情形都使个体与每个他者拉开距离。而对信念有效的东西同样对其他权力、趋势和实在性程度有效。对于那种以怀疑的方式发挥作用的东西亦即最终的自由而言，以下情况是根本性的，即始终不只有一个而有多个那样的力量在发挥作用——它们以多元主义的方式相互竞争、相互干扰并且由此相互间保持平衡。可以说，当每种力量都共同参与对人的决定时，它

1　引文依据 Roger Caillois ed., *Montesquien: Œuvres complètes*, Bd. 2, Paris: Gallimard, 1958, pp. 396ff.。

2　参见 Fritz Schalk hrsg., *Die französischen Moralisten*, Bd. 1, München: Deutscher Taschenbuch Verlag, 1973, S. 203–257. 参见该书"编者导言"，特别是第32页以下。

3　参见 Malte Hossenfelder, "Einleitung zu: Sextus Empiricus, *Grundriß der pyrrhonischen Skepsis*," in Sextus Empiricus, *Grundriß der pyrrhonischen Skepsis*, Frankfurt am Main: Suhrkamp, 1968, esp. S. 42ff.。

们就保障了人有一个相对于每个他者的游戏空间（间距），并且使人免于唯一力量决定论式的独自决断——面对这种唯一力量时，人或许会有发自内心的无力感。分而治之作为自由的效果，就有利于人们拥有多种（更多的）信念：不是完全没有，也不是只有一个，而是有很多个；并且也有利于人们拥有多种（更多的）传统、历史以及多样的心灵。唉！就在自己的胸腔之内：不是完全没有，也不是只有一个，而是有很多个。这还可能也有利于人们拥有多个（更多的）神以及目标：不是完全没有，也不是只有一个，而是有更多或者很多个。根本上，这有利于人们拥有多个决定因素：不是完全没有，也不是只有一个，而是有很多个。人并不是通过复制神而得自由，亦即不是通过领导世界的准全能的领袖或者凭借绝对的能力而得自由；而是说，人们在做决定时，汇集到他们身上的决定因素由于汇集拥挤而在其做决定时相互牵制。这时，人们通过落在他们身上的复数的自由而得自由：每个决定因素都在限制、停止和减缓每一个其他决定因素的决定力。只有通过这一情形，人们才是且具有各自（个体化的）微薄的、完全有限的、有边界的自由，与之相对的是每个人的独自决断。并不是无所决定，即所有决定因素的缺失，造就了人的自由，也不是唯一的（在必要时特别突出的）决定因素的优势地位造就了人的自由，而是众多决定因素集聚到一起造就了人的自由。[1]我在此要宣告的那种强势决定的自由效果，因此如我已经说过的（并且我也指出了其危险：对人来说，这会变得过于多元），就是自然的和历史的人之现实性具有的普遍多样的自由效用。我将之视为我的论点，这是一个以怀疑论—道德主义的方式概括出的分权命题。人们所遭遇的偶然状况并非不可分割的唯一

---

1 这个在此只是被笼统提及而绝非充分论述的自由观点，尝试将来自政治中的分权学说的自由思想与来自哲学中的分层学说的自由思想相互交织融合。参见 Nicolai Hartmann, *Ethik*, Berlin: De Gruyter, 1949, S. 621-821, esp. S. 649f.：“决定中的因果关联和盈余。”亦参见 Nicolai Hartmann, *Der Aufbar der realen Welt*, Berlin: De Gruyter, 1964, S. 493ff., S. 510ff., esp. S. 519：“一个拥有自由的世界，必须至少是有两个层次的。在一个多层次的世界中，范畴的自由一步地作为位于更高决定类型上的新的伴随现象而出现；因此当存在着层次距离时，在这里就有多种多样的自由。在一个只包含唯一一个决定类型的单一层次的世界中，自由就是不可能之事。”这个层次理论的自由学说是有层级的，而分权理论的自由学说恰好是无层级的。在这里，尝试将二者交织融合，就有如下后果：将层次理论的答案去层级化，而将分权理论的答案进行本体论上的扩大。我希望，由此可以得出一种多元主义决定的自由论点。

偶然之事，而是来自偶然之事而保持其复数状态。这个情形本身就是命运式的偶然，它使得偶然自由以复数自由的形式落到人身上。

所以，人们不必害怕决定，而是要害怕做出决定的权力的不可分割性。此外，他的出于复数自由的自由还应当建基于与现实相关的事物之上，这些事物通过多样性补偿均衡了统一的压力。除了绝对的普遍化过程和现代的统一化、同步化过程之外，这些事物还补偿均衡了那种强硬的独一性压力——如果我们只有一种唯一的生活，那么我们所有人都要服从于这种压力；因为我们可以共同体验那些与我们共在者的生活（这生活确实是多元的，并且由此将我们自己的生活多元化；通过这种可能性，我们就可以从唯一的生活中逃离出来，进入与我们共在者的交流之中），我们因此就需要这些共在者。此外，鉴于他们使决定性力量暂停的潜能也一道在此发挥作用，如下情形根本上很重要：将尽可能多的决定因素吸纳进我们的生活，也包括那种通过被觉察到而起决定作用的命运式偶然的实在范围。因此，如果人们觉察的边界萎缩了，这对人们来说是有益的。就像普莱斯内和里特尔所指出的，这种边界反应最为人性化的或者最具人情味的形式乃是哭和笑[1]——这种边界反应属于理性所造就的应当如此的反应，即放弃保持愚蠢的努力。这种边界反应的形式也就是承认命运式偶然的温和形式——这些命运式的偶然之前未被关注并受到排挤，它们与其他决定因素保持平衡，共同决定了人类之事。我们通过笑或者哭，以隐含的方式接受了那种在正式意义上被排除然而在非正式意义上仍然有效的东西：这一偶然之事以偶然的方式妨碍了那种在正式意义上被接受的东西——通过它，我们自由地笑或者哭。因此，引发笑和哭，也就是引发幽默和忧郁，是宽容和同情的具体

1 参见Joachim Ritter, "Über das Lachen," in Joachim Ritter, *Subjektivität, Sechs Aufsätze*, Frankfurt am Main: Suhrkamp, 1974, S. 62–92; Helmuth Plessner, "Lachen und Weinen. Eine Untersuchung der Grenzen menschlichen Verhaltens," in Helmuth Plessner, *Gesammelte Schriften*, Bd. 7, Frankfurt am Main: Suhrkamp, 1982, S. 201–387; Odo Marquard, "Vernunft als Grenzreaktion," in Hans Poser hrsg., *Wandel des Vernunftbegriffs*, Freiburg/München: Alber, 1981, S. 107–133。亦参见Odo Marquard, "Loriot lauréat. Laudatio auf Bernhard-Viktor von Bülow bei der Verleihung des Kasseler Literaturpreises für grotesken Humor 1985," in *Wilhelm-Busch-Jahrbuch*, 1985, Hannover: Wilhelm-Busch-Gesellschaft, S. 81–85。

化：并非只是人性化的，也是在具有人情味的意义上对人的自由和尊严能够给予的尊重。因而，我的思考的内涵和后果之一就是，一个能够笑和哭的人就是自由的，并且哭和笑的人就有尊严，特别是在人群中经常会笑和哭的人。所以，笑和哭这种边界反应也是那种我在此想要特别指出的形式，即为偶然辩护的形式。

书评

当代西方哲学中的维特根斯坦

——评江怡新著《维特根斯坦与当代哲学的发展》

楼　巍[*]

　　江怡教授的新著《维特根斯坦与当代哲学的发展》于2022年1月由北京师范大学出版社出版，收录了他近十年来在国内杂志、报纸上发表的一系列文章。作者在后记中指出："本书试图阐释维特根斯坦的思想发展历程，描绘维特根斯坦在当代哲学中的思想者形象，揭示维特根斯坦与当代哲学转变之间的内在思想联系，由此表明20世纪的西方哲学的时代就是'维特根斯坦的时代'。"[1]

　　20世纪的西方哲学是不是"维特根斯坦的时代"？这是一个颇有争议的问题。但是，如果说维特根斯坦是20世纪最著名的哲学家之一，那应该是不会有错的。然而，由于文体和思维方式上的障碍，维特根斯坦的很多读者似乎没有信心对自己说："嗯，我理解了。"换言之，比起其他哲学家（比如康德）的文本，维特根斯坦的文本可能是更不容易理解的。

　　面对这一现状，一般说来，学者们有两个总的态度：一个是号召大家忘记维特根斯坦，"人生苦短，忘掉维特根斯坦吧，继续做自己的哲学"；一个是号召大家搞懂维特根斯坦。

---

[*]　楼巍：浙江大学哲学学院教授。

[1]　江怡：《维特根斯坦与当代哲学的发展》，北京：北京师范大学出版社，2022年，第287页。

在持第二种态度并且身体力行的研究者中，有一类研究者专门进行文本（主要是《逻辑哲学论》和《哲学研究》）注疏的工作，旨在降低理解的难度；有一类研究者从维特根斯坦的文本中提炼出几个话题，集中呈现维特根斯坦对这些话题的讨论和看法，维特根斯坦浩繁的文本体量为这种做法提供了支持；也有一类研究者想要呈现维特根斯坦和其他哲学家或思想家的思想交集，比如维特根斯坦与魏宁格、克尔凯郭尔、威廉·詹姆斯、托尔斯泰的思想交集；还有一类研究者，要么将维特根斯坦一生的思想分成越来越多个不同的阶段（用维特根斯坦首席注释家哈克的说法就是"数有多少个维特根斯坦的游戏"），要么反其道而行之，主张维特根斯坦的思想根本没有什么不同的阶段，而是有其内在一致性的；更有一类研究者试图将维特根斯坦和当代的哲学话语贯通起来，看看前者是否可以成为后者的思想资源，或者后者是否可以有助于理解前者……如果一个人想要查找维特根斯坦研究的二手文献，那么他或她一般就会找到上述这些类型的文献。

那么，该如何定位江怡教授的《维特根斯坦与当代哲学的发展》呢？答案很简单：这本书不同于上述所有类型，它是将维特根斯坦放回到了哲学史当中，旨在呈现维特根斯坦的哲学在现当代哲学中扮演的角色。比如，这本书成功地解答了如下两个"历史遗留问题"：一是维特根斯坦和维也纳学派的关系问题，二是维特根斯坦在当代哲学发展中的位置问题。

一、维特根斯坦和维也纳学派的关系

维特根斯坦在《哲学研究》中常常谈到"图画"（Bild）。在很多语境中，这个词的意思其实就是我们的想法、观念。熟悉维特根斯坦哲学的人都知道，"图画"是很容易出现的。但光有图画是不够的，我们还应该进入细节，比如我们还应该问问这些想法是不是真的，以及人们是如何知道它们为真（或为假）的。后者比前者还要重要。比如，很多人有这样的一幅图画，那就是维特根斯坦对维也纳学派有很大的影响；但一旦进入细节，就会发现这幅图画并不是真的。

在该书中，江怡提出，其实有两个维也纳小组，第一个是20世纪初出现在维也纳大学的一个哲学讨论小组，形成于1907年左右，核心成员有哈恩（Hans Hahn）、弗兰克（Philip Frank）、纽拉特（Otto Neurath）、冯·米塞斯（Richard von Mises），他们后来也成为第二个维也纳小组即石里克小组的主要成员。很明显，第一个维也纳小组不可能受到维特根斯坦的影响，因为在1906年维特根斯坦还在学机械工程，其《逻辑哲学论》的正式出版也要到1922年了。

实际上，对两个维也纳小组的思想都产生较大影响的，不是维特根斯坦，而是马赫。维也纳小组的成员普遍接受了马赫的反形而上学的科学世界观，某些成员根据马赫的观点提出了后来具有重要影响的理论，例如卡尔纳普的《世界的逻辑构造》及石里克的《普通认识论》中的一些观点；有的成员则吸收了马赫的要素论[1]，试图在经验的基础上构造科学概念。

维也纳学派的另一个思想资源是法国的约定论。江怡教授总结了法国约定论的三个主要观点：其一，在假设系统之外并不存在任何经验事实，可以对两个不同的假说做出何者为正确的判断，任何假说只有在其所属的系统内才能得到检验；其二，每个事实描述都依赖于我们借以进行描述的符号和规则装置的清单，以及那些促使我们构造出该事实描述的目的，人们只能在一个概念模式之内谈论相对于事实的真假或方便性、舒适性；其三，我们经由知觉、猜测、相信、知道等流露出来的认识态度不可能具有先天的特征。该书主张，正是法国的约定论思想使得维也纳学派更加清楚地认识到了，经验与逻辑在科学研究中具有不可替代的重要位置。"这里的经验主要是指科学的实验，它被称为'真理的唯一源泉'。"[2]成功的实验应当是普遍适用的，这就要求我们预先假定自然的统一性和简单性观念，由此才能确保实验的普遍有效性。

那么，维特根斯坦对维也纳小组没有影响吗？有的。一些小组成员系统地

---

1 有趣的是，一位名为库克的研究者认为，维特根斯坦在《逻辑哲学论》中也吸收了马赫的要素论。可参见 John W. Cook, *Wittgenstein's Metaphysics*, Cambridge: Cambridge University Press, 1994, p. 15。

2 江怡：《维特根斯坦与当代哲学的发展》，第33页。

阅读了《逻辑哲学论》，另一些成员与维特根斯坦有着私人的交往和讨论。针对《逻辑哲学论》，卡尔纳普在其自传中说过："为了理解该书内容的真正含义，我们经常需要作长时间的思考。有时找不到任何清楚的解释。不过我们仍然领会了不少内容并且进行了热烈的讨论。"[1]不过，即使维也纳学派的很多成员都曾仔细阅读并试图吸收书中的思想，但是，按照江怡教授的总体评价，《逻辑哲学论》对维也纳小组的影响是有限的，"维也纳小组对《逻辑哲学论》的阅读很大程度上是为了更加清楚地表述他们已经形成的一些哲学观念，因为他们在书中发现了对这些观念的更好的表达。所以，虽然他们对书中的某些说法和观点并不完全认同，甚至并没有完全理解，但这并不影响他们从中得到有利于他们的内容"[2]。

就石里克、魏斯曼和卡尔纳普等人与维特根斯坦的交往而言，麦吉尼斯（Brian McGuinness）编辑的《维特根斯坦与维也纳小组》这个文本详细地记录了他们的讨论。他们的固定讨论大约延续了两年，从1929年底到1931年底。石里克等人当然希望维特根斯坦亲口向他们解释《逻辑哲学论》中的一些他们没能搞懂的思想。但是，一方面，维特根斯坦似乎是一个不愿意重复自己的人（实际上，那时的维特根斯坦已经开始评判自己的前期哲学，并且已经有了很多新的看法）；另一方面，维特根斯坦总是对他人在各种场合引用自己的看法抱有十分谨慎的态度（这种态度与其说是怕别人剽窃了他的思想，倒不如说是怕别人在没能理解的情况下曲解了这些思想，从而也使其他人误解了他）。可想而知，谈话的目的当然没有达到，"在这种意义上，我们也很难说石里克、魏斯曼以及费格尔、卡尔纳普等人真正理解了维特根斯坦向他们传达的新思想……维也纳学派并没有从与维特根斯坦的交流中获得他们所想要的东西"[3]。

1　卡尔纳普：《卡尔纳普思想自述》，陈晓山、涂敏译，上海：上海译文出版社，1985年，第37页。

2　江怡：《维特根斯坦与当代哲学的发展》，第38页。

3　同上书，第45页。

二、维特根斯坦在当代哲学发展中的位置

该书提出这样一个看法：维特根斯坦以《逻辑哲学论》为代表的早期思想促进了分析哲学的发展，而以《哲学研究》为代表的后期思想，似乎已经被维特根斯坦的研究者以外的哲学家遗忘了。哈克在其《维特根斯坦在20世纪分析哲学中的地位》中说过："20世纪后20年的哲学在蒯因的带领下，主流的英语哲学倾向日益偏离了维特根斯坦的观念……英语哲学在20世纪的后25年中，很大程度上是在反对维特根斯坦对于哲学上的理论构建的非难中形成的，它反对的就是维特根斯坦坚持的哲学。"[1]

那么问题来了。既然维特根斯坦是20世纪最重要的哲学家之一，那么，为什么在20世纪下半叶（特别是最后25年），我们却很难看到他的思想（特别是后期思想）在西方哲学中继续发挥应有的作用呢？

这里需要说明的是，从20世纪中期开始一直到现在，国内外关于维特根斯坦的二手研究文献已经汗牛充栋了。我相信，当今任何一个研究者都不可能将它们全部读完。不过，我们在这里要讨论的，不是关于维特根斯坦思想本身的问题，而是一个更为宏观的问题，即关于维特根斯坦在整个西方哲学史中扮演的角色的问题。

为什么维特根斯坦的后期思想在当今哲学中基本没有起到任何积极的作用呢？江怡教授为这个问题提供了解答：首先，维特根斯坦对其他哲学家（比如赖尔）解释自己的观点的不满，以及这些哲学家对维特根斯坦后期思想的理解偏差，直接导致了维特根斯坦的后期哲学在当代哲学中没有受到足够的重视；其次，维特根斯坦思想的表达方式以及这种思想所具有的对传统哲学思维方式的摧毁作用，使得当代哲学家们无法直接从他的后期思想中得到帮助；再次，后期维特根斯坦把自己的哲学理解为与理智疾病的战斗，认为传统的哲学是需要被消解

---

1 P. M. S. Hacker, *Wittgenstein's Place in Twentieth-Century Analytic Philosophy*, London: Wiley-Blackwell, 1996, pp. 2–3.

的东西，当代哲学家无法认同这种看法；最后，维特根斯坦最亲近的朋友和弟子
也很少去触碰他后期的思想。

江怡教授提出的最后一个原因很有趣。是的，维特根斯坦的亲密弟子安斯康
姆、冯·赖特、里斯自己都是当时的主流哲学家，但却很少触及、宣传维特根斯
坦的后期哲学——尽管没有他们的整理、翻译和编辑，维特根斯坦的大多数著作
都无法出版。之所以这样，与其说是因为他们的谨慎，不如说是因为他们的虔诚。

不过，和江怡教授的看法不同，我认为，虽然都是维特根斯坦的亲密弟子，
但马尔康姆的情况和安斯康姆等人不一样。马尔康姆的工作方式主要还是后期维
特根斯坦式的，他对维特根斯坦最后的著作《论确定性》尤其感兴趣，以自己的
方式呈现了维特根斯坦后期的很多思想。维特根斯坦在美国之所以有其影响力，
在很大程度上得归功于马尔康姆。

那么，维特根斯坦的后期思想真的没有在当今哲学中起到任何积极的作用
吗？本书的答案是：有的。实际上，江怡教授敏锐地发现，维特根斯坦的后期思
想对当代分析哲学有着独特的影响：其一，维特根斯坦独特的思维方式造就了当
代哲学对具体问题的关注，不是将哲学理解为对重大形而上学问题的思考，而是
将其理解为对我们所面对的现实问题的反思和评判；其二，维特根斯坦对哲学本
身的摧毁性打击使得当代哲学家们不再关心构建关于哲学性质的理论主张，而是
"坚定地用科学研究的成果清楚而确定地说明哲学工作所能完成的范围和内容，
这些范围和内容完全超出了以往的哲学研究工作，在以往的工作中甚至不被看作
属于哲学研究的范围"[1]。从这个意义上可以说，维特根斯坦的后期哲学为后来哲
学的发展"扫清了障碍"。

还有一个地方，我也不是很同意江怡教授的观点。江怡教授认为，20世纪
70年代以来分析哲学的发展有了新的变化。早期分析哲学家，不管是维也纳学
派哲学家还是牛津的日常语言哲学家，都把语言作为哲学研究的主要对象，都把
对意义、真理、指称、知识、表达式等的研究作为自己研究工作的主要内容。随

1　江怡：《维特根斯坦与当代哲学的发展》，第172页。

着分析哲学的发展，哲学家们对语言的讨论已经不满足于从一般的意义上去理解语言的意义和功能，而希望能够指出语言使用者在语言活动中的决定性作用。围绕语言使用者的研究工作必然涉及说话者的意图、愿望、信念等心理因素，也涉及语言使用的具体环境因素，"原来以语言分析为主要内容的语言哲学研究，逐渐转变为以讨论语言使用者的心理因素和外在的环境因素等为主要内容的心灵哲学。而在这种变化中，哲学家们很少直接从维特根斯坦后期思想中获得思想资源，甚至没有提及维特根斯坦的后期思想"[1]。

我认为，恰恰是后来的分析哲学家对维特根斯坦的后期思想的接受，促成了语言哲学的这一转变。我们知道，《哲学研究》中早已经有了"话语也是行为"这样的看法[2]，早已确认了"语言是和人类行为编织在一起的"这一人类生活的真实状况，早已呼吁将语言放在某个具体的社会情境、环境（生活之流）之中。此外，后来的分析哲学家之所以没有提及维特根斯坦的后期思想，恰恰是因为维特根斯坦的后期思想已经无法挽回地改变了20世纪下半叶的西方哲学，恰恰是因为他们已经接受了维特根斯坦后期的很多思想。这种"接受"指的当然不是维特根斯坦的原话被反复引用和讨论，而是指这些思想已经成为后来的哲学家所呼吸的空气的一部分。我们都在呼吸空气，但我们不会去讨论空气。我们都在一个范式内工作，但我们不会去讨论范式（托马斯·库恩无疑系统地阅读过维特根斯坦的著作）。随便举一例吧。那些在各种哲学文章中出现的"思想实验"和"小故事"（scenario），那些"让我们来看看X这个词实际上是如何被使用的"这样的措辞，不正证明了《哲学研究》给当代的分析哲学带来的影响吗？

当然，江怡教授的这本书还谈到了其他一些有趣的话题，比如维特根斯坦与同时代哲学家的交往，比如维特根斯坦的"语法"概念和对颜色问题的处理，比如《逻辑哲学论》的基本结构，比如分析哲学和欧陆哲学的分歧、共同性和融合的必要问题，等等。有兴趣的读者可以自行了解。

1　江怡：《维特根斯坦与当代哲学的发展》，第170页。
2　参见维特根斯坦：《哲学研究》，楼巍译，上海：上海人民出版社，2019年，§546。

从新实在论到多元主义

——《为什么世界不存在》简评

赵天翼*

《为什么世界不存在》一书2013年在德国出版，作者马尔库斯·加布里尔（Markus Gabriel）是德国有史以来最年轻的哲学教授，他用通俗的语言对自己的哲学思想进行了深入浅出的介绍。但是，这本书并没有为了迎合大众读者而牺牲深度。尽管这是一本通俗的哲学读物，通过不少流行文化（包括电影）对哲学问题进行解释，但是想要理解这本书，仍然需要花一番功夫。本书的中译本由王熙和张振华完成，2021年由商务印书馆出版。

这本书的核心内容，是对许多哲学与科学问题进行讨论与反驳，并提出自己的哲学观点——新实在论。正如书名所指出的，这本书对一个无所不包的"世界"的观点提出了反对，认为世界并不存在，并试图用多元的意义场理论取而代之。

作者指出，这本书的根本方针是反形而上学的。所谓形而上学，在作者看来，是指"任何一种试图将世界整体或现实完整地从一个原则、一门科学或者一个结构推导出来的尝试"。这是因为，并不存在任何一种形而上学理论，可以将所有事物的方方面面都包括其中。例如，当世界被科学家看成物质的全体时，伦

* 赵天翼：浙江大学哲学学院外国哲学专业博士生。

理价值与美学价值就被抛弃了，或者被视为一些主观的幻觉。加布里尔称，科学理论所指称的对象——那些理论实体，那些物理概念——只是所有存在中的一个很小的领域，因而那些概念只是在自己的领域内是正确的。科学的意义场并不是唯一的意义场，也并不存在哪个意义场更加优越之说。

加布里尔认为，所有的对象，无论是在时空中存在的对象，还是在文学作品或神话中的对象，都存在于一个特定的意义场中；意义场是存在论层面的基本单位，一切都显现在它之中，而且同一物也可以在不同的意义场中有不同的显现。长江、黄河存在，作为文化概念与地理学对象存在于历史与地理学中；独角兽存在，它不是物质性的存在，但是作为欧洲神话概念存在于儿童的幻想以及童话作品中（这也许是为什么英文版的《为什么世界不存在》封面上有一只独角兽）；宇宙作为物质的总体，则在物理学的意义场中是存在的。

对象是人们能够以可能真的思维对其进行思考的东西；对象域是对象显现的场所，是包含了某些特定种类对象的域，并且存在着无数个对象域；而世界是一个包含了一切域的总域，是包含了一切意义场的意义场。所谓世界不存在，指的是不存在将一切存在者作为部分而包含进自身的整体。这是因为，每一个对象域又可以重新成为一个对象而被认识。比如，物理学以一些物理存在和理论实体为对象进行研究。而我们也可以把物理学作为对象进行研究，对物理学进行反思。我们还可以接下去对物理学的反思和研究进行反思和研究。因此，即使有一个对象域（世界）包括了所有对象域，但若使该对象域成为对象的话，又会产生一个新的对象域。因为每一个对象域总是可以继续成为对象，因此，只存在无数多个对象域，却不存在一个包含一切的对象域。当人声称世界包含了所有对象域时，我们可以使它成为一个新的对象，而使其不再是一个包含一切的对象域。这就像画家不能画出正在画当前这幅画的自己，或者像人们永远不能找到一个最大的数（因为总是可以给当前的最大数加一，以产生一个更大的数）。而声称只存在一个世界，便是一种将所有对象域"压缩"为一个的做法。这种高度理想化的做法并没有顾及现实的复杂性。

从认识论来说，加布里尔反对一种超视角或者无视角的形而上学认识论，也反对以后现代哲学思潮为代表的建构主义学说。传统形而上学预设了一个没有观察者的自在世界与客观的真理；而建构主义者则声称人是社会与历史等的偶然的产物，一切知识都是人类主观活动的产物，客观真理要么不存在，要么就是不可认识的。加布里尔反驳道，不存在一种没有观察者的真理，也不存在一种不存在于特定意义场中的存在。因此，形而上学认识论是站不住脚的。而建构论则必然会在某一时刻带来非建构的事实。加布里尔的新实在论，也不难令人联想到哈曼（Graham Harman）等人的思辨实在论或是梅亚苏（Quentin Meillassoux）的新实在论。哈曼认为，单个实体，无论大小，都是宇宙的终极对象，这些对象不会被任何关系所穷尽；科学图景无非是一种还原论，它只承认某一种实在而将其他贬为主观感觉。

想要对作者的新实在论进行简短评价，就不得不先对实在论和哲学史进行探讨。关于实在以及实在论问题的讨论几乎和哲学的历史一样古老，而且在不同的哲学领域以不同的问题形式表现出来。

在古希腊哲学中，实在与现象对立：古希腊的先哲试图从流变的现象中寻找某种不变的终极存在。在中世纪哲学中，实在论与唯名论对立。僧侣们争论共相与殊相——个别的存在与共有特性/本质（例如具体的人与人性或者人类本质）——何者在先、何者在后的问题。在现代科学哲学领域，实在论与反实在论对立。实在论主张，科学理论的目标是描述事物真实的样子，科学理论所描述的对象是真实的存在（即使是不可观察的质子和中子）。反实在论则主张，我们无法确认科学理论是否真实表达了事物真正的样子，也无法确定科学描述的一些对象是否是真实的存在，理论实体也许只是方便我们计算和解释现象的理论工具而已。除此之外，还有道德实在论、政治实在论等，不一而足。

但是，如果说这些实在论有什么共同特征的话，那也许是这些实在论都主张，有某种独立于主体意识的存在，我们原则上可以认识（或者逐步认识）它，而这种实在为所有其他现象提供了本体论的终极基础。在伦理学领域，它们研究道德实在；在科学哲学领域，它们讨论科学实在；在宇宙论领域，它们思考世界的根本基质是什么。对于有些唯物主义哲学家来说，世界的根本存在是物质，思维和文化只是物质的副现象；对于贝克莱式的唯心主义者来说，存在的只有心灵，物质只是被心灵感知的存在；对于二元论者来说，真正存在的是心灵实体与物质实体，二者通过某种复杂的方式进行交互作用。

既然世界不存在，那么所谓"世界的基质"这一问题也就无从谈起——虽然世界并不存在，但每一个特定的意义场都有自己的存在。这意味着，有无数种意义的存在，却不存在一个足以统摄一切、解释一切的基础性存在。仿佛一面原本平整的镜子被打碎，留下了无数玻璃碎片，每一块玻璃碎片都以自己的特定的角度对特定的事物进行反映。这种对传统形而上学的实在论与基础主义立场的反驳，留下了丰富的、异质的却又相互关联的无数个"迷你世界"。

存在无限个意义场的观点，很容易令人联想到《单子论》的作者莱布尼茨。在莱布尼茨看来，世界的根本实在是单子，由于表象能力的不同，每一个单子都以自己独特的方式表象着世界，而每一种表象由于一种内在的区别都是不同的。但不同的是，莱布尼茨需要以作为全知存在者的上帝作为真理的尺度：上帝能认识全部的真理，有限的单子只能认识部分的真理，因此"多"终将复归于"一"。而留给加布里尔的难题，则是如何在不设定一个全知的存在者的情况下，解决知识的客观性问题，回答真理的尺度与不同意义场如何相互关联的问题。虽然加布里尔反驳了建构主义和形而上学的认识论，也指出了"对意义场的更为具体的列举，则不是存在论的工作，而是经验科学的工作"，但是意义场以及意义场之间的关系问题仍然需要得到澄清：语言和时间问题在意义场的建构中发挥了什么作用？意义场之间是否可能存在先天关联？意义场在何种意义上可以被创造？是否存在私人的意义场？

在对许多问题的回应上，也不难发现作者对康德哲学以及现象学解释学的熟悉，其对许多问题的看法与许多德法哲学家具有相似性。作者指出，我们能够认识自在之物，也呼应了康德哲学之后的诸多哲学家超越自在之物问题的尝试。当作者反对一种无所不包的科学图景时，这会让人联想到胡塞尔所说的数学—物理科学为生活世界披上了观念化的外衣，使世界同质化，让世界失去了原本的意义。

"世界"的反面。作者反对的"世界"是一个包含一切存在的存在，而"是者"则是一切存在所共有的特性。当然，我们并不能苛求一部通俗著作，要求其达到《纯粹理性批判》那样的系统性和严格性。也正是因为如此，通过这本书，我们能（也只能）对新实在论的哲学立场有走马观花的了解，认识这一新兴哲学流派的基本立场。

学院化发展的哲学学科往往也难以摆脱现代化分工的影响：哲学越来越技术化，哲学术语和概念不断地增加，哲学学者也往往局限于自己的研究领域，只见树木不见森林。就此而言，加布里尔这样的学者试图建立一种相对系统的哲学观，跨越宗教、伦理、艺术、科学技术等领域，并且通过哲学理论归返现实，对一些现实问题进行思考，是难能可贵的。

作为学院派的学者，加布里尔乐于向大众介绍哲学思想，对哲学"祛魅"，对哲学这门学科的发展，以及对提升读者的哲学修养，都是一件有意义的事。这本书也证明了，哲学作品不必是充满晦涩术语、高高在上的，一部哲学普及作品也并不总是需要为了可读性而牺牲哲学性。

在这个时代我们该如何自处

——《感知·理知·自我认知》书评

耿羽飞*

　　《感知·理知·自我认知》是陈嘉映教授于2022年1月出版的新书。近几年来，陈嘉映教授在华东师范大学、首都师范大学、复旦大学、上海交通大学等高校进行和开设了主题为"有感之知""两类认知""感知与理知""自我认识"等的一系列讲座与课程。这本书就是由这些讲座、课程记录整理汇编而成，它以陈嘉映教授在华东师范大学做的九个连续的报告为基础，同时也整合了其他一些讲座与课程中的相关内容。

　　这本书有两个十分鲜明而又吸引人的特点，一为通俗易懂，二为发人深思。首先，因其由讲座与课程记录整合而成，所以这本书尽可能保留了讲座的风格和形式，因此它的语言非常亲切，读来也浅显易懂。陈嘉映教授说，这本书本来就不是专业性很强的著作，而是希望非哲学专业以及没有受过哲学训练的人也能看懂的书。因此，它没有包括很多晦涩的哲学术语，在提到一些专业术语与理论的时候，也会进行解释。在每个章节的末尾，还会附上听众在问答环节所提出的问题，以及陈嘉映教授的回答。这使人阅读时仿佛身临其境，在课堂上聆听老师娓娓讲述他的思考，并参与问答与讨论。

＊　耿羽飞：浙江大学哲学学院外国哲学专业博士生。

　　这本书另一个吸引人的地方在于，它的内容是解释性、启发性的。它给一些问题的解答提供思路，同时又促使我们思考一些问题。这本书的结构与典型的哲学论文或专著大不相同。一般来说，哲学论文或专著会围绕一个主题提出主张，然后就这个主张进行论证，而这部著作则围绕三个较为明显的大主题展开讨论。陈嘉映教授提到了许多哲学中的经典理论，也展示了一些多年来一直困扰哲学界的焦点问题。它们之间的联系看起来较为松散，实则都以感知、理知、自我认知这三个主题为中心。而这三个主题也根据老师讲课的思路，自然而然地通过暗线被联系起来。以课程和讲座记录来看，本书是非常精彩和清晰的。这本书没有明确地提出哪个主张，也不以论证某个主张为目的，甚至有时抛出了一些问题，却没有给出答案，只是让读者去思考。在讲述中，陈嘉映教授也会不时列举与生活息息相关的例子，使读者在更好地理解的同时，也领会到他所讲主题的现实关切。

一、感知：视觉与触觉

　　正如书名所展示的，《感知·理知·自我认知》这本书主要围绕感知、理知和自我认知三个主题展开讲述。全书分为导论和十一个章节，前四章讲感知，第五至第九章讲理知，最后两章则讲自我认知。在"感知"部分中，陈嘉映教授先从五种感官知觉讲起。说到感知，人们会最直观地想到的就是五感。他着重讲了视觉和触觉，因为视觉是人们最直观地感受外部世界的方式。亚里士多德在《形而上学》的第一段中也说，五种感觉之中，视觉是最重要的。而触觉与其他感觉的不同之处就在于，它更加亲密与切身。触觉与包括视觉在内的其他感觉主要有两个最明显的不同。其一，视觉等其他感觉都不能感知自身（眼睛不能看到自身），但是，触觉可以使我们在通过它感知外界的同时也感知到我们的身体。其二，触觉和视觉都能使我们感知到外界的存在，但是视觉获得的是图像性、形式性的存在，触觉获得的存在则更加具有实在性。

　　在这里，陈嘉映教授从感觉问题扩展到了外部世界的存在问题。贝克莱所提出的著名论断是，我们无法获得我们的感觉之外的知识。因此，我们也不知道，在我们的感觉之外，"外部世界"是否存在。陈嘉映教授认为，这个问题的结论已经包含在前提之中，因为"外部世界"本来就被包含在了"感觉"的定义之中，我们无法想象剥离了外部世界的感觉是什么样子的。诚然，感觉也可能出错，这是古希腊的传统形而上学否定感觉的一个重要原因。但是，我们也可以校准我们的感觉，而不是全盘接受它所感受到的。接下来，他讲了统觉，包括五官的联觉与意识；以及一些不属于感官知觉的、更加模糊的感觉，包括预感、因果感知、时间感知、回忆等。陈嘉映教授认为，感知或许不能被整理成一个完全精密的系统，但其中也有许多可以挖掘的地方。

关于感觉，以往的学者也曾建构过一些理论。其中最为我们熟知的是生理学理论，比如视觉是由于光子落在视网膜上，再通过神经传递给大脑而形成的。然而，在这些理论中，没有具体的人在看，也没有哪个过程体现了看，似乎只有大脑在思考、在推理。在哲学中，也有关于感觉的理论，即艾耶尔提出的感觉与料理论。根据艾耶尔，我们直接感知到的只是零散的感觉材料，而我们认为自己所看到的东西则是从这些感觉材料中推理出来的。这也解释了错觉的产生。奥斯汀在《感觉与可感物》中反驳了艾耶尔的观点。他认为，艾耶尔对感觉的直接感知和间接感知的区分非常模糊。陈嘉映教授评论说，这一反驳没有切中艾耶尔的要害。如果真如艾耶尔所说，我们根据感觉与料推论出事物，那么，使我们推论出事物的界限，或使我们理解我们所接受的感觉与料的"意义的最小单位"是什么？他引用了维特根斯坦的说法，即当我们理解句子的意义时，不应该将其拆分为一个个单词然后逐个来理解，而应从整体去理解、在语境中理解。因此，我们也应该在有意义的地方看，这样看到的东西才有意义。

二、理知：语言与推理

这些对感知的讨论引出了本书的第二部分——"理知"部分。我认为，这

一部分是全书的核心。陈嘉映教授说，语言是感知和理知的交会处。理知部分
与语言有着千丝万缕的联系。首先，我们获得知识的途径，除了亲身经历之外，就
是通过别人告诉我们，即闻知。但是，如同维特根斯坦所质疑的那样，语言能否
传达感知呢？

陈嘉映教授说，虽然语言能够多少传达一点感受，但是如维特根斯坦所举
盒子里的甲虫的例子所表明的，描述感受与描述甲虫不同，因为甲虫是一个
不连接任何主体的对象，而感受却总与感知主体相连。当我们试图描述感受
时，就将感受对象化了，描述出的也不是那具有切身性的感受。这又带来了哲
学中另一个备受关注的问题：我们能否了解他人心中的感受？很显然，当我
们有类似的感受时，我们可以理解他人。虽然无法完全精确地传递自己某一刻
的某一种感觉，但是从日常生活的经验中我们可以看出，他人能够经历与我们
大致相同的体验。

其次，语言将我们所感知到的世界系统化，它为事物整理出一个形式，将形
式与"这一个"联系在一起。由此，它们一方面联系着我们的体验，另一方面又
和其他语词连接，构成一个逻辑系统。谈到语言，就不得不提到逻辑哲学家著
名的反心理主义思潮。心理主义认为，"数""关系"等概念是人们主观构造出
来的，语词的意义也因为每个人由这个语词联想到的意象的不同而无法得到统
一。弗雷格等逻辑哲学家反对这种观点，却似乎走向了另一个极端，即完全剥离
语言中的感性内容，希望构建一种完美的逻辑语言。事实上，警惕心理主义的
确有道理，但没有必要否定语言中的感性内容。根据维特根斯坦的观点，语词
有一个形象。而如果采用这种说法，我们会发现，语词的形象一定程度上是公
共的，并且根据语境有着一定的限制条件。因此，即使是所谓的"感性内容"，
其中也蕴含着逻辑关系。我们可以根据语词间的逻辑关系进行推理。虽然语言
中的逻辑系统似乎没有比数学中的强，但是它们也具有形式联系。理知与感知
并不是完全对立的，理知之中有可能包含感知，也有可能不包含。当我们进行推
论时，我们的理知是不包含感知的。感知和推论的区别在于，感知是整体的，推
论是分步骤的。然而，如果我们获得某种知识后对它变得非常熟悉，使它进入了

我们的日常经验中，理知之中就包含了感知。这种二分也可以被总结为外部之知和内部之知。

我们认为理知比感知更优越、更高级，一是因为理知具有确定性，二是因为它具有公共性。然而，这总会使我们倾向于追求某种"至理"，仿佛理知能上升到一些终极的东西似的。陈嘉映教授说，感知在这个方面不同于理知，因为它不需要上升，它自身指向的感受就是一种终极的东西。但是，无论如何，理知作为人类区别于动物的能力，毕竟有其特殊的地方。在"理知"部分的最后，陈嘉映教授讲了系统理知。从古希腊人推出的"地球是球形"的知识，到语言和几何学，都是系统理知的产物。从一些经验现象推出系统知识，再根据这些系统知识推论出其他知识，这是人类的特别之处，也是理知真正的权能。它不同于某种具体的知识或技术，或许看起来没有多么大的实际效用，但人类知识的扩展都是依靠系统理知的。

三、自我认知：认识你自己

陈嘉映教授认为，随着新型媒体与人工智能技术的发展，理知时代已经逐渐落幕了。因此，他在最后一部分中强调的，就是在理知时代落幕的背景下人们的自我认知问题。以前的人类没有这么强的自我意识，而且在古代社会中有一种纲领，指导着各个阶层的人如何生活。现在，这些问题都已不复存在了。因此，人们需要更加清晰地认识自己，来寻找生活本身的意义。

接下来，陈嘉映教授探讨了认识世界与认识自己的关系。我们似乎会认为，认识自己与认识世界是相对的。前面的部分中的感知和理知似乎都主要关注认识世界，科学的目标也是认识世界，而哲学却以认识自己为中心。但它们也是相辅相成的。我们可以通过认识世界来认识自己，包括借助认识别人来认识自己，以及借助科学对自己进行更精确的认识。不过，认识自己与认识世界的区别在于，我们的自我认知是我们自己的一部分。正如海德格尔所说，对存在的理解、领会是此在的一部分。我们对自己的认识即使是错误的（比如一个人盲目自信而自视过高），这错误也会成为我们的一部分。对世界的错误认知则不会影响它的发展。

自我认知的原理可以与第一部分中对视觉与触觉的对立的讨论联系起来。我们不能以视觉的原理，即把看到的事物对象化的原理，来进行自我认知，因为如果将自我对象化，就会把自我分为认识的自我和被认识的自我，从而陷入永远无法认识到认识的自我的无穷倒退。陈嘉映教授认为，自我认知应该通过触觉的进路进行。正如我们能够感觉到自己肢体的位置，自我认知是一种整体感知，自我就混同在这个世界之中。我们在认识世界的同时认识自己。当然，自我认知也可能出错，有时我们不知道自己到底在追求什么，有时我们搞不清自己的动机。陈嘉映教授说，自我认知的标准不是对和错，而是深和浅。所谓的"出错"其实是自我欺骗和自我蒙蔽，遮蔽了自己更深层次的认知。因此，我们应该常常进行系统的自我反思，获得更深层次的自我认知。要认识自我，必须揭开这些自我欺骗和自我蒙蔽，因而是一个痛苦的过程。但是，这也并不代表揭开自己的"伪装"之后，就有一个现成的"真实自我"自己显现出来。事实上，自我认知出现在很多层次，它的情况更加复杂。通过自我认知，我们也在不断建设自我。

陈嘉映教授把认知分为两类，第一类认知不改变被认知的东西，第二类认知改变被认知的东西。虽然在前面的讨论中，他说这是认识世界与认识自我的区别，但是这种区分真正的界限在于，我们把什么作为客体来认知，把什么作为与我们相连的东西来认知。根据这种分类，自我认知也可以帮助我们改造世界。认识自己，我们就可以认清自己的禀赋，寻找自己追求的信念，并回答下面这个问题：在这个时代我们应该如何自处。

四、人类如何自处？——从"狐狸能推理吗"谈开来

当下，理知时代逐渐落幕，新媒体与人工智能等技术不断发展，人们获取信

息的方式发生了巨大变化。面对如此时代背景，人类应当如何摆正自己的位置，寻找生活的意义？这是在"自我认知"部分的引言中，陈嘉映教授提到的问题，也是贯穿整本书的暗线。在"感知"与"理知"部分中，陈老师虽然没有直接回答这个问题，但是讲述了人类的感知与理知的特点，以及人类与动物、人工智能的区别。

在导论部分中，陈嘉映教授提到，狐狸能够通过雪地上兔子的脚印知道有一只兔子经过，并且去追捕兔子。它没有直接见到兔子，就得知了"有兔子经过"这个事实。那么，这是否说明，狐狸也有理性，也会推理？如果我们说狐狸确实会推理，那么蚊子能从人呼出的二氧化碳找到人，是不是可以说蚊子也会推理？如果我们否定这是推理，那么狐狸的这种知道和人的知道有什么区别？我们何以说人有理知而狐狸没有？这个问题虽然以一种比喻化的方式提出，但它关联着理知的特征、机制和人与动物的区别等问题，并不容易解释清楚。因此，陈嘉映教授没有立即给出对这些问题的回答，而是把它们融贯在讲座的过程中，在进行了足够的铺垫之后自然解答了它们。

在第七章中，陈嘉映教授在讲"理知"部分的推理问题时再次提到了这个问题。他同样用举例的方法来解释这个问题。他说，我们使用美元时，要先换算汇率才能知道一定数量的美元能买多少东西；但是使用人民币时，不需要换算就知道它能买多少东西。这代表着两种"知"：一种与感觉联系，是更加直观的知识；另一种是纯粹通过推理，没有感觉也能获得的知识。通过后一种知识，我们也能翻译外文并读懂它的意思，以及破译密码等。然而，狐狸以及其他动物就没有这种认知。对狐狸来说，从看到兔子脚印到追捕兔子，这一系列行动是连成一体的而不是分步骤的。这就是狐狸的行为与推理的区别。人能通过分步骤的推理获得即使他没有直观感觉到的知识，这就是人的理知区别于动物的地方。但是，这一点又引出了另外一个问题：人工智能能够比人更快地计算、翻译、破译密码，这是不是意味着它们有比人更发达的理性？也不是。我们对美元的使用熟悉后，就可以不通过换算而知道它的价值，这说明人的理知与感知是相互交织的。人工智能的推理是一种无感的推理，失去了感知，也就失去了意义。

在"自我认知"部分的最后，陈嘉映教授谈到了禀赋。具有理知，能够进行推理，是人类相对于动物的禀赋。而相对于只能进行无感的推理的人工智能，将理知与感知结合则又是人类特有的能力。陈嘉映教授希望我们能在时代变迁的背景下正确认识自己，把握自己的禀赋，重建关于生活世界的信念。这就是他的这本书希望表达的主题之一。